U0135247

当代国外
马克思主义哲学研究丛书
张一兵 主编

南京大学
建设世界一流大学 一流学科工程项目

国家出版基金项目

The Changing
Constellation
A Critique of Adorno's Philosophy of Music

变动不居的星丛

阿多诺音乐哲学批判

方德生 著

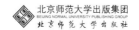
北京师范大学出版集团
BEIJING NORMAL UNIVERSITY PUBLISHING GROUP
北京师范大学出版社

总　序

今天中国的改革开放创造了一个前所未有的华夏文明的时代，中国人文社会科学学术研究领域中那种单向的"去西方取经"一边倒的情形，已经转换为世界各国的科学家和思想家纷纷来到中国这块火热的大地上，了解这里发生的一切，与中国的学者进行面对面的交流。在作为中国马克思主义哲学研究重镇的南京大学，德里达来了，齐泽克[①]

[①]　斯拉沃热·齐泽克(Slavoj Žižek，1949—　)：当代斯洛文尼亚著名思想家，欧洲后马克思思潮主要代表人物之一。1949 年 3 月 21 日生于斯洛文尼亚的卢布尔雅那市，当时，该市还是南斯拉夫西北部的一个城市。1971 年在卢布尔雅那大学文学院哲学系获文科(哲学和社会学)学士，1975 年在该系获文科(哲学)硕士，1981 年在该系获文科(哲学)博士。1985 年在巴黎第八大学获文科(精神分析学)博士。从 1979 年起，在卢布尔雅那大学社会学和哲学研究所任研究员(该所从 1992 年开始更名为卢布尔雅那大学社会科学院社会科学研究所)。主要著作：《意识形态的崇高对象——悖论与颠覆》(1989)、《斜视》(1991)、《延迟的否定——康德、黑格尔与意识形态批判》(1993)、《快感大转移——妇女和因果性六论》(1994)、《难缠的主体——政治本体论的缺席中心》(1999)、《易碎的绝对——基督教遗产为何值得奋斗？》(2000)、《视差之见》(2006)、《捍卫失败的事业》(2008)、《比无更少》(2012)等。

来了，德里克①来了，凯文·安德森②来了，凯尔纳③来了，阿格里塔④来了，巴加图利亚⑤来了，郑文吉⑥来了，望月清司⑦来了，奈格里⑧

① 阿里夫·德里克（Arif Dirlik，1940—2017）：土耳其裔历史学者，美国著名左派学者，美国杜克大学、俄勒冈大学教授。代表作：《革命与历史——中国马克思主义历史学的起源，1919—1937》(1978)、《中国革命中的无政府主义》(2006)、《后革命时代的中国》(2015)等。

② 凯文·安德森（Kevin B. Anderson，1948— ）：美国当代西方列宁学家，社会学家，加利福尼亚大学圣塔芭芭拉分校教授。代表作：《列宁、黑格尔和西方马克思主义：一种批判性研究》(1995)等。

③ 道格拉斯·凯尔纳（Douglas Kellner，1943— ）：马克思主义批判理论家，美国加利福尼亚大学洛杉矶分校教授，乔治·奈勒教育哲学讲座教授。代表作：《后现代转折》(1997)、《后现代理论——批判性的质疑》(1991)、《媒体奇观：当代美国社会文化透视》(2001)等。

④ 米歇尔·阿格里塔（Michel Aglietta，1938— ）：法国调节学派理论家，法国巴黎第五大学国际经济学教授，法国巴黎大学荣誉教授。代表作：《调节与资本主义危机》(1976)等。

⑤ 巴加图利亚（G. A. Bagaturija，1929— ）：俄罗斯著名马克思主义文献学家和哲学家。

⑥ 郑文吉（Chung, Moon-Gil，1941—2017）：当代韩国著名马克思学家。1941 年 11 月 20 日出生于韩国庆尚北道大邱市；1960—1964 年就读于大邱大学（现岭南大学）政治系，1964—1970 年为首尔大学政治研究生，获博士学位；1971 年（起），任教于高丽大学，1975 年任副教授，1978 年任教授；2007 年，从高丽大学的教职上退休。1998—2000 年，郑文吉任高丽大学政治科学与经济学院院长。代表作：《异化理论研究》(1978)、《青年黑格尔派与马克思》(1987)、《马克思的早期论著及思想生成》(1994)、《韩国的马克思学视域》(2004)等。

⑦ 望月清司（Mochizuki Seiji，1929— ）：日本当代新马克思主义思想家。1929 年生于日本东京，1951 年就读于日本专修大学商学部经济学科，1956 年就任该大学商学部助手，1969 年晋升为该大学经济学部教授。1975 年获得专修大学经济学博士，并从 1989 年开始连任专修大学校长 9 年，直至退休为止。代表作：《马克思历史理论的研究》(1973)等。

⑧ 安东尼·奈格里（Antonio Negri，1933— ）：意大利当代著名马克思主义哲学家。1956 年毕业于帕多瓦大学哲学系，获得哲学学士学位。同年加入意大利工人社会党。20 世纪 60 年代曾参与组织意大利工人"自治运动"(Autonomia Operaia)。1967 年获得教授资格。1978 年春季，他应阿尔都塞的邀请在巴黎高师举办了一系列关于马克思《政治经济学批判大纲》的讲座，其书稿于 1979 年分别在法国和意大利出版，即《〈大纲〉：超越马克思的马克思》。1979 年，奈格里因受到红色旅杀害时任意大利总理阿尔多·莫罗事件的牵连而被捕。释放后流亡法国 14 年，在法国文森大学（巴黎第八大学）和国际哲学学院任教。1997 年，在刑期从 30 年缩短到 13 年后，奈格里回到意大利服刑。在狱中奈格里出版了一批有影响的著作。1994 年，奈格里与哈特合作出版了《酒神：国家形式的批判》。之后，二人又相继合作出版了批判资本主义全球化的三部曲：《帝国》(2000)、《诸众》(2004)、《大同世界》(2011)等。

和普舒同①来了，斯蒂格勒②和大卫·哈维③这些当代的哲学大师都多次来到南京大学，为老师和学生开设课程，就共同关心的学术前沿问题与我们开展系列研讨与合作。曾几何时，由于历史性和地理性的时空相隔，语言系统迥异，不同文化和不同的政治话语语境，我们对国外马克思主义哲学的研究，只能从多重时空和多次语言转换之后的汉译文本，生发出抽象的理论省思。现在，这一切都在改变。我们已经获得足够完整的第一手文献，也培养了一批批熟练掌握不同语种的年轻学者，并且，我们已经可以直接与今天仍然在现实布尔乔亚世界中执着抗争的欧美亚等左派学者面对

---

① 穆伊什·普舒同(Moishe Postone，1942—2018)：当代加拿大马克思主义历史学家、哲学家和政治经济学家。1983 年获德国法兰克福大学博士学位，代表作《时间、劳动和社会支配：对马克思批判理论的再解释》在国际马克思主义学界产生了很大影响。普舒同教授曾于 2012 年和 2017 年两次访问南京大学马克思主义社会理论研究中心，为师生作精彩的学术演讲，并与中心学者和学生进行深入的研讨与交流。

② 贝尔纳·斯蒂格勒(Bernard Stiegler，1952—)：当代法国哲学家，解构理论大师德里达的得意门生。早年曾因持械行劫而入狱，后来在狱中自学哲学，并得到德里达的赏识。1992 年在德里达的指导下于社会科学高级研究院获博士学位(博士论文：《技术与时间》)。于 2006 年开始担任法国蓬皮杜中心文化发展部主任。代表作：《技术与时间》(三卷，1994—2001)、《象征的贫困》(二卷，2004—2005)、《怀疑和失信》(三卷，2004—2006)、《构成欧洲》(二卷，2005)、《新政治经济学批判》(2009)等。

③ 大卫·哈维(David Harvey，1935—)：当代美国著名马克思主义思想家。1935 年出生于英国肯特郡，1957 年获剑桥大学地理系文学学士，1961 年以《论肯特郡1800—1900 年农业和乡村的变迁》一文获该校哲学博士学位。随后即赴瑞典乌普萨拉大学访问进修一年，回国后任布里斯托大学地理系讲师。1969 年后移居美国，任约翰·霍普金斯大学地理学与环境工程系教授，1994—1995 曾回到英国在牛津大学任教。2001年起，任教于纽约市立大学研究生中心和伦敦经济学院。哈维是当今世界最重要的马克思主义思想家，提出地理—历史唯物主义，是空间理论的代表人物。其主要著作有《地理学中的解释》(1969)、《资本的界限》(1982)、《后现代的状况——对文化变迁之缘起的探究》(1989)、《正义、自然与差异地理学》(1996)、《希望的空间》(2000)、《新自由主义简史》(2005)、《跟大卫·哈维读〈资本论〉》(第一卷，2010；第二卷，2013)、《资本社会的17 个矛盾》(2014)、《世界之道》(2016)等。

面地讨论、合作与研究，情况确实与以前大不相同了。

2017 年 5 月，我们在南京召开了"第四届当代资本主义研究暨纪念《资本论》出版 150 周年国际学术研讨会"和"《政治经济学批判大纲》专题讨论会"。在这两个会议上，我们与来到南京大学的国外马克思主义哲学研究者们，不仅共同讨论基于原文的马克思《1857—1858 年经济学手稿》中的"机器论片断"，也一同进一步思考当代数字资本主义社会出现的所谓自动化生产与"非物质劳动"问题。真是今非昔比，这一切变化都应该归因于正在崛起的伟大的社会主义中国。

2001 年，哲学大师德里达在南京大学的讲坛上讨论解构理论与当代资本主义批判之间的关系，他申辩自己不是打碎一切的"后现代主义者"，而只是通过消解各种固守逻辑等级结构的中心论，为世界范围内的文化、性别平等创造一种新的思维方式。如今，这位左派大师已经驾鹤西去，但他的批判性思想的锐利锋芒，尤其是谦逊宽宏的学术胸怀令人永远难忘。

2003 年以来，我们跟日本学界合办的"广松涉与马克思主义哲学国际学术研讨会"已经举行了六届，从南京到东京，多次与广松涉①夫人及

---

① 广松涉(Hiromatsu Wataru，1933—1994)：当代日本著名的新马克思主义哲学家和思想大师。广松涉 1933 年 8 月 11 日生于日本的福冈柳川。1954 年，广松涉考入东京大学，1959 年，在东京大学哲学系毕业。1964 年，广松涉在东京大学哲学系继续博士课程的学习。1965 年以后，广松涉先后任名古屋工业大学讲师(德文)、副教授(哲学和思想史)，1966 年，他又出任名古屋大学文化学院讲师和副教授(哲学与伦理学)。1976 年以后，广松涉出任东京大学副教授、教授直至 1994 年退休。同年 5 月，任东京大学名誉教授。同月，广松涉因患癌症去世。代表作：《唯物史观的原像》(1971)、《世界的交互主体性的结构》(1972)、《文献学语境中的〈德意志意识形态〉》(1974)、《资本论的哲学》(1974)、《物象化论的构图》(1983)、《存在与意义》(全二卷，1982—1983)等。

学生们深入交流，每每谈及广松先生从 20 世纪 60 年代就开始直接投入左翼学生运动狂潮的激情，尤其是每当聊到广松先生对马克思主义哲学的痴迷和以民族文化为根基，以马克思主义哲学为中轴，创立独具东方特色的"广松哲学"的艰辛历程时，广松夫人总是热泪盈眶、情不能已。

2005 年，卡弗①访问了南京大学马克思主义社会理论研究中心，每当谈起马克思恩格斯的《德意志意识形态》等经典哲学文本时，这位严谨的欧洲人认真得近乎固执的治学态度和恭敬于学术的痴迷神情总是会深深打动在场的所有人。2018 年，卡弗再一次来到南京大学时，已经带来了我们共同关心的《德意志意识形态》手稿版和政治传播史的新书。2006 年，雅索普②在我们共同主办的"当代资本主义研究国际学术研讨会"上受邀致闭幕词，其间他自豪地展示了特意早起拍摄的一组清晨的照片，并辅以激情洋溢的抒怀，他对中国社会和中国文化的欣赏与热情展露无遗，令与会者尽皆动容。

令我记忆深刻的还有 2007 年造访南京大学的哲学家齐泽克。在我

①　特雷尔·卡弗（Terrell Carver，1946—　）：英国布里斯托大学政治学系教授，当代著名西方马克思学学者。1974 年在牛津大学贝列尔学院获得政治学博士学位，1995 年 8 月至今任英国布里斯托大学政治学系教授。代表作：《卡尔·马克思：文本与方法》（1975）、《马克思的社会理论》（1982）、《弗里德里希·恩格斯：他的生活及思想》（1989）、《后现代的马克思》（1998）、《政治理论中的人》（2004）、《〈德意志意识形态〉手稿》（2016）等。

②　鲍勃·雅索普（Bob Jessop，1946—　）：当代重要的西方马克思主义理论家。毕业于英国兰卡斯特大学，从事社会学研究并获得学士学位。在英国剑桥大学获得博士学位后，任剑桥大学唐宁学院的社会与政治科学研究员。1975 年他来到艾塞克斯大学政府学院，开始教授国家理论、政治经济学、政治社会学和历史社会学，现为英国兰卡斯特大学社会学教授。代表作：《国家理论：让资本主义国家归位》（1990）、《国家的过去、现在与未来》（2016）等。

与他的对话中，齐泽克与我提到资本主义经济全球化中的那一双"童真之眼"，他说，我们应该为芸芸众生打开一个视界，让人们看到资本的逻辑令我们看不到的东西。在他看来，这，就是来自马克思主义批判的质性追问。也是在这一年，德里克访问南京大学，作为当代中国现代史研究的左翼大家，他在学术报告中提出后革命时代中马克思主义的不可或缺的意义。不久之后，在我的《回到马克思》英文版的匿名评审中，德里克给予了此书极高的学术评价，而这一切他从来都没有提及。

2008年，苏联马克思主义研究院的那位编译专家巴加图利亚，为我们带来了自己多年以前写作的关于《德意志意识形态》的哲学博士论文和俄文文献。也是这一年，韩国著名马克思文献学学者郑文吉应邀来南京大学访问，他在为南京大学学生作的报告中告诉我们，他的学术研究生涯是"孤独的30年"，但是，在他退休之后，他的研究成果却在中国这样一个伟大的国家得到承认，他觉得过去艰难而孤独的一切都是值得的。2011年，日本新马克思主义思想家望月清司访问南京大学，他将这里作为40年前的一个约定的实现地，此约定即谁要是能查到马克思在《资本论》中唯一一次使用的"资本主义"（Kapitalismus）一词，就请谁喝啤酒。已经初步建成《马克思恩格斯全集》电子化全文数据库的我们都喝到了他的啤酒。

最令我感动的是年过八旬的奈格里，他是怀中放着心脏病的急救药，来参加我们2017年"第四届当代资本主义研究暨纪念《资本论》出版150周年国际学术研讨会"的，曾经坐过十几年资产阶级政府大牢的他，一讲起意大利"1977运动"的现场，就像一个小伙子那样充满激情。同样是参加这次会议的八旬老翁普舒同，当看到他一生研究的马克思

《1857—1858 年经济学手稿》的高清扫描件时，激动得眼泪都要流出来了。不幸的是，普舒同教授离开中国不久就因病离世，在南京大学的会议发言和访谈竟然成了他留给世界最后的学术声音。

2015—2018 年，斯蒂格勒四次访问南京大学，他连续三年为我们的老师和学生开设了三门不同的课程，我先后与他进行了四次学术对话，也正是与他的直接相遇和学术叠境，导引出一本我关于《技术与时间》的研究性论著。① 2016—2018 年，哈维三次来到南京大学，他和斯蒂格勒都签约成为刚刚成立的南京大学国际马克思主义研究院的兼职教授，他不仅为学生开设了不同的课程，而且每一次都带来了自己的最新研究成果。我与他的哲学学术对话经常会持续整整一天，当我问他是否可以休息一下时，他总是笑着说："我到这里来，不是为了休息的。"哪怕在吃饭的时候，他还会问我："马克思的异化概念到底是什么时候形成的？"

对我来说，这些当代国外马克思主义哲学家和左派学者真的让人肃然起敬。他们的旨趣和追求是真与当年马克思、恩格斯的理想一脉相承的，在当前这个物质已经极度富足丰裕的资本主义现实里，身处资本主义体制之中，他们依然坚执地秉持知识分子的高尚使命，在努力透视繁华世界中理直气壮的形式平等背后深藏的无处控诉的不公和血泪，依然理想化地高举着抗拒全球化资本统治逻辑的大旗，发出阵阵发自肺腑、激奋人心的激情呐喊。无法否认，相对于对手的庞大势

---

① 张一兵：《斯蒂格勒〈技术与时间〉构境论解读》，上海，上海人民出版社，2018。

力而言，他们显得实在弱小，然而正如传说中美丽的天堂鸟①一般，时时处处，他们总是那么不屈不挠。我为有这样一批革命的朋友感到自豪和骄傲。

其实，自 20 世纪 80 年代以来，中国马克思主义理论界接触、介绍和研究国外马克思主义哲学已经有 30 多个年头了。我们对国外马克思主义哲学家的态度和研究方法也都有了全面的理解。早期的贴标签式的为了批判而批判的研究方式早已经淡出了年轻一代的主流话语，并逐渐形成了以文本和思想专题为对象的各类更为科学的具体研究，正在形成一个遍及中国的较高的学术探讨和教学平台。研究的领域也由原来对欧美马克思主义哲学的关注，扩展到对全球马克思主义哲学研究的全景式研究。在研究的思考逻辑上，国内研究由原来零星的个人、流派的引介和复述，深入到对国外马克思主义哲学的整体理论逻辑的把握，并正在形成一批高质量的研究成果。各种国外马克思主义论坛和学术研讨活动，已经成为广受青年学者关注和积极参与的重要载体和展示平台，正在产生重要的学术影响。可以说，我们的国外马克思主义哲学学科建设取得了喜人的进展，从无到有，从引进到深入研究，走过的是一条脚踏实地的道路。

从这几十年的研究来看，国外马克思主义哲学研究对于我国的马克思主义学术理论建设，对于了解西方当代资本主义社会的变迁具有极为

---

① 传说中的天堂鸟有很多版本。辞书上能查到的天堂鸟是鸟，也是一种花。据统计，全世界共有 40 余种天堂鸟，在巴布亚新几内亚就有 30 多种。天堂鸟花是一种生有尖尖的利剑状叶片的美丽的花。但是我最喜欢的传说，还是作为极乐鸟的天堂鸟，在阿拉伯古代传说中是不死之鸟，相传每隔五六百年就会自焚成灰，在灰烬中获得重生。

重要的意义。首先，国内的马克思主义哲学研究由于长期受到苏联教条主义教科书的影响，在取得了重大历史成就的同时也存在着一些较为严重的缺陷，对这些理论缺陷的反思，在某种意义上是依托对国外马克思主义哲学的研究和比较而呈现出来的。因而，在很大的意义上，国外马克思主义哲学的研究推动了国内马克思主义研究在理论和方法上的变革。甚至可以说，国外马克思主义哲学研究和国内马克思主义哲学研究是互为比照，互相促进的。其次，我们对国外马克思主义哲学的研究同时也深化了对西方左翼理论的认识，并通过这种研究加深了我们对于当代资本主义现实的理解，进而也让我们获得了中国特色社会主义道路自信最重要的共时性参照。

当然，随着当代资本主义的发展，国外马克思主义哲学理论逻辑也发生了重大变化，比如，到 20 世纪 60 年代，以阿多诺的《否定的辩证法》和 1968 年"红色五月风暴"学生运动的失败为标志，在欧洲以学术为理论中轴的"西方马克思主义"在哲学理论逻辑和实践层面上都走到了终结，欧洲的马克思主义哲学研究出现了"后马克思"转向，并逐渐形成了"后马克思思潮""后现代马克思主义""晚期马克思主义"等哲学流派。这些流派或坚持马克思的立场和方法，或认为时代已经变了，马克思的理论和方法已经过时，或把马克思的理论方法在新的时代条件下加以运用和发展。总的来说，"后马克思"理论倾向呈现出一幅繁杂的景象。它们的理论渊源和理论方法各异，理论立场和态度也各异，进而对当代资本主义的认识和分析也相去甚远。还应该说明的是，自意大利"1977 运动"失败之后，意大利的马克思主义理论研究开始在欧洲学术界华丽亮相，出现了我们并没有很好关注的所谓"意大利激进思潮"①。在 20 世纪 60 年代曾经达到学术高峰的日本马克思主义哲学研究界，昔日的辉煌不再，青年一代的马克思追随者还在孕育之中；而久被压制的韩国马克思主义哲学研究，才刚刚进入它的成长初期；我们对印度、伊朗等第三世界国家的马克思主义哲学研究还处于关注不够、了解不深的状况之中。这些，都是我们在今后的国外马克思主义哲学研究中需要努力的方向。

本丛书是关于国外马克思主义哲学研究的专题性丛书，算是比较完整地收录了近年来我所领导的南京大学马克思主义哲学研究学术团队和学生们在这个领域中陆续完成的一批重要成果。其中，有少量原先已经出版过的重要论著的修订版，更多的是新近写作完成的前沿性成果。将这一丛书作为南京大学"双一流"建设工程的重要成果之一，献礼于马克思诞辰 200 周年，我深感荣幸。

张一兵

2018 年 5 月 5 日于南京大学

---

① 意大利激进理论的提出者主要是 20 世纪六七十年代意大利新左派运动中涌现出来的以工人自治活动为核心的"工人主义"和"自治主义"的一批左翼思想家。工人运动缘起于南部反抗福特主义流水线生产的工会运动，他们 1961 年创刊《红色笔记》，1964 年出版《工人阶级》，提出"拒绝工作"的战略口号。1969 年，他们组织"工人运动"，1975 年，新成立的"自治运动"取代前者，成为当时意大利学生、妇女和失业者反抗斗争的大型组织。1977 年，因一名自治主义学生在罗马被法西斯分子杀害，引发"1977 运动"的爆发。因为受红色旅的暗杀事件牵连，自治运动的主要领导人于 1979 年 4 月全部被政府逮捕入狱，运动进入低潮。这一运动的思想领袖，除去奈格里，还有马里奥·特洪迪(Mario Tronti)、伦涅罗·潘兹尔瑞(Raniero Panzieri)、布罗那(Sergio Bologna)以及马西莫·卡西亚里(Massimo Cacciari)、维尔诺(Paolo Virno)、拉扎拉托(Maurizio Lazzarato)等。其中，维尔诺和拉扎拉托在理论研讨上有较多著述，这些应该也属于广义上的意大利激进理论。这一理论近期开始受到欧美学术界的广泛关注。

目　录

引　言　/ 1

　　一、哲人音乐家　/ 5

　　二、音乐哲学文本的主题考察　　/ 19

第一章　音乐哲学产生的理论背景　　/ 29

　　一、黑格尔哲学与美学　　/ 30

　　二、马克思政治经济学批判关键词　　/ 44

　　三、马克斯·韦伯的音乐社会学　　/ 53

第二章　音乐与哲学的连接　　/ 66

　　一、新音乐的颠覆性　　/ 67

　　二、舒伯特的风景　　/ 78

第三章　批判的音乐社会学构形　　/ 101

　　一、音乐社会学出场　　/ 101

　　二、批判的音乐社会学的完型　　/ 114

　　三、音乐拜物教批判　　/ 137

第四章　音乐形式及其社会功能的历史演变　　/ 154

　　一、音乐中主体的投射与张扬：从巴赫到贝多芬　　/ 155

　　二、贝多芬：音乐总体性的形成与侵蚀　　/ 169

第五章　音乐的极性　/ 186

　　一、勋伯格之进步　/ 187

　　二、斯特拉文斯基之反动　/ 206

代结语　音乐哲学言说了什么　/ 221

附录一　舒伯特　/ 229

附录二　论音乐的社会状况　/ 244

　　一、概览　生产　/ 244

　　二、再生产、消费　/ 267

附录三　论音乐中的拜物特征与听的退化　/ 292

参考文献　/ 325

后　记　/ 340

引　言

当马克思在《关于费尔巴哈的提纲》中宣称，"哲学家们只是用不同的方式**解释**世界，而问题在于**改变**世界"[①]时，他无疑与以往的思辨哲学彻底划清了界线。从根本上说，马克思说出了一个伟大的真理：无产阶级只有通过革命实践变革资本主义世界之后，才能解放自己。但是，19 世纪、20 世纪之交，由于客观形势的变化，无产阶级革命却又被无限延宕了。当资本成为"普照的光"，继而幻化成统治世界的抽象同一性，当社会异化作为一种客观现实而被接受下来时，一些有责任感的欧洲知识分子基于历史唯物主义，根据变化了的社会现实，开始重新探索变革社会

[①]　《马克思恩格斯全集》第 3 卷，6 页，北京，人民出版社，1960。

的方法。但由于政治、文化、经济背景的差异，他们的探索之路又有意无意地偏离了马克思主义的传统，甚至越出了马克思主义的边界。当然，我们并不是说这些探索都是徒劳无益的。以历史唯物主义观念来看，这种探索甚至也呈现出碎片式的深刻性。但是，仅仅这样说还不够，问题的实质在于：我们必须通过细致入微的分析，表明这些探索究竟在多大程度上属于马克思主义，其现实意义又是如何。

20 世纪 30 年代，德国一批知识分子鉴于当时欧洲的社会现实，高高举起批判理论的旗帜。批判理论学派的领袖霍克海默在论述哲学的社会功能时说，哲学的"真正社会功能在于对流行的东西进行批判"，

> 目的在于，防止人类在现存社会组织慢慢灌输给它的成员的观点和行为中迷失方向，必须让人类看到他的行为与结果之间的联系，看到他的特殊的存在和一般社会生活间的联系，看到他的日常谋划和他所承认的伟大思想间的联系。①

就此而言，批判理论的可贵之处并不在于对社会进行实证式的阐释，而在于说明哲学反思的社会功能，社会应该朝什么方向发展。这是知识分子的伟大职责之所在，也是一切批判理论的本质。尽管理论并不像物质生产实践那样直接干预现实，但是它与社会现实之间的张力能够迫使人们认清实践的误区。因此，我们不能忽视理论的巨大作用。

批判理论的出现，有两方面的原因：一方面，这与两次世界大战造

---

① ［德］霍克海默：《批判理论》，250 页，重庆，重庆出版社，1989。

成人类空前的大灾难这个社会历史背景有关；另一方面，从更深层面来说，则是出于对资本主义市场这个抽象同一性的批判，对现代资本主义社会由于目的理性与工具理性的分离所造成的一种新型支配方式的批判。批判理论家最杰出的代表之一阿多诺，其理论观念主要集中体现在音乐哲学、与霍克海默在 20 世纪 40 年代合著的《启蒙辩证法》、晚年的《否定的辩证法》以及未完成的《美学理论》中。非同一性的否定辩证法对现代资本主义社会的批判有着巨大的爆破力。

作为非同一性哲学的建构基础、社会批判理论的重要组成部分，阿多诺的音乐哲学与其他任何社会理论流派比较而言，显得非常独特。它把西方近 350 年的音乐发展置于马克思政治经济学的批判语境中，通过对欧洲近现代音乐文明的历史考察，通过对资本同一性的社会批判，对欧洲历史进程中沉淀的音乐进行社会解码，以反对资产阶级社会自然法观念，阐述资本主义社会也有一个发生、发展与消亡的历史过程，通过对艺术自治与他治的关系探索，为阐释社会变革提供理论依据。

根据阿多诺的音乐哲学，近 350 年西方音乐的历史大体上与资产阶级地位的上升，资本开始占领市场进而控制社会在时间上具有同步性，在内容上具有同构性：

> 音乐艺术作品的组织，其"合理化"，正如马克斯·韦伯总而言之把它看作西方音乐发展的关键——内在深处是一种交换关系（一种一手交钱一手交货，一种不断地索取与给予）。[1]

---

[1] Adorno, *Gesammelte Werke*, Band 16, S. 225.

西方音乐的大小调性最终取得了统治，这是社会商品的产物。近代资本主义文明是以机器大生产的方式组织起来的工业文明，用马克斯·韦伯的话来说，是目的与手段分离的结果。在资本之光照耀下的欧洲，工具理性成为衡量一切的尺度，工具理性与科学实证主义兴起，人的精神世界遭受压抑；而精神危机根源于资本主义生产关系中人的异化，传统价值观崩溃，理性转变为非理性，在"上帝已死"之后，欧洲人产生了普遍的无所适从感。在一定社会背景中出现的勋伯格学派的新音乐，不仅受孕于欧洲文明的深刻危机，也是对这场危机的体验：当石化的传统调性不足以表现人类的苦难时，不和谐音被解放了出来。激进的新音乐只不过是对当时社会现实中人的精神状态的投射。阿多诺便是从社会视角出发对这场新音乐革命进行阐述，晚年进一步发展出了非同一性的否定辩证法与批判性的审美理论。

音乐哲学的建构是阿多诺一生中最为杰出的理论贡献之一。但是，他的否定的辩证法所持的立场与观念，在他生前与死后，招致了众多误解。姑且不说1968年学生运动中阿多诺所说的汽油弹"丑闻"，哈贝马斯也指责《启蒙辩证法》中有过多的马克斯·韦伯残余，更试图以"交往理性"取代批判理论。在阿多诺研究"复兴"近40年后的今天，人们遗忘了阿多诺所说的新音乐只是浮瓶传信、艺术是社会面相的比喻，也遗忘了他"获得艺术自治关键在于社会变革"的观点。于是，出于误解抑或贬低，在"大深渊饭店"享受美味佳肴的精英主义①、从哲学失败转向审美救赎、犬儒主义、从辩证法的彻底否定而走向一种不切实际的虚无，这种种对阿多诺的误解几乎已成定论。

---

① 这是卢卡奇对阿多诺等人的指责，认为以阿多诺为代表的法兰克福学派仅仅耽于理论深思，而与实践毫无瓜葛，这违背了马克思主义的精神。

　　姑且不论不同的理论立场导致了不同解说的难堪局面，今天，当我们以面向文本自身的眼光客观审视阿多诺的哲学观念时，情况却变得异常复杂，它在我们面前呈现出一个极为复杂的"星丛"面貌：没有模式、谜样特征、诸多理论交叠……这使得我们理解阿多诺的哲学内核并非易事。我以为，学术研究的严谨不能靠"一切阅读都是误读"来搪塞，摘取只言片语进行非发生学的阅读、以己意强加于对象身上，这不是马克思主义的研究方法。因此，当我们面对异常复杂的阿多诺哲学时，应该把成见悬置起来，追踪其学术发展的历史轨迹，只有这样才能看清阿多诺一生里所创建的理论的全貌及其得失，也只有通过历史唯物主义的批判方法，才能"还"阿多诺哲学思想以原貌。

一、哲人音乐家

　　阿多诺(Theodor Ludwig Wiesengrund Adorno)，1903 年 9 月 11 日出生在德国美茵河畔法兰克福一个经济富裕、思想自由，极具艺术氛围的犹太人家庭。其父是成功的葡萄酒商，母亲是拥有意大利血统的歌唱家，姨妈是钢琴家。他童年便沉浸于浓厚的音乐世界，先学习演奏小提琴与中提琴，年岁稍长，又跟随姨妈学习演奏钢琴。气氛良好的艺术家庭对他一生的学术研究产生了极为深远的影响。①

---

　　①　阿多诺每次回想起童年生活总会产生一种温馨感，这也成为他后来敌视任何形式的暴力的重要原因之一，晚年阿多诺回忆童年生活时还写道，"四手联弹，再来一次"。

阿多诺开始进入哲学的语境是当时流行的新康德主义。15 岁起，他便跟随克拉考尔①学习康德的《纯粹理性批判》。克拉考尔解读康德的方法使阿多诺获益良多，并使他领悟到哲学中表达环节的重要性，即把想到的东西说出来。据他后来回忆说，在老师那里，康德并不是一个封闭的思想体系，而是一种与现实密切相关的活生生的经验。他后来阅读任何传统哲学文本时，并不留意其一致性以及体系的连贯性，而关注其中起作用的力的运动，把哲学看成一种力场，这实在是受益于克拉考尔：

> 当我把这种阅读与我的老师相比较时，我更感激这种阅读，这一点也不夸张。作为一名教师，克拉考尔天赋过人，他使康德在我面前变得栩栩如生。在他的指导下，从一开始起，我就意识到这部著作并不只是一种纯粹的认识论，一种按照科学方法有效判断的前提的分析，而是一种可以从中领会到精神历史境况、带着可以获得一些真理自身的含糊期望的加码文本。②

从过去的观念中感知人生遭遇，这不外乎是从克拉考尔那里接受的一种历史解码法。对当代世界、人生遭遇之责任问题的关注贯穿了阿多诺的一生，可见其受克拉考尔影响之深。

---

① 克拉考尔(Siegfried Kracauer，1889—1966)，德国哲学家、著名电影理论家，阿多诺的私人教师。1933 年因遭纳粹迫害流亡国外，1941 年定居美国。

② Adorno, *Gesammelte Werke*，Band 11，S. 388.

中学毕业前，阿多诺已经阅读过卢卡奇①的《心灵与形式》与《小说理论》，这两部著作对他影响颇深：一是卢卡奇理论阐述的语言形式；二是在《小说理论》中，卢卡奇通过对小说世界的分析拟出一种历史哲学，这为阿多诺后来音乐哲学的建构提供了一种参照系。但是，从中学时代起，阿多诺就已经与卢卡奇拉开了距离，因为在他看来，

> 艺术家，不能或不愿意把世界的多样性从总体性中塑造成形式类型，塑造成个体的以及在最后偶然经验印象的描写。这样做，只不过把心灵归属于他曾经承诺赋予艺术形式的总体性。②

这里的总体性与形式显然是针对卢卡奇的小说理论有感而发的。

真正给阿多诺带来震撼的是 1921 年春天阅读布洛赫③的《乌托邦精神》。④ 欧洲哲学史上，叔本华首次把音乐作为自由意志的最高表象，

---

① 卢卡奇(György Lukács，1885—1971)，匈牙利著名哲学家和文学批评家，当代影响最大、争议最多的马克思主义评论家和哲学家之一。其一生的学术经历颇为复杂，主要著作有《心灵与形式》《历史与阶级意识》《现代戏剧发展史》《小说理论》《审美特性》和《社会存在本体论》。

② Adorno，*Notan zar Literatur*，Band 11，S. 610.

③ 布洛赫(Ernst Bloch，1885—1977)德国著名哲学家。主要著作有《乌托邦精神》《革命神学家托马斯·闵采尔》《希望的原理》。

④ 在一定程度上，布洛赫的《乌托邦精神》接受了叔本华《作为意志与表象的世界》的哲学思想。在叔本华那里，艺术是一种普遍的形式，而音乐在艺术中占有一种绝对地位，与概念不同，它是事物的实在和本质的直接表现，"因为概念只含有刚从直观抽象得来的形式，好比含有从事物上剥下来的外壳似的，所以完全是真正的抽象；而音乐则相反，音乐拿出来的是最内在的、先于一切形态的内核或事物的核心"(叔本华：《作为意志和表象的世界》，364 页，北京，商务印书馆，1982)。但是，与叔本华的悲观主义不同，布洛赫则把音乐作为乐观、希望的乌托邦。叔本华的音乐思想对阿多诺音乐哲学的形成产生过影响，但是叔本华的非理性主义始终是他的批判对象。

强调音乐的非概念性，同时第一次在欧洲哲学史上建构起一种关于音乐的哲学。布洛赫步叔本华后尘，再一次对音乐进行哲学阐述。但与叔本华的悲观主义不同，他把音乐看作一种希望，一种个体感受，从而有意与经济决定论、实证主义形成截然对立，这实际上已经偏离了正统马克思主义的轨道。阿多诺后来回忆说，《乌托邦精神》许诺了中世纪书籍中曾许诺的希望，即18世纪充满了深奥的说明书的《英雄宝库》中渴望的某种东西①，阿多诺甚至认为，如果如柏拉图所说，哲学起源于惊奇的话，那么，布洛赫的哲学并不仅仅开始于一种惊奇，而是意在于惊奇之上把思想展现出来。因此，对阿多诺来说，布洛赫对传统哲学形式的瓦解，恰恰如勋伯格②之于音乐、康定斯基③之于绘画的关系一样，他以一种未来乌托邦的形式，与传统学院派哲学的形式以及内容彻底决裂。阿多诺甚至认为，这种乌托邦精神唤醒了他对未来哲学的希望，并为徘徊于音乐与哲学之间的他指明了希望之路。《乌托邦精神》令少年阿多诺如此着迷，以至于他后来还承认那个时候，"无论是在潜在还是公开的意义上，我采纳了如此众多的主题，连我自己都难以置信，我写下的所

---

① Adorno, *Gesammelte Werke*, Band 11, S. 556.

② 勋伯格(Arnold Schönberg, 1874—1951)，美籍奥地利人，20世纪最为杰出的作曲家、音乐教育家，第二维也纳学派创始人，自学成才。希特勒上台后流亡美国，1951年病逝于洛杉矶。他的最大贡献是颠覆了欧洲传统音乐的调性体系，并培养出贝尔格(Alban Berg)、韦伯恩(Anton von Webern)这样的高徒，从而对整个20世纪的音乐走向产生了极为深远的影响。勋伯格的新音乐革命为阿多诺的哲学建构提供了最为直接的理论原型。阿多诺一生中有大量讨论勋伯格的音乐文本，其中最为著名的是《新音乐哲学》。

③ 康定斯基(W. Kandinsky, 1866—1944)，现代抽象艺术理论和实践的奠基人之一。曾与人共同创立艺术团体"青骑士"。希特勒上台后流亡巴黎。康定斯基对20世纪先锋艺术影响极大。勋伯格在新音乐初期作品不被人接受的情况下曾跟随他学习绘画。

有的东西都参照过它"①。《乌托邦精神》把哲学概念从僵化的学院派空中阁楼中带了出来，并使它们流动起来，它通过语言的节奏所表现出来的东西改变了当时的哲学形式，这与阿多诺后来在新音乐中体验到的东西出于一辙。

尽管布洛赫的《乌托邦精神》在形式与内容上对阿多诺影响至深，但是布洛赫哲学中历史的弥撒亚终结的观念则被阿多诺悬置了起来，"因为希望确切地说在姿态（Gestus）中而不是在孤零零的观念中寻求"②。对姿态的强调来源于阿多诺少年时接受的音乐教育，它是一种反概念化的生活世界。只能在现实社会中变革世界，而非在内心变革观念世界，更不能将希望寄托于宗教。通过卢卡奇与布洛赫，阿多诺开始接触非正统的马克思主义。

1919 年，阿多诺开始跟随法兰克福音乐学院理论与作曲教授伯恩哈德·塞克勒斯③接受正规、系统的作曲训练。1921 年，阿多诺 18 岁，入法兰克福大学，主修哲学、社会学、心理学与音乐。幸运的是，他遇到导师柯内留斯④，一位行为古怪的思想激进者，"一位比康德还康德的新康德主义者"。这表现在柯内留斯主张摧毁教条，基于经验建立理论。他拒绝康德的物自体概念，认为那是一种形而上学的残余。他认为，主体并不是始终不变的、超验的全称命题，而是一种独特的、活生

①　Adorno，*Gesammelte Werke*，Band 11，S. 557.

②　Ibid.，S. 558.

③　塞克勒斯（Bernhard Sekles，1872—1934），德国作曲家，教师。1919 年阿多诺成为他的学生。

④　柯内留斯（Hans Cornelius，1863—1947），德国新康德主义哲学家、画家。

生的个体；哲学经验是个体的、有生命的，而非抽象的纯粹理论。知识基于先验，它从来不是去完成的，而是应去认知；哲学不是一种封闭的体系，不存在本体论的绝对，尽管有着认识的形式普遍性，但经验的渐增本质确保了现实的"无限可能性"。关于主客体关系，柯内留斯认为，客体总是彼此不同的，它们并不属于同一本体域，而是出现在每一次新的构成中。

更值得注意的是，在柯内留斯那里，没有独立于意识的存在，也没有独立于存在的意识，这就等于说取消了哲学上的"第一"，而这同样也是阿多诺终身坚持的原则。但是，柯内留斯既批判唯心主义，也指责唯物主义，他认为唯物主义和教条主义是同义语：在唯物主义那里，人是"自动机器"。更为要紧的是，他敦促他的学生不要盲从任何主义，而要自己思考："你的导师不是别的任何人，不是康德，也不是马克思；不是路德，也不是费希特，而仅仅是你自己的理性。"[1]

柯内留斯的新康德主义对阿多诺影响至深，到 20 世纪 30 年代，在阿多诺对胡塞尔[2]的批判中，其印迹依然清晰可见。阿多诺认为：知识内在于经验、知识的对象是具体特殊的现象。他更相信艺术为哲学提供了一个比胡塞尔纯数学的认识论乌托邦更好的模式。更为有趣的是，柯内留斯本人也是一位颇有成就的画家。出于天性，他尤其强调个体经验，而这又对阿多诺的艺术理论产生了影响。事实上，阿多诺一生都认

---

① Adorno，*Philosophische Terminologie：Zur Einleitung*，ed. Rudolf zur Lippe (Frankfurt am Main：Suhrkamp Verlag，1973)，vol. 1，pp. 121-122.

② 胡塞尔(Edmund Husserl，1859—1938)，20 世纪奥地利著名作家、哲学家，现象学创始人。他的现象学对 20 世纪欧洲乃至世界哲学的发展产生了极为深远的影响。

为艺术与哲学互补，究其思想来源，主要有两个方面：其一，克拉考尔、柯内留斯强调的个体经验，布洛赫的乌托邦精神；其二，学习音乐的经历。

在柯内留斯讨论胡塞尔现象学的课程班上，阿多诺认识了后来的社会研究所第二任所长霍克海默。① 霍克海默后来成为阿多诺一生思想发展中最为亲密的合作伙伴。

大学期间，阿多诺跻身于以勋伯格学派为主导的新音乐圈子。当时，勋伯格早期的表现主义作品已成为他关注的中心。1921 年，在一则关于勋伯格的短评中，他写道：

> 任何人都不能通过把他的主体性转移到依赖于不同的形而上学、审美以及社会学前提的外在形式而获得客观性……唯一可能的是，从自我及其有效的抉择出发生长出自我。在我们周围没有真实存在的天棚，我们必须为我们自己建立家园。②

在 1922 年的另一篇短评中，阿多诺评论了勋伯格的独角戏《月光下的皮埃罗》。他认为，作为一个作曲家，勋伯格"生于一个没有希望的时

---

① 霍克海默（Max Horkheimer，1895—1973），法兰克福学派的创始人，他主张恢复马克思主义的批判性实质，提出马克思主义的本质就是批判理论。主要著作有《启蒙辩证法》（与阿多诺合著）、《理性之蚀》等。

② *Neue Blatter für Kunst und Literatur*，1（1922-1923），18 September 1922，p. 11. R. Wiggershaus，*The Frankfurt School：Its history，Theories，and Political Significance*，The MIT Press，1994，p. 668.

代"，皮埃罗"直接唱出我们无家可归的心灵"。① 勋伯格的音乐中并不存在一个僵硬而且可解释的概念世界，他善于将最普通的责备通过苦难和渴望，通过自己内心的一切情绪和荒谬转变为无与伦比的形式。②

20 世纪 20 年代，另一位备受阿多诺关注的对象是俄罗斯作曲家斯特拉文斯基③，1923 年他评论了斯特拉文斯基的作品《士兵的故事》，认为这部作品在内容与风格上都令人失望，称之为"想象出来的音乐哑剧、舞台对话、戏剧性的朗读之间的混合形式"④，1924 年，阿多诺评论斯特拉文斯基走向新古典主义的作品《普尔钦奈拉》，认为其退回到了 18 世纪意大利的音乐风格。⑤ 1925 年阿多诺在一则评论中称斯特拉文斯基是"无家可归的俄罗斯人"，在他的作品中"心灵的碎片遭受着折磨，找不到安定处所"。他的音乐"使虚无主义的抽象观念具体化了，同时也发现了底下世界本质的隐喻"⑥，而且"从抒情走向总是破碎了的客观主义"⑦。这是他的作品的深刻之处。

就他对勋伯格、斯特拉文斯基评论的内容与态度来看，大学时期阿多诺的音乐批判已经显现出后来音乐哲学批判的端倪，尽管这些批判并

---

① Adorno，*Gesammelte Werke*，Band 19，S. 11.

② Ibid.，S. 11.

③ 斯特拉文斯基(Igor Stravinsky，1882—1971)，作曲家，20 世纪音乐巨匠，1945 年加入美国籍。早期以《春之祭》《火鸟》《彼得鲁什卡》三大芭蕾而闻名于世，30 年代转入新古典主义时期，50 年代转向序列主义。斯特拉文斯基一生风格多变，但坚决主张音乐内容的客观性，反对音乐表现说。他是阿多诺最为关注的对象之一。

④ Adorno，*Gesammelte Werke*，Band 19，S. 27.

⑤ Ibid.，S. 38.

⑥ Ibid.，S. 53.

⑦ Ibid.，S. 54.

不见得有多深刻。不过，从他对勋伯格与斯特拉文斯基的评论中可以看出，有一点是确定无疑的：作为一个对现实世界具有极度敏感性、极具艺术气息的年轻人，阿多诺从一开始就认识到音乐中渗透着现实世界，这一点对于我们理解他一生的哲学与审美理论的建构来说具有至关重要的意义。

　　1923 年，阿多诺结识本雅明。[①] 如果说布洛赫使阿多诺认识到经济决定论的马克思主义理论的缺陷的话，那么，本雅明则使阿多诺意识到克服这种缺陷的方法。本雅明的观念使阿多诺认识到：现实是构成的，父辈经验是沉淀的过去，而个体经验则直指当下。[②] 从 1918 年本雅明《论未来哲学的纲领》一文中可以看出，本雅明当时的哲学意图是在康德哲学的基础上，建立"宗教与哲学实质上的统一"[③]。这一点却始终没有为阿多诺所接受。[④]

---

　　① 　本雅明(Walter Benjamin，1892—1940)，德国犹太学者，极具创造性的哲学家。著作有《论歌德的〈亲和力〉》《德国悲苦剧的起源》《单向街》《机械复制时代的艺术作品》《巴黎拱廊街》。本雅明与阿多诺之间是亦师亦友的关系，他的哲学对阿多诺哲学美学的发生、发展产生过重大影响。

　　② 　1913 年，在一篇论经验(Experience/Erfahrung)的文章中，本雅明指出了作为个体的经验与来自父辈的经验的异质性。经验只能是个体的、活生生的，无法替代。本雅明认为，"成人的面具被称为'经验'，它是无表情的，令人费解的，甚至是同一的"，来自父辈的经验则意味着对自我经验的抑制，是过去对现在的支配，是应该打破的神话。对异质性来说，只能是个体经验。所谓"经验与贫乏"就是这个意思。Walter Benjamin, *Walter Benjamin：Selected Writings*，vol. 1，1913-1926，Havard University Press，1999，pp. 3-5.

　　③ 　Walter Benjamin，*Walter Benjamin：Selected Writings*，vol. 1，p. 101.

　　④ 　认识到这一点对于理解阿多诺与本雅明的思想区别很有必要，本雅明一生迷恋弥撒亚，而阿多诺对此则并无兴趣。

1924年春天，阿尔本·贝尔格①为了公演作品《沃采克》②的三个片断来到法兰克福，阿多诺观看了这次演出，并对此大加赞赏："这三个片断是勋伯格音乐和马勒③音乐的综合：在我的印象中，这才是真正的新音乐。"将勋伯格与马勒结合的《沃采克》，对于年轻的阿多诺来说无异于久旱逢甘露：其中表达了对已经失去了的意义的渴望，对令人苦恼同时也是自我牺牲世界的逃脱的渴望。看完演出，阿多诺非常热心地请谢尔辛④把他引荐给作曲家，他遂得以师从贝尔格学习新音乐作曲技法。

1925年夏天，阿多诺来到维也纳跟随贝尔格学习新音乐技法，本来的意图是成为作曲家和演奏家。但是，维也纳的现实并不如他所愿。所谓勋伯格学派，实际上是个关系非常松散的圈子，彼此间往来十分稀疏，而勋伯格本人此时已移居乡下，过着归隐的生活。尽管贝尔格本人

---

① 阿尔本·贝尔格(Alban Berg, 1885—1935)，奥地利作曲家，勋伯格高徒，第二维也纳学派代表人物之一，阿多诺的音乐老师。其作曲技法对20世纪音乐的走向产生了极深的影响。

② 贝尔格根据德国早期表现主义剧作家毕希纳(Georg Buchner, 1813—1837，后被认为是表现主义的鼻祖)剧本《沃采克》(Woyzeck)改编的歌剧。歌剧主角沃采克是理发师，退伍军人，因同居女友与军乐长私通，怒而杀之，后跳河自尽，整部作品充满骚动感。该作品为20世纪最为优秀的歌剧作品之一，极具艺术魅力。

③ 马勒(Gustav Mahler, 1860—1911)，19、20世纪之交最为杰出的奥地利作曲家、指挥家。他的艺术风格继承了后期浪漫派音乐的传统，并极力扩展交响乐的表现力，其风格对勋伯格音乐学派产生了重大影响。马勒的音乐思想深受叔本华哲学影响，也是对世纪之交欧洲人焦虑的精神状况的描绘，主要作品有九部交响曲。

④ 谢尔辛(H. Scherchen, 1891—1966)，德国指挥家。

对阿多诺来说有着父亲般的温暖①，但他对阿多诺的"哲学砂囊"颇感烦恼，甚至建议他在"黑格尔还是贝多芬②之间作一选择"。③ 贝尔格本人曾向勋伯格推荐阿多诺的作品，但是勋伯格对这个头脑中充满着康德、黑格尔的年轻人从未有过任何好感。尽管如此，勋伯格还是对阿多诺一生思想的发展产生了极为深远的影响。无论是其早期作品中不和谐音的解放，还是走向体系化的十二音技巧，都为阿多诺后来非同一性、反对一切哲学体系的否定辩证法的理论建构提供了原型。

　　阿多诺在维也纳的生活并不愉快，1927 年返回法兰克福，开始与法兰克福学派成员有所接触，并尝试将音乐评论与批判理论相结合，其间仍不断往返于法兰克福与维也纳。在维也纳，阿多诺结识了作曲家科内纳克。④ 科内纳克关于音乐的观念对阿多诺 20 世纪 30 年代初期的音

---

　　① 阿多诺终其一生十分感激贝尔格的教育之恩。从现存文献来看，阿多诺对勋伯格学派人物均有批评，对贝尔格却异常尊敬。每当他谈及贝尔格，语气总是充满温馨。关于阿多诺对贝尔格的回忆见 Adorno，Berg：*The Smallist Link Master*，*Sound Figures*. 阿多诺与贝尔格之间保持了 10 多年通信，见 Theodor W. Adorno and Alban Berg，*Correspondence 1925-1935*，ed. Henri Lonitz，trans.，Wieland Hoban，Polity，2005.

　　② 贝多芬(Ludwig van Beethoven，1770—1827)，德国作曲家，欧洲古典主义时期音乐家，维也纳古典乐派最重要的代表人物之一。作品有 9 部交响曲、32 首钢琴奏鸣曲、5 首钢琴协奏曲、14 首弦乐四重奏、1 部歌剧，以及其他宗教音乐、小提琴协奏曲、奏鸣曲与大提琴奏鸣曲等。他对欧洲古典音乐的发展做出过巨大贡献，奏鸣曲式和交响曲套曲结构形式在他的作品中发展到顶点。根据音乐风格的发展，他的音乐可分为三个时期：早期，1792—1802 年；中期，1803—1815 年；晚期，1815—1827 年。阿多诺对贝多芬的音乐有精深的研究，相关作品在他去世后被后人编辑为《贝多芬：音乐哲学，断片与文本》出版。

　　③ Adorno，*Alban Berg*：*The Smallist Link Master*，*Sound Figures*，p. 29.

　　④ 科内纳克(Krenek，1900—1991)，奥地利音乐家，理论家。他与阿多诺曾经有过大量的讨论音乐的书信往来，后编入 *Briefwechsel Adorno/Krenek*，Suhrkamp，1974.

乐社会学思想产生过一定的促进作用。1928 年到 1931 年，在贝尔格的帮助下，阿多诺任维也纳音乐杂志《破晓》(*Der Anbruch*)的编辑，并主持《谱架与指挥棒》(*Pult und Taktstock*)、《弱拍》(*Der Auftakt*)等杂志的编辑工作，直到 1932 年离开。20 世纪 20 年代阿多诺发表过多篇有关音乐录音唱片方面的文章，如《论电台音乐的使用》《唱针》等，率先针对音乐再生产问题进行社会学分析，这些论述可看作关于文化工业的研究之源头。

1931 年，阿多诺以《克尔凯郭尔：审美建构》("Kierkegaard：Konstruktion des Ästhetischen")一文获得教师资格，指导老师是神学家保罗·蒂里西。[①] 1932 年作为社会研究所的非正式人员，阿多诺发表了著名的《论音乐的社会状况》，这标志着他的音乐社会学观念趋于成熟。1933 年希特勒上台后，阿多诺遭到解聘，1934 年流亡英国，其间分别在伦敦和牛津默顿学院学习。1937 年 6 月，阿多诺第一次短暂访问美国，后在霍克海默的敦促下，移居美国纽约，并接管《普林斯顿广播研究计划》，与拉扎斯菲尔德[②]共同主持广播学社会研究。1938 年因《机械复制时代的艺术作品》中有关观点与本雅明发生争论，写下《论音乐的拜

---

① 保罗·蒂里西(Paul Tillich, 1886—1965)，20 世纪著名神学家，1933 年因反对希特勒被迫逃离德国，后加入美国国籍。其主要论述有《系统神学》(3 卷本)、《圣经宗教和对最终实在的探索》、《存在的勇气》等，主要从神学视域关注人的世界的焦虑。

② 拉扎斯菲尔德(Paul F. Lzarsfeld, 1901—1976)，奥地利裔美籍社会学家，哥伦比亚大学应用社会学研究所的创办人。曾与阿多诺合作主持广播学社会研究，后因彼此之间研究方法不同发生冲突而导致合作破裂。但这次合作对阿多诺关于文化工业的研究有重要作用。

物特征与听的退化》①，以马克思政治经济学批判为背景，对音乐拜物教展开深入剖析，此文与《论音乐的社会状况》一起，共同奠定了文化工业批判的理论基础。

1940 年后，阿多诺移居洛杉矶，与霍克海姆合作完成《启蒙辩证法》，展开了对欧洲社会启蒙自反性的激烈批判。40 年代初期，他开始酝酿写作《新音乐哲学》，还担任了托马斯·曼小说《浮士德博士》的音乐顾问，并与艾斯勒②合作调查好莱坞电影制作业，合著《为电影作曲》；又主持社会研究所反犹主义调查，写作《权威人格》。1946 年完成《最低限度的道德》（出版于 1951 年），题献给霍克海默，该书是阿多诺对流亡生活的审视。1948 年阿多诺出版争议极大的《新音乐哲学》，作为一种特殊的批判理论，该著作详细论述了勋伯格学派与斯特拉文斯基的音乐作品、欧洲音乐的历史性，并通过音乐作品论述晚期资本主义世界的现代性问题，对资产阶级自然法观念以及法西斯主义进行猛烈抨击。1949 年，阿多诺回国，与霍克海默一起参与社会研究所的重建工作，1959 年霍克海默退休后，由阿多诺担任社会研究所所长，1963 年阿多诺任德国社会研究协会主席。

从 1955 年到 1969 年去世之前，阿多诺进入著作高产期。其中音乐

---

①　"Über den Fetischcharakter in der Musik und die Regression des Hörens"（英译本作"On the Fetish-character in Music and the Regression of Listening"），国内学界将其普遍翻译为《论音乐的拜物特征与听力/听觉的退化》，而这其实是一种误译。然而根据阿多诺的本意，他说的是人们在"听"音乐这种行为中出现的现象，而非作为人体器官/功能的听觉/听力出现了问题。故此，Hören，只能翻译为"听"，而非其他。

②　艾斯勒（Hanns Eisler，1898—1962），德国马克思主义作曲家，勋伯格的学生，与剧作家贝莱希特合作《三毛钱歌剧》《马哈冈尼》等。

哲学方面的著作有《试论瓦格纳》(1963)、《棱镜》(1955)、《贝尔格》(1956)和《马勒：一种音乐面相术》(1960)。他主持出版了6部音乐论文集：《不和谐音》(1956)、《音型》(1959)、《准幻想曲》(1963)、《音乐瞬间》(1964)、《即兴曲》(1968)。除此之外，他还于1961—1963年于法兰克福大学举办了12次音乐社会学讲座，后作为《音乐社会学导论》出版(1963)。这些文集的范围几乎无所不包：具体音乐作品、早期音乐机构、作曲方法、音乐形式、广播音乐、爵士乐、庸俗艺术、室内乐、歌剧、新音乐、流行音乐、指挥与指挥法、音乐国家主义、录音技术、音乐指挥类型、听众理论等。

20世纪50年代起，作为勋伯格学派的积极辩护者，阿多诺成为达姆斯塔特夏季新音乐课程极为重要的主讲人之一。针对新音乐的体系化，他写下了一批重要的理论文本，如《音乐家批判》《新音乐的老化》《新音乐的标准》等；1961年夏天，作题为"论无形式的音乐"的讲座，提倡"自由的音乐风格"。① 阿多诺在20世纪五六十年代对世界现代各重要流派、类型音乐的社会学反思，为其60年代后期写作《否定的辩证法》及《美学理论》奠定了极为重要的理论基础。

1966年，阿多诺出版《否定的辩证法》，1968年写作《美学理论》(未完成)，后作为遗著出版。这段时间，他的反对资本主义社会同一性的批判理论达到顶峰。1968年，阿多诺因与学生运动发生冲突，遭到学生羞辱，于1969年8月3日因心脏病逝世于瑞士维斯帕。

---

① 比较该讲座中"无形式的音乐"(musique informelle)与否定辩证法的"辩证法不是立场"是很有意思的。

二、音乐哲学文本的主题考察①

阿多诺的音乐哲学文本以庞大的文本群出现，到 1997 年，德国苏坎普出版社出版的《阿多诺全集》20 卷中有一半以上是论述音乐的。② 另有大量文稿、日记、通信经后人编辑，作为阿多诺遗著出版。在学术研究中，对文本形成过程本身的历史考察是研究哲学家的不可或缺的前提之一，而历史与逻辑一致的研究方法是南京大学哲学系马克思主义哲学学派的文本解读法。但是，当我们面对阿多诺的音乐哲学文本时，情况则显得颇为复杂，一般的年代学分类显得捉襟见肘。

由于阿多诺哲学的反体系特征，他尤为着意于文本所呈现的形式。他特别厌恶读者轻松地消费他的文本，因此设置了重重阅读关隘；另外，他往往假设读者像他一样熟悉他所讨论的问题的背景，这使得阅读者阅读他的任何著作都不免会感到困难。自 20 世纪 20 年代初期至 60 年代初，阿多诺有数量惊人的音乐哲学文本问世。根据文本的写作与出版情况，可以大致把它们分为四类：第一类，生前出版；第二类，早年未出版的文本后来修改重新出版；第三类，后人编辑而成；第四类，合著。第一类文本集中收录在《阿多诺全集》第 12、14、15、16、17、18、19 卷中。20 世纪 50 年代苏坎普出版社出版过一批文本，阿多诺均亲自

① 本书的主题类型考察主要依据《阿多诺全集》出版时编者的分类。1997 年苏坎普出版社出版的《阿多诺全集》第 18 卷中，编者按照内容把文章分类为"音乐格言（Musikalische Aphorimen）、新音乐理论（Theorie der neuen Musik）、作曲家与音乐作品（Komponisten und Kompositionen）、音乐会介绍以及附有音乐实例的广播讲座（Konzert-Einleitungen und Rundfunkvorträge mit Musikbespieleben）、音乐社会学（Musiksoziologisches）"等。

② 1997 年出版的《阿多诺全集》20 卷不包括他的遗著。阿多诺一生中有过大量的讲座、笔记，去世后作为遗著被整理出版，这部分数量也极为庞大，共 25 卷之多。

参与修订、编辑，其中有《棱镜》(1955)、《不和谐音》(1956)、《音型》(1956)、《音乐社会学导论》(1963)、《准幻想曲》(1963)、《音乐瞬间》(1964)、《即兴曲》(1968)。第二类文本较为复杂。阿多诺经常的做法是，后期通过加入新材料的方式重写早期文本(有的可能从未出版)，再将其作为新文本重新出版。这类文本写作时间跨度大，有的长达二三十年，如《贝尔格：最小连结部大师》(1937—1968)、《试论瓦格纳》(1939—1952)。第三类文本更为复杂，如《贝多芬：音乐哲学，断片与文本》，该文本根据阿多诺生前的日记编辑出版。据编者考证，这些日记的写作年代最早始于 1936 年，终于阿多诺去世之前。根据阿多诺生前所说，他在世时曾多次计划完成该著作，并以《贝多芬：音乐哲学》为题出版，但随着阿多诺去世而未能实现。毫无疑问，像《贝多芬：音乐哲学，断片与文本》这类文本无法划入一个具体的年代。另外，阿多诺论音乐的生产与再生产问题，研究的时间跨度达 30 多年，研究成果于2001 年作为阿多诺遗著出版，题为《关于一种音乐再生产的理论：笔记、一篇草稿与两种图式》。这是阿多诺从 1925 年起开始准备的计划，但是阿多诺生前并没有完成。第四类是与人合著的文本，如对美国电影工业的考察，1944 年与作曲家艾斯勒合著的《为电影作曲》。该文本1947 年以英文出版时，署名艾斯勒，阿多诺把自己的名字抹去了①，直到 1969 年第 2 版以德文出版时，阿多诺才把自己的名字加了上去。下面在进入主题论述之前，我先对阿多诺的音乐哲学文本按主题结合写作

---

① 阿多诺的做法与战后美国麦卡锡主义掀起的排外政治活动有关，美国联邦调查局曾一度调查并拘禁艾斯勒。

时间做一个粗略的考察。①

1. 作为批判理论的音乐哲学系列文本群

20 世纪 20 年代初到 60 年代末，阿多诺有大量作曲与演奏、技巧分析与批判性评论的文本问世，现大多收入《阿多诺全集》第 18、19 卷。其中最早一篇是对他的老师塞克勒斯的新歌剧的评论，写于 1921 年。较早进入阿多诺评论视野的有勋伯格、欣德米特②、巴托克③、科内纳克。关于勋伯格《月光下的皮埃罗》的评论写于 1922 年 2 月。同年阿多诺写下对匈牙利作曲家巴托克的民间音乐素材的评述，他把巴托克看成南欧抵制世界理性化过程的代表人物。1923 年开始有评论斯特拉文斯基的音乐客观性的短文发表。20 年代瓦格纳也成为阿多诺关注的焦点之一，其原因有二：第一，瓦格纳的音乐技法是新音乐革命的重要源头之一；第二，瓦格纳与德国日渐增长的反犹主义情绪之间存在一定的关系，这种关系尤其在纳粹上台、阿多诺流亡美国以后，成为大众的批判对象。另外有关于马勒的评论，还有少量关于巴赫、贝多芬、舒伯特以及勃拉姆斯的作品评论。在以上所有文本中，阿多诺关注的音乐内容非常广泛，但最为集中的还是勋伯格学派，数量上占一半以上。20 世纪 20 年代的文本显示出阿多诺一生音乐哲学理论逻辑建构的发展轨迹。

---

① 鉴于国内学界对阿多诺音乐哲学并无专题研究，本书所采用的主要术语均根据 2003 年德国苏坎普出版社出版的阿多诺著作德文版自译，而不采用国内学界的常见译法。

② 保罗·欣德米特(Paul Hindemith, 1895—1963)，德国作曲家、音乐理论家，后入美国籍，主张新古典主义风格。作品有《画家马蒂斯》等，理论著作有《作曲技法》。

③ 巴托克(Béla Bartók, 1881—1945)，匈牙利作曲家。曾搜集东南欧民歌三万多首，并对之进行分析，从而形成了以民间风格为主，充满节奏活力与丰富想象的独特作品。

《新音乐哲学》是阿多诺流亡美国时期留下的最为重要的音乐哲学文本，1948 年作为《启蒙辩证法》的附录出版。其在理论上受黑格尔哲学、马克思主义、本雅明的《德国悲苦剧的起源》、弗洛伊德的心理分析理论的影响，把音乐巨匠勋伯格、斯特拉文斯基并置起来，以两极对立的极端方式，把分析的理论背景放置在巴赫以来的西方社会文化语境中，建构了法兰克福学派批判理论中最具特色的**音乐哲学**。这部著作极具挑战性，除早期在达姆斯塔特夏季新音乐课程中风靡一时外，鲜有人问津。尽管该著作使得阿多诺在先锋音乐界获得威望，但很少得到正统学院派、实证音乐社会学派的重视。我对这部著作的看法是，《新音乐哲学》既是一部音乐文本，同时又是一部哲学文本。该文本的重要性相当于《启蒙辩证法》《否定的辩证法》以及阿多诺晚年创作的《审美理论》。除《新音乐哲学》外，有关文本还有《舒伯特》(1928)、《晚期贝多芬》(1937)以及大量论述勋伯格学派的文本。这些文本内容庞杂，涉及哲学、美学、音乐、政治、文化、种族等一系列问题。它们共同构成了后来阿多诺否定的辩证法、美学批判立场的基点。

2. 音乐社会学主题

20 世纪 20 年代末至 30 年代初中期是阿多诺音乐社会学思想的发展形成期。20 年代，阿多诺创作了关于音乐录音唱片方面的一系列文章，如《论电台音乐的使用》《唱针》等，对音乐再生产问题进行社会学分析。1931 年阿多诺与科内纳克关于作曲家的社会劳动的争论，表明其音乐社会学思想正在日趋成熟。

所有这些文本中，最为重要代表作有两篇，即 1932 年的《论音乐的社会状况》与 1938 年的《论音乐的拜物特征和听的退化》。《论音乐的社会状况》是阿多诺作为社会研究所非正式人员在《社会研究杂志》第一次公开发表的论文，全文分上、下两部分，于 1/2、3 期刊出，它是阿多诺早期音乐社会学最为重要的代表作之一，其中包含了阿多诺后来音乐社会学思想发展最核心的主题。该文本对考察音乐哲学方法的形成过程来说尤为重要，其写作动机直接来源于阿多诺与科内纳克关于音乐的历史与社会问题的讨论，部分内容已经出现在 1928 年的《稳定化的音乐》一文中。在 1931 年的讲座《新艺术为何如此难懂》基础上，阿多诺进一步把对音乐的思考与社会关系联系起来，以马克思的政治经济学批判作为理论背景，分析了音乐的生产、再生产与消费问题，我们可以把它看作阿多诺的音乐社会学纲要。在这个文本中，阿多诺以马克思的政治经济学批判理论，尤其是《资本论》作为背景，文本的第一部分，根据作曲家与社会的关系，阿多诺提出了音乐生产的类型学观念；文本的第二部分则分析了欧洲音乐历史的合理化过程，并由此孕育出 20 世纪 40 年代文化工业批判的理论源头，在文本结尾部分，阿多诺分析了理论与实践的关系。由于该文存在着过于明显的马克思主义倾向，阿多诺在世时拒绝再版，但并没有放弃其中的观点。

　　《论音乐的拜物特征和听的退化》一文直接源于阿多诺 1936 年以来与本雅明关于《机械复制时代的艺术作品》主题的争论，于 1938 年在美国发表。它代表了社会研究所流亡美国时期的理论意向，同时也反映出研究所与本雅明之间的紧张关系。基于马克思《资本论》的商品拜物教批判以及弗洛伊德心理分析学说，阿多诺分析了音乐商品化以及文化娱乐的实质性问题。《论音乐的社会状况》与《论音乐的拜物特征和听的退化》

这两个文本成为文化工业批判理论逻辑的直接源头。

流亡美国期间，阿多诺在普林斯顿广播研究所与拉扎斯菲尔德合作，直接应用经验社会学和心理学方法对文化工业问题进行了深入的研究，取得了一系列成果，如《音乐趋势：广播理论要素》、《广播交响乐》(1941)、《一种广播音乐的社会批判》(1945)。阿多诺参与的第二个计划是社会研究所的新音乐学派电影作曲音乐方案，合作者是艾斯勒。基于美国好莱坞模式的电影制作调研，1944 年他们合著《为电影作曲》，但该书 1947 年只单独以艾斯勒的名字用英语出版，1969 年以德语出版时才署名阿多诺、艾斯勒。另外，论述音乐社会学的还有《新艺术为何如此难懂》(1931)、《媚俗艺术》(1932)、《背景音乐》(1934)、批评苏联的《管教音乐》(1948)等。

《论音乐社会学的若干观念》(1953)是阿多诺关于音乐社会学概念主题的一篇纲要性短文。它从黑格尔的中介概念入手，援引马克斯·韦伯的音乐社会学理论，分析了音乐发展与近代欧洲社会的合理化过程，提倡反思性批判的音乐社会学，反对实证音乐社会学。《音乐社会学导论》则是阿多诺在 20 世纪 60 年代最重要的文本之一，它由 1961—1963 年作者在法兰克福大学所作的 12 篇演讲稿组成①，主要部分曾由广播电台播送。该文本的重要性相当于《新音乐哲学》，由于讲座的对象是广大电台听众，该文本条理清晰，通俗易懂。

另一类文本是流行音乐、爵士乐专论。尽管这类文本为数不多，但

---

① 《音乐社会学导论》的各主要组成部分是：音乐的听众类型、轻音乐、功能、阶级与阶层、歌剧、室内乐、指挥与管弦乐队、音乐生活、舆论与批判、民族、现代派、中介、后记。

针对性强，因而其在大众文化研究中传播最为广泛。这些文本观点极
端，具有挑战性，从而使阿多诺这类文本备受争议。阿多诺的流行音乐
与爵士乐批判的基点是社会学视域，因此编者在出版阿多诺音乐著作时
也把它们收入音乐社会学范围。但阿多诺在论述中很少准确区分流行音
乐(popular music)、流行歌曲(Schlager)、轻音乐(Leichte Musik)，而
是常常不加辨别，一起使用。究其原因是，在他看来，这些类型的音乐
通过标准化的生产方式运作，它们关心的仅仅是市场交换价值；目的在
于消遣，都没有真实地反映社会现实，不具有批判性。目前国外学界关
于阿多诺"文化工业"批判的讨论大抵是把阿多诺论流行音乐、爵士乐的
著述与《启蒙辩证法》中关于"文化工业"的章节结合起来展开的，主要是
因为这些文本可读性强，观点明确。严格说来，准确的做法是，根据作
者自己的意图，把它们置于社会学背景中，从马克思政治经济学批判以
及精神分析的语境中展开分析。① 因为，如果阿多诺的全部文化批判理
论失去了作为其出发点的马克思政治经济学批判这个重要维度，也就失
去了实质性内容，就文化谈文化不是他的兴趣所在。但国内外学术界尚
未能察觉到这个问题，这不能不说是件憾事。②

---

① 阿多诺对流行音乐、爵士音乐以及大众文化的解读有两条主线：马克思政治经济
学与弗洛伊德精神分析理论。大众文化的取向是市场，通过对大众的心理控制得以完成。

② 有关阿多诺流行音乐与爵士乐的争论，可参见以下文本：［英］迈克·费瑟斯通：
《消费文化与后现代主义》，南京，译林出版社，2000；［英］约翰·斯道雷：《文化理论与
通俗文化导论》，南京，南京大学出版社，2001；［美］西奥多·格拉西克：《阿多诺、爵
士乐、流行音乐的接受》，见《摇滚与文化》，天津，天津社会科学出版社。目前国内学界
热衷于谈论文化，但大都主张把文化纳入经济轨道，让文化发展服从于市场走向。说得
通俗些，就是倡导"经济搭台，文化唱戏"。这种高度的文化消费势必导致文化符号化、
齐一化、庸俗化、娱乐化。倘若阿多诺在天有灵，真的会哭笑不得。

阿多诺关于音乐生活的文本为数不多，但必须提及。因为一切音乐创作与演奏最终都是在音乐生活中实现，从而为大众接受的。自 20 世纪 30 年代起，阿多诺就音乐生活的实践，如音乐的再生产问题、歌剧与公共舆论问题、歌剧与歌剧院等问题做过大量考察。从这些主题中我们可以考察阿多诺对欧洲音乐生活与社会关系的理解及其哲学反思，其中一些资料弥足珍贵，如他对德国指挥家富特文格勒①、卡拉扬②的评价。阿多诺还做过一些论音乐演奏会的广播讲演，其中涉及的主题有音乐会评论、音乐家批判、音乐风格批判等。

3. 音乐与哲学关系的一般性论述

阿多诺总是在技巧、内容分析与评论中论述音乐的哲学性质与社会性质，从而引出对音乐作品的批判，而很少以纯理论方式讨论音乐与哲学、社会之间的关系。但是，这种关系却又是新音乐哲学的核心内容之一，不理解这种关系，也就不能理解新音乐哲学的实质。这类文本不多，如《音乐与哲学的当代关系》(1953)、《音乐、语言与作曲》(1956)。前者主要是 20 世纪 50 年代音乐商品化(质的量化)危机所引发的哲学思考，后文则是阿多诺对音乐作为一种能指涉的无概念语言所作的纯哲学辩识。长文《新音乐的标准》写于 1956 年，是阿多诺第一次对研究所持的方法论的反思，在观念上已经是纯哲学，比《新音乐哲学》更为抽象。

---

① 富特文格勒(Wilhelm Furtwängler，1886—1954)，德国 20 世纪最为杰出的指挥家、作曲家之一。因第二次世界大战时期与纳粹的关系，战争结束后受到盟军审查。与海德格尔一样，直到现在，富特文格勒与纳粹的关系还是学界具有争议的话题之一。

② 卡拉扬(Herbert von Karajan，1908—1989)，奥地利当代杰出指挥家，曾与欧洲诸多著名乐团合作，演奏过众多管弦乐歌剧作品，涵盖巴洛克时期的现代欧洲作曲家多种内容风格的作品，在西方音乐界具有极高威望。

阿多诺创作于 20 世纪 50 年代的文本可以理解为晚期阿多诺哲学、美学的发展前哨。

4. 关于音乐的通信

阿多诺一生有大量关于音乐的通信，这些信件是阿多诺音乐哲学的思想形成与发展的实验性文本。其中最为著名的文本，如与本雅明关于艺术机械复制问题的争论，促使阿多诺写下了《论音乐的拜物特征与听的退化》。阿多诺与贝尔格的通信持续了 10 年，留下信件 100 多封。这些信件后被编辑为《阿多诺、贝尔格通信：1925—1935》出版，考察这些信件有助于我们理解阿多诺早期的音乐活动以及他与勋伯格学派之间的关系。另外，阿多诺在与科内纳克的书信中，就音乐问题交换意见，内容包括音乐理论的基本概念、音乐的历史性、新音乐以及音乐与社会的关系等一系列问题的讨论。这些信件后来结集出版，即《阿多诺与科内纳克：书信》。其中有关争论直接涉及《论音乐的社会状况》文本的形成。阿多诺与海因茨-克劳斯·梅茨格（Heinz-Klaus Metzger）从 1954 年到 1967 年有长达 10 多年的信件来往。另外，阿多诺与托马斯·曼的通信也在不同程度上涉及音乐。这些通信集对于我们理解阿多诺公开出版的文本有不同程度的帮助。

5. 书评

阿多诺生前写过为数不多的书评，现收入《阿多诺全集》第 19 卷中，共 18 篇，内容涉及理查德·威廉（Richard Wilhelm）的《中国音乐》，恩斯特·库尔茨（Ernst Kurths）的《音乐心理学》，利奥·威尔津（Leo Wilzin）的《音乐统计学》，鲁道夫·舍夫克（Rudolf Schäfke）的《音乐美学》，瓦格纳、尼采与希特勒的关系，音乐词汇，认识与音乐歌剧等。此类文本的创作时间大致起自 1930 年，止于 1968 年，数量不多，分量不一，亦可作为参照。

　　以上是根据时间以及文本主题所作的大致分类。实际上，这些文本大多互相交织，难以作明确的区分。如对勋伯格的大量评论既可以看作对作品的分析，也可认为是音乐哲学的专题讨论。这里的区分只是权宜之计，主要是为了从阿多诺音乐哲学文本创作的时间、主题以及产生的背景入手，去考察阿多诺音乐哲学思想发展的流变过程，从而转入本研究的核心主题。

第一章 | 音乐哲学产生的理论背景

　　尽管阿多诺反对任何形式的方法优先性，但是如果没有理论背景支援，就不可能完成他的哲学建构。实际上，阿多诺总是负载着一定的逻辑前提进入音乐分析，并在分析中逐渐解构这种逻辑，进而在这个过程中重构他自己的理论。当然，必须说明的是，这些背景也是随着他的思想形成过程而逐渐展开并逐步深化的。音乐哲学的理论背景极为复杂，但占据其核心位置的主要有黑格尔的哲学与美学、马克思的政治经济学批判、马克斯·韦伯的合理性化思想。这里，试对他的理论背景做简要分析，为进入本研究提供一个逻辑铺垫。

一、黑格尔哲学与美学

黑格尔哲学与美学为阿多诺的音乐哲学建构提供了最为直接的理论基础。毫不夸张地说，如果没有黑格尔哲学与美学，音乐哲学就可能会呈现出另一幅面貌。在阿多诺那里，作为一种客观精神，音乐发源于社会，对音乐进行社会解码，实际上就是对社会的批判。作为一种社会批判理论，音乐哲学并不是为了预言任何事物，而是最终直指社会现实，意在通过批判的否定方式干预社会现实。阿多诺对欧洲资产阶级社会音乐历史的阐释直接指向人类历史自身，而不是漫步于缥缈的审美天国。这里简要论述黑格尔哲学与美学的有关命题。

（一）否定

在《精神现象学》序言中，黑格尔指出，如果有人想认识他的哲学意味及其哲学立场的话，那就必须懂得否定的真实内涵。在黑格尔那里，否定并不是一般的抽象逻辑，不是一个事物遭到外来力量的否定，不是事物之间的互相排斥，而是同一事物对自身的否定，即事物打破目前的状态，自己否定自己，朝着更高的方向发展。在这个否定过程中，这个事物才能展开自身，这种否定就是自否定，它是本质的生成环节，也是精神生成、抽象向具体展开过程的内在环节。

根据黑格尔，运动首先是否定性的，然后才是肯定性的。思想在否定中展开自身，因此产生运动。也可以说，否定与生成本质上是一致的，只不过表述方式不同。因此，否定本质上就是否定之否定，并不是对肯定进行否定之后再对这个否定进行否定、貌似三段论式的前后连续

的环节，而是一开始就包含着否定之否定，是对同一个否定的不同表述而已，否定就是一种自否定的关系，

> 否定物之否定物，作为某物，只是主体的开端——这个内在之有，起初还只是十分不确定的。以后，它先规定自身是自为之有物等等，直到在概念中才获得了主体的具体内涵。否定的自身统一是一切这些规定的基础。但是，在这里，第一次的否定，即一般的否定，当然要与第二次否定，即否定之否定区别开；后者是具体的、绝对的否定性，而前者仅仅是抽象的否定性。①

通常情况下，人们把对他物的排斥理解为否定。而在黑格尔看来，这种排斥仅仅类似于外力的作用而已，对他者的关系如果不转化为自身关系，就不能看作否定，或否定的自否定，而且只有这种自否定才使否定成了否定之否定。

> 存在着的东西的运动，一方面，是使自己成为他者，因而成为它的内在内容的过程，而另一方面，它又把这个展开出去的他者或自己的这个定在收回于其自身，即是说，把自己变成一个环节并简单化成规定性。在前一种展开运动中，否定性使得定在有了区别并建立起来，而在后一种返回自身的运动中，否定性是形成被规定的

---

① ［德］黑格尔：《逻辑学》上卷，109 页，北京，商务印书馆，1982。

单纯性的形成。①

否定之否定这一在前进中返回自身的过程，通向否定性自身得到规定和确定之路，否定本身作为原则就是否定之否定，一条肯定具有自身存在的单纯原则，二者是一回事。否定如果不运用于自身，就不能成为一条普遍原则，就与肯定处于僵硬的外在关系中，不是真正地否定他者，而只是简单地排斥了他者。而抽象、外在的否定不能产生肯定的结果，不能使否定成为一种客观必然性。这样，真正的否定性是有结果的，也就是说具有肯定性。

黑格尔认为，人们对现象世界的认识就是把它的具体形式转变为普遍性，当思维把感性事物理解为普遍时，它所认识的对象便失去了其感性确定性、直接性，本质从而得以呈现出来。认识就是一种否定过程，是对直接性的否定的动态过程，在这种过程中又进一步肯定，进而把握观念本身，这就是，

> 认识到否定，同时也是否定，或不是那种消解为零、消解为空无的对立，而是溶解为其特殊内容的否定。我们必须认识到这种否定不是彻底否定，而只是一种限定内容的否定，因此它是限定的否定……明确的否定具有一种内容：它是一个新的概念或观念，而且是一种更高级、更丰富的观念。这种新的观念既包含着旧的否定又

---

① Hegel, *Werke*, Band 3，S. 51.

包含新的否定，因此同时是旧的否定与其对立的统一。①

否定达到这一结果不是依靠对外在的、偶然碰到的其他规定加以否定，而是任何规定自身都含有自否定的内驱力，自否定本身就包含否定之否定；而否定之否定作为新出现的结果，在更高层次上回到原点的肯定，并将这一过程呈现出来，这样就体现为一个必然的内在运动。就此而言，否定又体现为一种能动性，否定的意义在于摆脱消极的无规则散漫的自由，从而达到高级的自由形式，即自己规定自己的自由。这就是否定之否定反过来将否定确立为一条原则。

根据黑格尔的说法，否定不是一种通向无的运动，它自身含有一个内在目的，这个内在目的不安于潜在性和主观性，它要否定自己，实现自己，使之成为现实性和客观性。这样，否定原则含有能动性、必然性原则，作为潜在性的实现而成为一种必然性，否定自身具有绝对性，它贯穿于一切发展过程，它在主体性中把自己建立为普遍性，构成一切事物发展的中介，并将它展开为一个不断从低级向高级的发展过程。这样，当黑格尔谈到否定时，实际上是与目的性联系起来的，又必然与发展、进步、过程与历史发生关系，它总是指一个由低级到高级，从机械、外在事物到内在、精神的形式这样展开的有机系统。

总之，黑格尔的意思是说，否定表现为本质，"本质是在自身内的存在(in-sich-Sein)，而本质之所以是本质的，只是因为它具有它自己的

---

① Hegel，*Werke*，Band 2，S. 78.

否定物在自身内"①。也就是说，本质之所以为本质，只是因为它具有与他者的联系，以自身为中介。本质自身之中含有否定，这种否定是内在的，因而就是本质自身的，否定不过是本质自身的呈现方式而已。

(二)主奴关系辩证法

在《精神现象学》中，黑格尔认为，自我意识一开始就是两个自我意识的关系，这是两个自我意识之间发生的一种现实的、经验的关系，其一，人把自己看作对象，人意识到自己，即自我的对象化；其二，把任何一个对象看作自己，即对象的人化。我和对象原为一体，自我意识不可能发生在一个意识内部，当我们谈论自我意识时，就是在谈论一个自我意识经验到另一个意识。

黑格尔进一步指出，两个自我意识之间的经验关系一开始只能是自我意识的独立与依赖的关系。开始有冲突，才有进一步的发展。一个人的自我意识必须要得到他人的承认才能最终得到确定，才能成为真正的类意识、社会意识，否则就不能形成自我意识。否则，只能是虚幻主观想象。"这是由于并且也借助于它对另一个自在自我的自我意识的他者而存在的。它所以存在只是由于作为一个他者而被承认。"②自我意识是社会的，它的独立性仅仅在于为另外一个自我意识而存在，独立性在于它的不独立性，因而自我意识也是依赖的意识，其本质是为对方而生活或为对方而存在。"其一是独立的意识，对它来说，自为存在是本质，

① [德]黑格尔：《小逻辑》，246 页，北京，商务印书馆，1980。
② Hegel, *Werke*, Band 3, S. 145.

其二是依赖的意识，对它来说，生命或为他存在是本质。前者为主人，后者称奴隶。"①

自我意识想得到他者的承认，就必须占有它，这就意味着斗争。经过生死斗争，主人不是作为自为存在着的概念，而是作为自为存在的经验来坚持。主人是支配存在的力量，而存在又是支配他者的力量，奴隶依赖于另外一个意识来存在着，与物性打交道，与物性综合在一起，由此建立起主奴关系。主人和奴隶共同组建了一种客观的自我意识，其中，自我就是主人，对象就是奴隶，自我意识就是自我和对象的关系，在这个关系里，主人占据了自我的环节，奴隶占据了对象的环节。

主奴关系并非绝对对立的关系，这个关系想要存在下去，就得发展成两个自我意识之间的协调，

> 每一方都是他者的中项。每一方都通过中介而自己同自己相调解；并且每一方对它自己和对他者都是直接地为了自为存在着的本质而存在，而这种本质同时只是通过这种调解才这样自为地存在着。它们彼此互相承认，并由此承认自己。②

奴隶返回自己自身，主人也返回自己自身，于是双方都得到对方的承认，双方都得到自由，就有了自我意识的自由。这两种意识的关系的转

---

① Hegel, *Werke*, Band 3, S. 150.
② Ibid., S. 147.

换构成主奴辩证法。但并非主人变成奴隶，奴隶变成主人，一种外在的循环。

黑格尔的主奴关系实际上是主、物、奴之间的关系。

> 主人是纯粹的本质性的行动，但奴隶却是一个不纯粹、非本质的行动。但是要达到真正的承认所缺乏的是这样的环节：凡是主人对他者所做的，他也应该对自己那样做，而凡是奴隶对自己所做的，他也应该对他者那样做。①

主人之所以为主人，是因为他能控制奴隶，这种控制关系以物为中介，由于主人控制了物，同时也就控制了奴隶。

> 主人有力量支配他的这种存在，因为在斗争中他证明了这种存在对他而言只被当作一种否定的东西。由于主人是支配他在的力量，而这种存在又是支配他者的力量。所以通过这个推论，主人把这个他者隶属于自己之下。②

尽管主人控制了物，但是他自己并不与物直接发生联系，而是通过奴隶的劳动对物进行改造从而获得对物的使用，"主人通过独立存在间接地使自身与奴隶相联系，因为正是通过这种联系，奴隶才得以维持"③。

---

① Hegel, *Werke*, Band 3, S. 151.
② Ibid., S. 151.
③ Ibid., S. 151.

奴隶创造出来的东西让主人享受，主人享受了奴隶的劳动成果，因此他的地位得到奴隶的承认。

但是，由于主人把对物加工、改造的权利交给奴隶，奴隶反倒变成了主人，因为没有奴隶主人就不能生活，主人反而成了依赖者。习惯性的看法是，主奴关系就是奴隶依赖主人，即主人是独立的意识，奴隶从属于主人。但黑格尔说，这只是问题的一部分，主人要依靠奴隶，他离不开奴隶，否则就不能生活。这样奴隶反倒成了主人，主人反倒成了依赖者，在这种关系中，奴隶是真正主动、能动的，他直接和物打交道。奴隶对物进行改造，在劳动中得到赋形与教养，通过劳动意识到自己是真正的人。主人不跟物直接打交道，不对物进行加工改造，反倒变得依附于奴隶，最终只能是被动的。在这种关系中，"这另一意识作为自为存在扬弃了自身，并因此自己去做主人对他所要求的事。同样也有另一环节：奴隶的行动就是主人自己的行动，因为奴隶所做的事，真正来讲，也就是主人所做的事"①。

黑格尔对主奴关系分析的深刻之处在于颠倒了它的传统意义：在不平等的社会关系中，本来的主人本质上反而不是独立的，他不得不依赖于奴隶。奴隶是主人的主人，而主人是奴隶的奴隶。这就是主奴之间角色变换的辩证法。尽管这是一种控制与被控制、主宰与被主宰、主人与奴隶的关系，但还是一种相互承认的关系。尽管黑格尔承认奴隶命运取决于主人，但主人对奴隶的统治地位是不稳定的。黑格尔在更深层面上指出，任何貌似平等的形式实际上都是不稳定的。弱者最终成为占主导

---

① Hegel, *Werke*, Band 3，S. 152.

地位的关系，"独立的意识就是奴隶的意识"①。奴隶意识最初似乎是在独立的意识自身之外，并不是自我意识的真理。但是正如主人表明他的本质正是他自己愿意的反面，所以，奴隶在他自身完成的过程中也过渡到他直接地位的反面。他成为迫使自己返回自身的意识，并且使自身具有真实的独立性。因此，独立的意识的真理乃是奴隶的意识。进而言之，黑格尔对主奴关系的分析涉及自我与欲望、人类社会的政治、经济、文化诸多方面压迫与被压迫的关系。阿多诺哲学中对人与自身欲望、人与社会、人与自然的关系的重新考察，都可以在这里找到端倪，更不说音乐中的音与音之间的关系了。

(三)美的客观性

黑格尔把美规定为"理念的感性显现"②，并由此奠定了他美学大厦的理论基石，顺理成章，艺术成为美学的研究对象。但是，作为美的出发点的理念"不是在哲学逻辑里作为绝对来了解的那种理念"，即不是用普遍性概念以知解力来沉思的绝对理念，"而是化为符合现实的具体形象，而且与现实结合成为直接的妥帖的统一体的那种理念"③。理念表现或客观化为感性事物的外形，直接呈现于意识，成为能诉诸人的感官和心灵的艺术形象，即艺术的形式。基于对美的概念的这种规定，黑格尔进而指出，

---

① Hegel, *Werke*, Band 3, S. 152.
② [德]黑格尔：《美学》第 1 卷，148 页，北京，商务印书馆，1979。
③ 同上书，92 页。

艺术的任务在于用感性形象来表现理念，以供直接观照，而不是用思想和纯粹心灵性的形式来表现。因为艺术表现的价值和意义在于理念和形象两个方面的协调和统一，所以艺术在符合艺术概念的实际作品中所达到的高度和优点，就要取决于理念与形象能互相融合而成为统一体的程度。①

但这并不是通过外力实现的，而是由于概念本身的内在本质所导致的自我确定。由于理念本身能显现出来，在具体的形式中贯注生气，因而才表现为自由的、无限的。

黑格尔说：

如果我们回忆一下我们关于美和艺术的概念所已经建立的原理，我们就会看出这个概念里有两重因素：首先是一种内容，目的，意蕴；其次是表现，即这种内容的现象与实在——第三，这两方面是互相融贯的，外在的特殊的因素只现为内在因素的表现。②

艺术的本质包括与自然相区别的心灵性即理念性的内容，与哲学、宗教相区别的感性形式的观照以及这二者的统一，艺术面对的事物，永远不是直接的自然物，而是意识的绝对对象。艺术因为只与真正的事物打交道，才称得上是为真理的艺术。

---

① ［德］黑格尔：《美学》第 1 卷，90 页，北京，商务印书馆，1979。
② 同上书，122 页。

在美学中，黑格尔提出了一个迥异于以往美学的不同命题，艺术不是对具体社会生活的模仿，而是人类的实践行为自身的表现，是人的自我创造的结果。人的自由理性是艺术以及一切行为和知识的根本和必然的起源。人是一种能思考的意识，人以认识和实践两种方式获得对自己的意识，

> 人通过实践活动来达到为自己（认识自己），因为人有一种冲动，要在直接呈现于他面前的外在事物之中实践自己，而且就要在这实践过程中认识他自己。人通过改变外在事物来达到这个目的，在这些外在事物上面刻下他自己的内心生活的烙印，而且发现他自己的性格在这些外在事物中复现了。①

也因此，人把他的环境人化了。

从黑格尔对美的界定可以看出，艺术内容不可能完全是人的主观虚构，而是客观的，

> 如果把情致揭示出来，把一种情境的实体性的内容（意蕴）以及心灵的实体性的因素所借以具有生气并且表现为实在事物的那种丰富的强有力的个性揭示出来，那就算达到真正的客观性。所以要表现这样有实体性的内容，就要有一种适合的本身轮廓鲜明的具有定性的现实。如果找到了这样一种内容并且按照理想原则把它揭示了

---

① ［德］黑格尔：《美学》第 1 卷，39 页，北京，商务印书馆，1979。

出来，所产生的艺术作品就会是绝对客观的，不管它是否符合外在的历史细节。做到这样，艺术作品也就能感动我们的真正的主体方面，变成我们的财富。①

如果说黑格尔的哲学意在打破主客观二元对立的话，他的美学观念也是如此。即是说，美的形式与内容也不可分开，没有纯粹主观的内容，也没有纯粹客观的形式。

由于黑格尔的理念要外化、要显现出来，才能成为美的东西，

因为题材在外表上虽是取自久已过去的时代，而这种作品的长存的基础却是心灵中人类所共有的东西，是真正长存而且有力量的东西，不会不发生效果的，因为这种客观性正是我们自己内心生活的内容和实现。②

之所以如此，是因为艺术的主题、题材与意义都是时代的产物，艺术的任务是"把当时的基本内容意义及其必有的形象制造出来，所以艺术的使命就在于替一个民族的精神找到适合的艺术表现"③。为了探讨外在社会与条件对艺术的影响、艺术内容中所表现的精神，黑格尔研究了具体的社会制度、经济关系以及生产方式的特点，把一切外在现实性归结到由此形成的人的生存方式、人的自由度及特定的人物性格特征，即根

---

① ［德］黑格尔：《美学》第 1 卷，354 页，北京，商务印书馆，1979。
② 同上书，354 页。
③ ［德］黑格尔：《美学》第 2 卷，375 页，北京，商务印书馆，1979。

据艺术和现实生活中的人的关系来规定艺术的形式与内容，由此详细研究了艺术与人类整个现实生活的关系。他把艺术看作绝对精神发展的一个阶段，绝对精神的自我展开，是精神在意识中的自我分裂和自我指涉，艺术的表现形式的类型与绝对精神的展开的不同发展阶段相对应。我们研究艺术的历史，同时也就是在以另外一种方式阐述世界历史。

在美学中，黑格尔阐述了艺术达到完满发展的繁荣期，要经过开始、进展、完成和终结，这是一个不可逆转的历史过程。这样，黑格尔的美学有别于通常意义上的审美快感，是基于艺术对历史进行叙述。他的美学实际上就是他的艺术的历史哲学。艺术世界绝不外在于我们生活其中的经验世界，而是世界历史真实地保存在艺术的历史之中，不同类型艺术的展开同时也就是人类社会的历史进程本身。黑格尔讨论艺术作品时不是在谈美的情感或美的规律，而是在谈绝对精神自我展开、自我实现的真实的历史。艺术并不仅仅局限于艺术作品，而是艺术家、作品以及鉴赏者的集合，"在艺术作品中各民族留下了他们的最丰富的见解和思想；美的艺术对于了解哲理和宗教往往是一个钥匙，而且对于许多民族来说，是唯一的钥匙"①。

艺术发展的历史也就是已经实现出来的世界历史，又因为艺术是理念的感性呈现，所以不同类型艺术的展开就是世界历史的呈现过程。"至于艺术，它给我们的却是历史中统治着的永恒力量，抛开了直接感性现实的附赘悬瘤以及它的飘忽不定的显现（外形）。"②

---

① ［德］黑格尔：《美学》第 1 卷，10 页，北京，商务印书馆，1979。
② 同上书，12 页。

黑格尔所说的历史并不是艺术品的编年史，也不是艺术家的谱系，而是精神自我展开、自我实现的历史，是精神的哲学历史。人类的历史保存于艺术作品中，因此作品承载着人类的生命，艺术的历史就是真正意义上的历史哲学。黑格尔把艺术看作辩证发展的过程，艺术类型的更替是由一般的社会时代背景决定的。由于美是绝对理念的感性显现，因此不同类型艺术的展开就是从不同侧面真正呈现世界的历程，艺术展开的历史同时也就是真正实现出来的世界历史。精神在到达它的绝对本质的概念之前，必须经过一些前阶段，而这种由精神自身生发出来的内容的演进过程和艺术表现的演进过程相对应，这样，在艺术中的精神使艺术家认识到了自身，也就是精神本身完成自己。艺术世界并不外在于我们生活着的经验世界，世界历史就存在于艺术的历史之中，艺术的进程也同时表现为人类历史的历程。

黑格尔的美学继承了亚里士多德的论断"诗比历史更真实"，在黑格尔的哲学体系中，历史是绝对精神认识自己、实现自己的过程。艺术只是绝对精神到达它的绝对理念之前必须经过的一个阶段。另外，美又表现为真，美的形式在于艺术的历程，从而显现为真理。"审美带有令人解放的性质，它让对象保持它的自由和无限，不把它作为有利于有限需要和意图的工具而起占有欲和加以利用。"①

正是由于这种自由和无限，艺术才解脱了有限事物的束缚，上升到理念和真实的绝对境界，成为把握现实、认识真理、追求自由的一种形式。这就是黑格尔所说的，在艺术中，我们拥有的不是游戏、愉悦和效

---

① ［德］黑格尔：《美学》第 1 卷，147 页，北京，商务印书馆，1979。

用，而是真理的展开。这深深影响了阿多诺对音乐的历史考察。

二、马克思政治经济学批判关键词

阿多诺音乐哲学建构的另一个极为重要的基点是马克思的政治经济学批判。随着资本主义市场的逐步确立，作为人类文明之一的音乐已经成为商品，像鞋帽、各种时装服饰一样成为人们的消费品，成为人们日常生活的点缀。终其一生，阿多诺的批判理论面对的关键问题之一是，对现代社会中音乐的这种处境进行考察，从而对现代人类社会的文明进行诊断。正是在这个极为关键的问题上，马克思政治经济学为他提供了一个重要的参照系。

（一）交换

"交换"是马克思政治经济学理论的核心主题之一，它是人类社会发展到一定历史阶段才出现的社会关系，是交换主体为满足自身的需要而采取的社会行为，表现为一种使用价值同另一种使用价值相交换的量的关系或比例。资本主义社会中，只有实现了交换，整个生产过程才最终得以完成。交换及其关系构成了资本主义社会最为主要的社会关系。

根据交换，马克思把人类社会的经济划分为自然经济、市场经济和商品经济三种不同类型，而把关注点集中在商品经济的交换关系上。

在前资本主义，由于社会分工尚不成熟，交换处于低级自然状态。

这种状态并未成为马克思政治经济学批判理论的关注对象。马克思关注的是：一方面，在资本主义社会中，分工导致的交换给人类历史带来了巨大进步，人类社会因此获得了自由、独立发展的空间；另一方面，由于交换改变了生产关系，传统社会的血缘、家族、地缘、伦理等人与人之间的直接依赖关系最终瓦解，人成了孤立的单子。因此，马克思说，"交换本身是造成这种孤立化的一种主要手段。它使群的存在成为不必要，并使之解体。"①

马克思分析说，资本主义社会的发展原则决定了资本生产以获取剩余价值和利润为最终目的，为交换而生产，这样，交换价值支配着社会生产。一切生产都受制于交换价值规律，从个体需求到各种生产、生活活动都受价值规律的支配，交换价值就是在此基础上建立起来的，

　　　　即人们相互把他们的劳动看作是相同的一般的劳动，在这个形式上就是社会的劳动如同所有的人的思维一样，这是一种抽象，而只有在人们思维着，并且对可感觉的细节和偶然性具有这种抽象能力的情况下，才可能有人与人之间的社会关系。②

由于资本主义社会的主导原则是等价交换，这样一切社会关系都转变为用量来表示的数的关系，交换双方可以建立貌似公正的联系，一种

---

① 《马克思恩格斯全集》第 46 卷（上册），497 页，北京，人民出版社，1979。
② 《马克思恩格斯全集》第 47 卷，255 页，北京，人民出版社，1980。

表面上的平衡关系。这样，不同质的社会生产关系变成一种均质的可交换的抽象化的量，摇身一变为主导整个社会的抽象化与同质化总体，由此，交换控制了资本主义社会人的命运。"正如一般说来，一种关系只有通过抽象，才能取得一个特殊的化身，自身也才能个体化。"①

鉴于此，在资本主义社会由交换价值占统治地位的状况中，可交换的量的抽象关系（交换价值）反而成为事物的本质，而事物自身的本质（价值、有用性）却躲到了事物背后。也就是说，交换价值剔除了一切事物个别的、具体的、丰富的内容，抽空并夷平了事物之间质的差异。由于交换价值的作用，现实生活的丰富多彩和人的千差万别荡然无存，一切事物都被抽象化为"一"，并幻化为资本。作为人的生产关系，交换价值成为真正的实体，交换原则和交换价值压倒并主宰了一切，无坚不摧，具有极强的黏合力。人与物的一切关系都被颠倒过来，不是人支配和使用物，而是物反过来控制和奴役人，世界被彻底"同一化"，交换价值成为衡量人的社会身份的唯一尺度。这就是商品经济中交换逻辑的同一化魔力。

商品交换的普遍发展形成两种关系：其一，人与自然的交换关系变成人对自然的单方面的控制关系，这种控制随着生产力技术的发展而日益加剧；其二，人们之间的相互关系"表现为对他们来说是异己的、无关的东西，表现为一种物，在交换价值上，人的社会关系转化为物的社会关系；人的能力转化为物的能力"②。商品生产的目的不是创造使用

---

① 《马克思恩格斯全集》第 46 卷（上册），87 页，北京，人民出版社，1979。
② 同上书，103—104 页。

价值，而是创造商品形式的交换，创造商品的交换价值。也就是说，在资本主义社会中，由于商品交换的出现，人的社会关系呈现出间接性和破碎性。个体的价值的认同依赖于商品交换关系，从而导致人的社会关系的全面物化。由交换形成的物化构成了资本主义社会商品拜物教的社会历史基础。

(二)拜物教：一种关系颠倒

对资本主义社会的拜物教批判构成马克思政治经济学批判的一个极为重要的方面。拜物教，原本指宗教偶像崇拜。在政治经济学批判中，马克思借此来指认资本主义社会中特有的人与资本力量的关系颠倒，以及将这种在一定历史阶段上发生的现象永恒化、神秘化的社会倾向。

众所周知，商品是资产阶级社会中最简单、最普通、最常见的物，它早已成为人们日常生活中不可分割的一部分，这被马克思表述为，

> 商品就它是使用价值来说，不论从它靠自己的属性来满足人的需要这个角度来考察，或者从它作为人类劳动的产品才具有这些属性这个角度来考察，都没有什么神秘的地方。①

但是，马克思同时也看到，商品的本质并不在于其使用价值，而是隐藏在使用价值背后的东西。这种神秘性并不是来源于商品的使用价值，并

---

① 《马克思恩格斯全集》第23卷，87页，北京，人民出版社，1972。

不是来自形成商品的人类一般劳动，而是来源于劳动产品所采取的商品形式。这样，人与人之间直接的社会关系就颠倒为商品与商品的物物关系，商品也因此有了人们无法直观的神秘性质，成为人们的崇拜对象，

> 商品形式在人们面前把人们本身劳动的社会性质反映成劳动产品本身的物的性质，反映成这些物的天然的社会属性，从而把生产者同总劳动的社会关系反映成存在于生产者之外的物与物之间的社会关系。由于这种转换，劳动产品成了商品，成了可感觉而又超感觉的物或社会的物。①

马克思把商品的这种颠倒社会关系的属性表述为："在商品世界里，人手的产物也是这样。我把这叫做拜物教。劳动产品一旦作为商品来生产，就带上拜物教性质，因此拜物教是同商品生产分不开的。"②

人类社会中，随着自然经济的破产，商品日益成为人类社会的一种控制形式，成为统治人类社会交往结构的力量和交往原则，于是，资本主义社会人与人之间直接的关系出现了翻转，人自身的价值只有在商品中才能得到认可。这种转化是通过商品交换实现的，这必然导致人与人的社会关系表现为物与物的交换关系，进而掩盖与支配人与人的关系的物化现象。这样，马克思以生产和劳动的内在关系为主要研究对象，通过对劳动产品、商品、货币的逻辑关系的分析，揭示了商品拜物教形成

---

① 《马克思恩格斯全集》第 23 卷，88—89 页，北京，人民出版社，1972。
② 同上书，89 页。

的根源，他不仅批判了在资本主义社会商品生产与交换过程中，人与人的社会关系颠倒为物与物的关系，并且进一步成为主导性的社会关系，而且还指出了资本主义社会中生产者在观念上对物化关系的接受和认同：劳动者和劳动产品的关系，人与人之间的生产关系，商品的使用价值以及生产所包含的具体有差别的人类劳动，都从质的标准变成了量的衡量。隐蔽在物的外壳之下的关系，实际上是人与人之间的关系的颠倒，所以马克思说：

> 一种社会生产关系采取了一种物的形式，以致人和人在他们的劳动中的关系倒表现为物与物彼此之间的和物与人的关系，这种现象只是在日常生活中看惯了，才认为是平凡的、不言自明的事情。[1]

通过对商品拜物教的批判，马克思进而发展出货币、资本拜物教批判。他看到，拜物教的实质正是资本主义社会中物对人的奴役，这是一种颠倒、歪曲的观念反映，在这个——

> 表示价值和财富一般的各个成分和它的各个源泉的联系的经济三位一体中，资本主义生产方式的神秘化，社会关系的物化，物质生产关系和它的历史社会性质直接合而为一的现象是已经完成了。这是一个荒唐的、颠倒的、倒立的世界。[2]

---

[1] 《马克思恩格斯全集》第 13 卷，23 页，北京，人民出版社，1962。

[2] 马克思：《资本论》第 3 卷，974—975 页，北京，人民出版社，1975。

马克思对资产阶级社会拜物教本质的批判实际上是要揭开资本主义生产方式的神秘面纱，他对三大拜物教的批判并不是纯粹的意识形态观念批判，而是对客观发生在资本主义生产方式市场交换结构中的人与人的关系发生逆转的物化现实的指认，而观念拜物教只是这种客观物化关系的颠倒性反映。

从马克思对资本主义三大拜物教的批判中，我们可以看出，他在肯定商品生产的历史进步作用的同时，看到了商品、货币与资本在资本主义社会早已被神圣化、神秘化，成为至高无上的"一"。他要把商品生产所带来的负面性还原到资本主义商品生产的客观社会语境，要让人们清楚地认识到，拜物教是资本主义社会的产物，它是资本主义最重要的经济关系在观念上的反映，以一种神秘的形式遮蔽了资本主义剩余价值产生的真正秘密。拜物教批判要让人们看清楚，资产阶级理论家把社会劳动在资本主义生产中表现出来的这种一定的、特殊的、历史的形式认作一般的、永恒的形式，认作一种自然法则，而把资本主义的生产关系看作绝对必然、合理的，而不是历史地发生的关系。既然如此，要破除资本主义社会的拜物教观念，就必须从改变社会的生产关系入手。马克思的拜物教批判理论成为阿多诺 1932 年以后音乐哲学中始终贯穿的一条主线，但是阿多诺看到的拜物教不仅发生在资本主义经济领域，而且发生在文化生活等一切领域，更为可怕的是，人们自愿沉沦，成为各种关系的奴隶。

(三)抽象成为统治

"抽象成为统治"是马克思对社会拜物教批判的简练概括。上文已经分析过，马克思通过对资本主义社会的考察与分析，通过对资本的抽象原则和特征的阐述，指出资本已经成为抽象的，统治感性、具体的人及其生活的力量。这里，物/物关系取代了人/人关系，成为资本主义社会中占统治地位的社会关系，这种颠倒的表象把人限制在物的王国，表现为一种无人性的、淹没人的资本逻辑，而具体的人则成为空壳。

马克思认为，在资本主义社会中，以交换价值为基础进行生产的资本，在现实生活中以一种强大的看不见的却又无所不在力量支配着一切个人活动，资本成为社会交换价值的最高表现形式与价值抽象的最高点，成为至高无上的统治力量，成为一切存在物的轴心，人的"个性完全屈从于这样的社会条件，这些社会条件采取物的权力的形式，而且是极其强大的物，离开彼此发生关系的个人本身而独立的物"①。在资本主义社会，资本总是通过各种物与物的关系表现出来，呈现为一种无坚不摧的统治力量，具有支配社会的权力，具有支配别人劳动的资本所有权，

资本越来越表现为社会权力，这种权力的执行者是资本家，它和单个人的劳动所能创造的东西不再发生任何可能的关系；但是资本表现为异化的、独立化了的社会权力，这种权力作为物，作为资本家通过这种物取得的权力，与社会相对立。②

---

① 《马克思恩格斯全集》第 31 卷，43 页，北京，人民出版社，1998。
② 马克思：《资本论》第 3 卷，293—294 页，北京，人民出版社，2004。

资本之所以成为资本，究其原因在于它能支配和统治雇佣劳动，获得一定的剩余价值，并对之实行占有和控制，达到自身增殖的目的，这是资本的本性，是资本存在的根据和理由，也是资本生存的根本与最终目标。作为一种物化的生产关系，资本是资产阶级社会支配一切的经济权力。

资本的统治力量表现在两个方面：其一，它是评判一切社会存在的最高原则和标准，满足资本自身增殖和扩张的要求成为一切社会存在物存在的唯一理由与根据。即，一切社会存在物都必须以资本为原则来衡量其存在的合法性，只有有益于资本增殖和扩张的，才能够存在。一切价值判断，都取决于存在物的交换价值。其二，它可以把一切都转换为抽象的交换价值，而"不管活动采取怎样的个人表现形式，也不管活动的产品具有怎样的特性，活动和活动的产品都是交换价值，即一切个性，一切特性都已被否定和消灭的一种一般的东西"①。

"抽象"本来只是为了表明诸种感性活动之感性结果之间的同一性，以便确立商品的一般交换价值，但在资本主义社会中它却成了统治者，具体事物反而成了它的统治对象，成了被它所构造的东西，这就是资本抽象成为统治。而抽象之所以能实现统治，原因就在于这两者之共同的抽象化和形式化的本质，它能够夷平一切差别，夷平一切事物质的多样性与差异性，从而成为一种世界性的、普遍扩张的力量，因此一部资产阶级的历史，也就是一部抽象的历史。资本成了一种无形的抽象力量，取代和控制着人的一切。具体说，抽象化是资本主义社会中资本占据支配地位的逻辑的产物，它是建立在交换价值及其等价原则基础之上的，

---

① 《马克思恩格斯全集》第30卷，107页，北京，人民出版社，1995。

目的是将所有物品的特定的差异性简化为一定量的可交换的比例的同一性。随着商品化、量化和货币化逻辑的扩展，普遍的抽象化过程从生产商品的工厂渗透到所有文化和人际关系中，渗透于社会生活的各个方面，从而完成了对整个社会的控制。因此马克思说："个人现在受抽象统治，而他们以前是相互依赖的。但是抽象或观念，无非是那些统治个人的物质关系的理论表现。"①抽象成为统治一切的法则，这是商品社会生产的结果，又反过来成为支配整个社会运行的原则。

三、马克斯·韦伯的音乐社会学

　　阿多诺对音乐的分析是在社会学的背景中展开的。由于西方音乐本身的发展是一个社会发生过程，因此，对在社会语境中产生的音乐进行分析，也必须把它"还原"到社会语境。阿多诺的音乐社会学得益于马克斯·韦伯的社会学理论。马克斯·韦伯的社会学理论把近代欧洲社会的发展表述为一种合理化的过程，他从合理化理论出发，解析了为何资本主义出现在欧洲而不是在其他地区；同时也是他，第一次把西方音乐的发展纳入合理化过程之中，即分析了音乐发展的社会学与合理性基础，从而奠定了欧洲现代音乐社会学理论的基础。阿多诺试图打开工具理性"铁笼"之门，对现代社会理性作尼采式的价值重估。国内学界对阿多诺与马克斯·韦伯的关系有所提及，但马克斯·韦伯的音乐社会学对阿多

---

　　①　《马克思恩格斯全集》第 46 卷（上册），111 页，北京，人民出版社，1979。

诺的影响，国内学界却从未注意过。这里将对马克斯·韦伯的社会学理性类型概念、合理化理论以及由此引出的音乐社会学做简要分析。

（一）理想类型概念

"理想类型"是马克斯·韦伯的社会学最为核心的概念之一，其指涉的并非现实社会中的客观存在，而是研究者为了分析现象、理解现实而构想的一种"纯粹"理论模式。

在马克斯·韦伯看来，社会科学是一门"价值中立"的客观科学，但客观事物是一种杂多的现象，无法对之进行直接把握，我们只有将客观事物概念化才能对其进行认识与研究，这种认识与研究就是通过"理想类型"的观念来建构一种理论方法，把握社会事实与行为的复杂性，

> 类型型式是通过着重强调一种或数种观点，通过综合许多混乱的、分散的或多或少出现而又不时消失的具体个别现象而构成的，他是根据那些着重强调的观点化为统一的分析结构而加以分类整理的……把历史生活中某些关系和事情集合为一个复合体，它被想象为一个具有内在一致性的体系。而实质上，这一结构本身就像一个通过着重分析现实的某些因素而得出的乌托邦。①

因此"理想类型"概念就是对行动者的设想和行动取向所依据的一个或几个行为准则进行分类和陈述，然后从中提取一个或几个观点，并将与这

---

① ［德］马克斯·韦伯：《社会科学方法论》，185 页，北京，华夏出版社，1999。

些观点相匹配的偶然、不相关的杂多统摄为具有内在一致性的纯粹思维图像，这个图像在现实中不能凭经验来发现，它只是一个"设想"，主要包含以下几个层面：

其一，"理想类型"是一种方法分析模式。通过"理想类型"，我们可以把经验实在与观念进行比较。简言之，由于经验现象的杂多性、其中诸多关系和事件的偶然性，研究者不可能穷尽社会实在的所有特征。因此，通过理想类型，片面强调或夸张经验现实中的某些成分，并将其提升为一种纯粹概念，便可以把握事物的本质。其实这种纯粹单一成分的对象在现实中并不存在，它仅仅是我们根据自己的思维建构出来的"模型"，借助于这个模型，我们可以把它与收集的资料或生活经验进行对比，进而观察经验实在与理想类型之间的差异，最终寻求其中的原因。正因为有这样的相似性，才使比较成为可能，从而能够更好地获得对现实的认识。可见，马克斯·韦伯的理想类型趋向于社会实在，但不等于社会现实。

其二，理想类型是一种思维逻辑构想，并不是对经验实在进行简单摹写，也不能随心所欲进行虚构，而是一种逻辑综合，是对社会现象中的杂多进行统摄，它源于研究者根据经验获得解决相关问题的基本思路，并在这些相关的经验中获得一种规律性的理解，最后将其确立为解决相关问题的一种原则性方法。既然理想类型只是一种对社会实在的综合，也就必然会出现与这种模式不相适应的状况。由于每个行动者都凭自己的价值取向从事行动，所以"从建构类型的科学角度出发，研究和描述这些意向关系的最清晰的方法，是把它们看成从假想的含目的的纯粹理性过程的偏离"①。理想类型本身具有合理性，我们也可通过对异常行为的分析来检验理想类型的"理想性"。

其三，作为一种认识与研究方法，理想类型是相对的、非确定的。由于研究者的价值关涉不同，问题不同，所得出的结论也不同。由于认识的流动性，随着实际认识的获得，原有的理想类型可能不再具有合法性。为了进一步获得对事物的认识，就需要构建适应新的认识需要的新的理想类型。这种理论结构处于一种动态变化之中，因此促进了对现实认识的发展，又表现为认识的改进。由此，马克斯·韦伯用理想模型方法研究事物所确立的概念结构，界定的概念并不是对事物的精确描述，只具有相对价值，其意义在于能实现对客观现实存在的认识功能。另外，在马克斯·韦伯那里，理想类型还具有历史学和社会学领域的区分作用，它作为历史认识论的方法，是认识的手段而非认识的目的，其任务是建立事实的一般法则，而不管这些事实的时空意义如何。② 从这方面来看，理想类型被设想为具有普遍性与纯粹性。理想模型作为一种分析工具，在历史学家或社会学家做比较性事业或者历史性事业的研究时，起到了至关重要的作用。

总之，马克斯·韦伯的理想类型概念不是指道德上的理想，而是具有一种工具意义。与统计学无关，而是强调了典型的行为方向。它是一

---

① ［德］马克斯·韦伯：《社会学的基本概念》，64 页，上海，上海人民出版社，2000。

② 例如，马克斯·韦伯有时将社会行为分为四类，与之逻辑相应的合法性也是四种：行动目的、传统、情感态度和对其绝对价值的理性信仰。然而，当他从行动分类和合法性类型转向"合法类型的纯粹类型"时，却只将其分为三种：法理性权威、传统性权威及个人魅力性权威。可见"理想类型"并非静态的。

个理论概念，而非单个人的社会行为；它来源于社会，但并不与现实构成一一对应的关系。一言以蔽之，社会学的理想类型的结构特征，不仅来源于主观观点，而且还来源于客观过程的应用。它在社会学研究中有着极为重要的方法论意义。

(二)合理化与祛魅

马克斯·韦伯终其一生的理论建构之核心在于他对所谓"近代西方的理性主义"，即资本主义所作的经济、社会与文化的社会学分析。他宣称，

> 我们时代的命运是，伴随着合理化与智性化，总之，最重要的是"世界的祛魅"。这正是终极、崇高的价值已经撤离出公共性，要么遁入神秘生活的后世界领域，要么遁入个人之间直接关系的兄弟情谊中。①

这个过程历时长久，直到近代方才完成。随着这个过程的不断深入，向神的祈祷消失了，取而代之的是技术性的方法与计算，同时整个进展中也隐含着种种矛盾。这些合理化过程中的内在矛盾，不仅给现代社会带来了所谓操纵上的问题，更产生了一个根本的意义问题。

尽管马克斯·韦伯使用合理化概念时并没有对其做出区分，但就整

---

① Max Weber，"Science as a Vocation"，in Max Weber，*Essays in Sociology*，New York Oxford University Press，1946，p. 155.

体而言，这一概念大致包含三个层面的含义：其一，它意指通过计算来支配事物的能力。根据这个定义，合理化乃是近现代经验知识及技能发展的结果，我们可称之为科学-技术的理性主义；其二，它意味着（思想层面上）意义关联的系统化，即对"意义目的"进行知性探讨和刻意升华的成果，我们可称之为形上学-伦理的理性主义；其三，代表一种有系统、有方法的生活态度。它乃是意义关联及利害关系制度化的结果，我们可称之为实际的理性主义。① 马克斯·韦伯的一系列著作，均关注早期宗教与近现代可计算社会之间的相互关联与转换。

根据马克斯·韦伯，人类早期的宗教世界是灵魂、妖魔鬼怪的世界，或所谓神的世界，神之所以为神，是因为他们不仅象征着力量，而且也象征着某种意义。中世纪宗教改革以来，随着神的意志与人间秩序之间的关系的改变，宗教和科学合理化之间的张力也越来越大，

> 任何超越这种内容的特征，都是一种具有内在矛盾特点的特殊发展过程的产物。一方面，神的概念和关于人同神可能的关系的思维，越来越深入而合理地系统化；但是，另一方面，那种原先的、实际的、算计的理性主义，结果却有一部分很明显地退却让路。②

最后，科学合理地将宗教神秘主义安置在幕后，而为打造自己了皇位："宗教发展出的这种伟大的历史过程——把魔力从世界中排出，在这里

---

① 参见[德]施路赫特：《理性化与官僚化》，5 页，桂林，广西师范大学出版社，2004。

② [德]马克斯·韦伯：《经济与社会》（上卷），478 页，北京，商务印书馆，1997。

达到了它的逻辑结局。"①合理化的过程实际上就是消除世界魔力的过程，但是它从前门赶走了上帝，却又从后门请来了科学技术。尤其是西方自近代社会以来，科学主义的兴起对解除神的世界的魔咒起到了举足轻重的作用。世界被祛魅之后，科学技术理所当然被视为"生活的根本前提"。近代欧洲社会发展的基础是以实验为基础的科学知识，用技能型知识服务社会生产。科学技术的兴起是对反省的知识的侵蚀。科学挣脱宗教的羁绊，朝着自治的方向发展，变得越来越强大，最终，理性知识使世界蜕变为一个逻辑因果世界，它成为夜晚天空中的北斗，表面上看被"解放"了的、从宗教束缚中挣脱出来的科学技术有着同"神"疏远的性格，而在现实世界中，却成了人们朝拜的"神"。

马克斯·韦伯阐释了欧洲近代资本主义的起源，尽管他与马克思之间的关系并不明朗，但是有一点却很明确，那就是他反对马克思对近代欧洲社会资本主义发展所作的政治经济学分析。马克斯·韦伯认为：

> 生产方式合理化的思想，与它相距遥遥，而这种合理化是一切现代的、合理技术的基础，或者是合理赢利经济企业系统化的基础，是整个现代资本主义的基础。②

尽管马克斯·韦伯的研究范围非常广泛，但是有一以贯之的核心，即他

---

① ［德］马克斯·韦伯：《新教伦理与资本主义精神》，79页，北京，生活·读书·新知三联书店，1987。

② ［德］马克斯·韦伯：《经济与社会》（上卷），492页，北京，商务印书馆，1997。

试图研究西方近代文化的独特性，并且试图回答为什么只在近代的西方产生了合理性的过程，而其他地区或国家却没有，这也构成马克斯·韦伯音乐社会学的理论前提。马克斯·韦伯所得出的结论是，近代西方世界是合理性地根据可计算原则来塑造一个物世界的，而所有这一切所影响的只不过是资本主义获利方式的合理性程度而已。

在探讨为何现代资本主义文明发生在欧洲时，马克斯·韦伯把它归因于一种经济制度的社会精神气质（ethos），从而认为这种精神气质就是对宗教、神话的祛魅。在他看来，在这种精神气质的驱使下，整个近代欧洲社会呈现出一种目的理性递减、工具理性递增，最终目的理性被消解的过程。马克斯·韦伯从新康德主义立场出发，明确把他关于新教与近代欧洲资本主义的兴起相关联的"内部逻辑"重建定义为合理化原则。这种合理化过程也构成了马克斯·韦伯的音乐社会学的理论前提。有必要指出的是，马克斯·韦伯并没有设想创立一门所谓的音乐社会学。马克斯·韦伯所开创的音乐社会学，实际上也是用来分析他的合理化过程的理论观点之一。他要阐述的是，近代西方社会中的合理化过程不但发生在宗教、法律、经济领域，而且同时也发生在音乐领域。实际上，马克斯·韦伯首先假设了他的理论前提，然后再使用历史的社会学方法对这个假说进行阐述。尽管如此，西方学界仍然把他的《音乐的理性与社会学基础》看成西方音乐社会学的开山之作。[1] 马克斯·韦伯的

---

[1] 马克斯·韦伯的《音乐的理性与社会学基础》（*Die rationalen und soziologischen Grundlagen der Musik*，英文版 *The Rational and Social Foundation of Music* 出版于 1952 年），大约写于 1911 年，1921 年作为《经济与社会》的一个附录在慕尼黑出版。在西方社会引起关注还是近几十年的事。

社会学理论对阿多诺音乐哲学的建构产生了重大影响。

(三)欧洲音乐的合理化进程

马克斯·韦伯音乐社会学的主题，可以简单地概括为："为什么源于广为流行而且发达的复调音乐的和声音乐的发展只产生于欧洲某一特定的时期，而所有其他的音乐合理化选择了另外的并且通常正好相反的方向。"①基于合理性原则，马克斯·韦伯分析了西方音乐历史发展的所有方面：从毕达哥拉斯音律到大小调分解的趋势。马克斯·韦伯也把音乐历史中的合理化过程视为科层制成长、劳动分工渐增的资本主义结构、组织。他认为教堂的科层化对教堂音乐有着一种合理化的影响，最终造成了欧洲古典音乐互相联系的音乐传统。音乐创作、乐师的职业和商业规则的出现、现代记谱法规范化体系、结构化和声、组织的合唱、器乐合奏、乐器构造的标准化与管弦乐队建制的互动关系，在此基础上产生了现代主义上的欧洲古典音乐。在《音乐的理性与社会学基础》中，马克斯·韦伯从古希腊音律学开始对欧洲音乐的合理化过程进行了详细的阐述，大致有以下七个方面：

第一，音乐理性化中的和声与旋律因素：和声体系的基本因素、属七和弦的非理性特性、和弦进行的旋律限定。②

第二，作为音乐理性化基础的前全音阶与西方音阶体系包括：C大

---

① ［德］马克斯·韦伯：《社会科学方法论》，165 页，北京，中央编译出版社，1999。

② Max Weber，*The Rational and Social Foundation of Music*，American Book-Stratford Press，1952，pp. 3-11.

调音阶、整数 7 或更高级素数的理性化、数字 2 和 3 的理性化、五声音阶、五声音阶和半音阶问题、原始音乐中的 3 音的使用、作为基础的 4 音、基于旋律音程的音阶形式、音乐改革及乐器对音阶构成的影响。①

第三，古代旋律中的调性及其对等物：为旋律转调的音程均等化、赫尔姆霍茨的调性理论、调性的原始对等物、古代旋律的语言作用、原始旋律范围中的魔术与神圣因素、世俗民间音乐扩大了的范围、源于原初魔术原则的音列差别、理性化、表现及音乐的职业化、现代调性的古代对等物。②

第四，根据四音与五音的合理化包括：基础及现代调性，旋律转调中的四音与五音角色，旋律规则理性化中调的起源，其他音乐体系中的平行发展，西方音乐发展中的阶名唱法，C 大调中主音、属音、下属音的出现。③

第五，西方多声部音乐的变革包括：多声部的意义与形式、多声部、对位复调、单音调音乐、作为和声与单声音乐发展前提的音乐记谱法。④

第六，调性体系与平均律的理性化包括：西方音乐朝严格全音阶的发展、对全音阶的反动、依靠音调的任意对等物的理性化——来自音调体系内部的理性化：平均律、西方平均律特性。⑤

---

① Max Weber, *The Rational and Social Foundation of Music*, American Book-Stratford Press，1952, pp. 11-32.

② Ibid. , pp. 32-51.

③ Ibid. , pp. 51-66.

④ Ibid. , pp. 66-89.

⑤ Ibid. , pp. 89-104.

第七，现代音乐与乐器间的技术、经济和社会关系包括：弦乐器的起源、吟游诗人影响下弦乐器的演变、伟大的乐器制作人与现代管弦乐队、管弦乐队的社会等级、管风琴、宗教改革与管风琴转化了的功能、钢琴、西方音乐调性瓦解的趋势。[①]

和其他著作中一样，在《音乐的理性与社会学基础》中，马克斯·韦伯同样认为：欧洲音乐从古代社会向现代社会发展的过程也是逐渐以合理性排除神话与非理性，即"祛魅"的过程。马克斯·韦伯以一种历史、实证的方法考察了这个过程。从古希腊时代到欧洲近代社会，马克斯·韦伯特别关注西方音乐中特有的和声的发展，他注意到这种音乐中纵向构成的形式是其他民族音乐中所没有的。在欧洲音乐的发展过程中，经过组织的、标准化的和声原则逐渐取代了音乐中的音程，比如：罗马修道院、中世纪封建社会中产生的合唱、音乐记谱法，行会的现代音乐风格的器乐建制等。最为关键的是现代器乐制作法和现代记谱法的产生。

马克斯·韦伯认为，乐器构造的改进、标准化以及为乐器生产所提供的固定市场之间是一种共生关系，新的记谱法、乐器的标准化是组织化社会中合理化发展的结果。13世纪，乐师与作曲家刺激了宫廷音乐的提高，为了提供更好、更为复杂的音乐，他们需要标准化制作的乐器，因此音乐行会制作的乐器在宫廷中日趋流行，这进一步促进了乐师技艺的精湛。中世纪管弦乐队与弦乐日益变得理性化，这归因于其商业

---

① Max Weber, *The Rational and Social Foundation of Music*, American Book-Stratford Press, 1952, pp. 104-127.

效益。管弦乐队开始出现，它根据乐曲的编配来组织声部，于是产生了现代管弦乐队的工厂协助合作的生产模式，"在现代资本主义崭新的事物方面：即以工业'企业'的形式，合理组织劳动，尤其是行业的劳动"①。

同时，音乐的发展促进了乐器标准化生产，而乐器乐标准化生产则造就了标准化记谱法的产生。修道士在欧洲音乐的器乐化过程中起到了关键性作用。格列高利圣歌中，音乐开始采用原始和声，合唱音乐中音高、节拍、时值都采用了一种新记谱法，正是这种新记谱法促进了和声以及音乐理论的发展。后来标准化的记谱法逐渐传入宫廷。新的记谱法的确是一种音乐演奏与实践的合理化过程的产物。这种形式化了的方法最终导致了音乐的商品化生产。

马克斯·韦伯把现代意义的钢琴及其作为中产阶级乐器的出现视为乐器标准化趋于完善的标志。管风琴的出现导致十二平均律的产生，欧洲音乐的合理化过程由此趋向于顶点。后来，钢琴取代管风琴，受到有教养的中产阶级家庭的欢迎，它作为一种乐器，同时也是一种身份的象征。这样，大规模乐器生产与消费以及音乐本身的生产开始了。

我们可以看到，从马克斯·韦伯的分析中，他对西方音乐进行社会学分析时所采取的方法是，首先假设西方音乐历史发展中存在着一种合理化过程，然后再用实例来为这个合理化过程寻找证据，他把西方社会中音乐历史的发展看成一个非理性的文化被合理化的社会发展过程所组织，由此变得合理化的过程。由于近代欧洲社会是被一种合理的手段日

---

① ［德］马克斯·韦伯：《经济与社会》（上卷），883 页，北京，商务印书馆，1997。

益组织、合理化的产物，因此文化本身也只能根据社会本身的合理性来生产。

> 经验的音乐史能够和必须阐明历史发展的这些音乐，而不是首先从自身这方面对音乐艺术作品做出评价。按照美学标准来衡量，技术"进步"通常首先产生极不完善的成果。兴趣指向，即应做历史解释的对象是通过它的美学而以不同的方式提供给音乐史的。①

宗教、民间音乐的发展导致古典音乐的产生，歌剧拥有高度形式化、标准化、官僚化的结构，音乐的合理化发展的最终调性体系由此趋于瓦解。

以上分析说明，尽管马克斯·韦伯的音乐社会学通过社会、法律、宗教、文化、经济、阶级、音乐之间交互关系的分析，认为文化、艺术是被西方资本主义合理化过程所影响的最后的社会组成部分，他强调的核心主题是合理化对音乐所施加的压力，但是由于一贯的价值无涉理论，他所采取的研究方法是一种实证方法，而并没有从引申出一种社会批判。而这正是后来阿多诺所完成的。

---

① ［德］马克斯·韦伯：《社会科学方法论》，165—166 页，北京，中央编译出版社，1999。

第二章 ｜ 音乐与哲学的连接

　　阿多诺音乐哲学的建构方法是一种批判的、历史
的社会方法，这种复杂的理论建构方法是他于 20 世
纪 20 年代中晚期至 30 年代初期在维也纳学习勋伯格
新音乐学派的作曲技法与美学理论时萌生的，并在与
卢卡奇、本雅明等人的接触中进一步成熟起来。鉴于
他的理论建构方法对理解他的音乐哲学的重要性，这
里有必要对这种方法进行讨论。需要说明的是，这里
所说的阿多诺的理论建构方法，是与他音乐哲学的建
构一起展开的，并不是说他首先建立了一种方法，然
后再用这种方法来建构他的哲学讨论，即方法先行。
音乐哲学建构方法的讨论是本书的重要组成部分
之一。

一、新音乐的颠覆性

如果说卢卡奇、布洛赫打开了阿多诺的哲学视野，那么从更深层面上说，与勋伯格学派的正面交往，才真正播下了后来阿多诺哲学革命的种子。尽管以往的研究指出了阿多诺哲学建构与勋伯格的新音乐革命二者之间的关系，但是，却未能深入考察勋伯格的新音乐革命所引发的观念与形式，也就是说，对新音乐革命的非同构性考察始终未能展开，这就影响了对阿多诺哲学的深入理解。实际上，勋伯格的新音乐革命是一个从传统调性解构到自我体系化的过程，即从自由无调性到序列音乐的发展过程。如果自由无调性音乐的深层理论结构对应于阿多诺哲学变动不居的"星丛"①，走向序列化的过程实际上就是新音乐革命的自反性的体系化，这种体系化却正是阿多诺所批判的对象，国内外学界的阿多诺研究极少注意到这个极为重要的问题。

（一）不和谐音的解放

西方音乐史上与巴赫、贝多芬并驾齐驱的勋伯格，其音乐方面的成就首先在于对整个西方调性音乐的颠覆。

15—16 世纪，西方音乐的大小调体系取代教会调式，成为西方音乐的统治调式。在音乐分析中，无论是大调还是小调的七声音阶都是一种功能性关系，这种功能性关系具有一定的倾向性，即音的主属关系：

---

① 自由无调性，是勋伯格早期阶段刚刚瓦解传统调性后不久的音乐创作尝试，这种音乐游离于传统音乐与后来的序列音乐之间，无调性，但不是非常严格。这种区分对于理解阿多诺的非同一性的否定辩证法非常重要。

主音处于统治地位，属音处于从属地位，然后再通过导音向主音过渡，由不稳定趋向于稳定。主调音乐的纵向和声中，也有主属和弦之分：主和弦处于统治地位，属和弦处于从属地位，属和弦最后通过解决走向主和弦。音乐作品一般结束于主和弦，从而一段音乐给人一种整体感，这就是传统音乐中通过调性建立起来的同一性逻辑。

而勋伯格所倡导的新音乐革命，废止调式、调性，用十二个半音作曲。废止三和弦、解放不和谐音、废除终止和弦，从而结束了音程、和弦之间的主、属关系。这场革命对习惯了传统音乐调性、旋律的听觉予以强烈冲击。但是勋伯格的新音乐革命并非一蹴而就的，而是有一个发展过程。

勋伯格的音乐学习无师自通，20 岁时，他只随策姆林斯基①学过几个月对位法。其音乐创作路线大抵是，先服膺勃拉姆斯与瓦格纳，后追随马勒，继而进入自由无调性的新音乐阶段，止于体系化的十二音序列技法时期。

1899 年，勋伯格用瓦格纳风格写出他的第一首音乐作品——根据梅德尔《女人与世界》改编的《升华之夜》，技法上采用复杂的半音化语言。1900 年根据丹麦小说家、诗人雅各布森的叙事诗创作同名清唱剧《古雷之歌》。1904 年创作《d 小调第一弦乐四重奏》，1906 年创作《室内乐作品》(op. 1)，这两首作品已经预示了调性即将瓦解。1909 年，勋伯格进入音乐探索的第二个时期，即自由无调性时期，音乐在调性与无调

---

① 策姆林斯基(Alexander von Zemlinsky，1871—1942)，奥地利作曲家、指挥家、音乐教育家。曾教授勋伯格对位法。

性之间游移，调性便因此摇摇欲坠。但由于作品不被接受，勋伯格曾一度跟随表现主义绘画大师康定斯基学习绘画。这一时期主要作品有《五首管弦乐曲》《期待》《幸运之手》《月光下的皮埃罗》，这些作品的主要特点是焦虑不安，强调激情的夸张特质，有意突出怪诞、刺激、尖锐的音响效果。

1923 年，随着《钢琴曲五首》(op. 23)的问世，勋伯格打破了 7 年的沉寂，新音乐探索最终完成，即进入十二音序列体系阶段。序列音乐创作方法是使用十二个半音自由组成的一个音列作为音乐写作基础，这种组合横向上禁止出现音阶，哪怕是隐性的，纵向上不能出现三和弦。在十二个半音全部出现以前，避免重复任何一个音，一个音列（原形）一旦选用，音与音之间的排列关系就被固定起来，一首作品就以这个音列的不断变化出现而构成，这就是根据原形音列而发展出来的逆行、倒影、倒影逆行。音列可以从半音阶中任何一个音开始，但并不是一部作品中要使用全部音列，而是任由作曲家选择，也就是选择能"表现他自己"的某一个音列写作。音列中的各音可以横向出现，也可以纵向出现；可以分散到各个声部，也可以每一个声部有自己的音列形式。总之，作品的结构、旋律、和声、对位都围绕着音列来展开。

勋伯格的新音乐之所以备受阿多诺的关注，原因有二：首先，勋伯格的新音乐革命从音乐内部把音乐的多样性（差异、非同一性）解放了出来。如果传统调性音乐是一个封闭的"阶级"体系，那么，勋伯格的新音乐革命废除了所有不均等音，旋律、和声音程之间一律处于平等关系，这是一种开放性结构关系。新音乐革命初期自由无调性之所以合阿多诺的脾胃，是由于这种音乐技法在调性与无调性之间游移，变动不居。在阿多诺看来，这种自由无调性的游移才是他所真正需要的作曲技法，每一个音符都同样接近中心，实际上，这非常接近后来阿多诺从本雅明那里接受过来的"星丛"概念。当然，阿多诺把它规定为不断**游移**的，而**非恒定**的关系。另外，阿多诺又认为，勋伯格在 1923 年以后的序列音乐，实际上是新音乐的体系化，解放了的音乐又变成了一种人对音的新的强制，这是一种倒退。阿多诺反问道，这种技法为何一定要"十二音作曲"而不能是"十一音"？在阿多诺与新音乐之间的关系中，以往的研究从未区分自由无调性与十二音序列技法，从而把阿多诺的哲学归为"无调性哲学"，这并没有点明其实质。从理论上说，这种区分对于理解非同一性的否定辩证法来说尤为必要。

其次，勋伯格新音乐的深刻性不仅仅在于它将作曲家所处时代的人的内心创伤表露无遗，也不仅仅是因为它表现出了个人心灵深处的情感，更为重要的是，它试图以自己的信念唤醒迷失自我的灵魂。新音乐用撕裂人的感官的音乐语言打破思想的沉寂，流露出巨大的创造激情，这便是勋伯格不和谐音的革命内核之所在。中期贝多芬通过"展开的变奏"手法对应于黑格尔哲学的逻辑演绎，从而在更高的层面上再现自己，展示出资产阶级社会的总体性，而晚期贝多芬的作品是灾难；瓦格纳接受叔本华哲学，把音乐作为意志与表象的世界，他要为世界重新建立一种参照系，而这实际上是一种幻象；马勒的音乐显现出一种死亡形而上学，印象派音乐追求的是转瞬即逝的瞬间感觉，它抛弃了人对对象的参与，试图在自然被人格化以前，在听的一刹那就当场捕捉它，也就是转变为感觉的一瞬间；勋伯格彻底则摧毁了调性：他通过对晚期贝多芬音乐风格的延续、对瓦格纳音乐中"总体性"的证伪，把马勒的音乐风格往前更推进了一大步，表现出晚期资本主义社会中主体受难的逻辑。

(二)艺术法则的非永恒性

上述分析对于理解新音乐语境中勋伯格与阿多诺的关系还远远不够，这里必须提及勋伯格的音乐理论基石之一——《和声学》①，它对阿多诺一生哲学思想的形成产生过极为深刻的影响。

《和声学》原先是勋伯格的教学法，初版于 1911 年。有趣的是，尽管勋伯格的音乐被称为先锋派音乐，但该书却并未谈及先锋派音乐的作曲技巧与理论，也从未标榜音乐的无调性。② 不过，该书却有一个非常明晰的主题，那就是：传统音乐的大小调体系并非音乐的必然性逻辑，不存在音乐的自然法则。即使音乐在某种程度上基于和声法则，确切地说，这也只是一种传统手法，具有历史性，而现在已经走到尽头，因此必须对其进行修正，或者用其他手法(十二音调)来取代。③ 下面分析一下《和声学》的部分主题思想。

勋伯格称，"我们的时代索求甚众。但所发现的最要重要的是**安逸**。安逸，带着它的全部寓意，甚至可以说侵入观念世界，使我们更满足于

---

① 勋伯格的《和声学》中译本为《勋伯格和声学》，译者为我国老一辈作曲家罗忠镕先生。但是罗先生把书中除了和声理论以外的议论部分全部删除了——因为该书部头太大，过多的议论会干扰对"主干"的讨论。参见[奥]勋伯格：《勋伯格和声学》，罗忠镕译，上海，上海音乐出版社，2007。

② 《和声学》全书中，勋伯格也只在两个地方提及了无调性。

③ 勋伯格本人极力反对人们称他的音乐为无调性音乐，他称自己的创作是十二音作曲。他本人称自己的音乐是泛调性或十二音调性，而非无调性。

我们应该所是"①。贪求生活的安逸，夷平了人的思想，遮蔽了人们对生活意义的探询。勋伯格进一步指出，

> 今天，我们比以前更为懂得如何使我们的生活舒适。我们解决问题以消除不适，但是，我们**如何**解决它们？在这里，我们可以最清楚地看到，舒适的前提是什么：肤浅！因此，如果人们仅仅沉思何为快乐而不留意余者（the rest），便极易拥有一种世界观、一种"哲学"。但是，余者——才正是最要紧的。②

在任何历史时代，社会的没落都是从夷平深刻走向平庸开始的。显而易见，余者不是别的，而是对深刻性的追问，对真理的追求。生活的世界观基于观念的平面化，使深刻性荡然无存。由于人的惰性，易于追求舒适而疏于追问真理，这尤以现代人为甚，结果就是"无物令人震惊"!③

可是，在艺术的历史中，只有"运动才是生产性的"④，这种运动不是别的，正是艺术的历史变革。但是，在勋伯格看来，传统艺术尤其是音乐，

> 只满足于发现法则，它自称已经发现了**永恒**的法则。通过观察

---

① Schoenberg，*Theory of Harmony*，Berkeley，1978，trans. Roy E. Carter，p. 1.

② Ibid. , pp. 1-2.

③ 对比一下当今社会人们耽于各种"休闲""娱乐"，就能体会到勋伯格这种批判的前瞻性了。

④ Schoenberg，*Theory of Harmony*，Berkeley，1978，trans. Roy E. Carter，p. 2.

大量的现象，根据它们的某些共同特征进行分类，然后从这些现象中推演出法则，这种做法当然正确，因为除此之外别无他法。但现在的问题是，却有人误以为，这些法则对于以前的现象而言是正确的，因此它一定同样也适用于未来的现象。最为糟糕的是，话说回来，正是由于这种观念，人们相信已经发现了用来衡量艺术，甚至未来的艺术的尺度。正如理论常常被现实吞噬一样，他们总是宣称，"不符合他们的规则"的东西（was nicht nach ihrer Regeln Lauf）缺乏艺术性。①

可见，勋伯格强调艺术发展的历史性，任何艺术规则都是一定历史阶段的产物，因而任何规则都不具有普遍性。如果有人宣称艺术具有永恒法则，那么就是把一定社会历史时期形成的法则凝固化，这必然把一切不符合"永恒法则"的东西排除在外。当然，勋伯格话有所指，那就是他的音乐不符合当时人们的习惯听觉，探索性作品的演出被某些评论家斥责为"丑闻"，这使他大为不快。②

勋伯格进而指出，"调性不是音乐的自然法则，它也不会永远行之有效"③，"如果它们妨碍了艺术革命，如果它们只不过有助于让那些无论以何种方式拙劣地作曲的人学得快些的话，那么，让所有这些理论见

---

① Schoenberg，*Theory of Harmony*，Berkeley，1978，trans. Roy E. Carter，p. 8.

② 我发现，将近一个世纪之后，人们对先锋艺术，如视觉（绘画领域）中的革命早已熟视无睹，比如人们乐意谈论毕加索的画作，但却很少有人乐于改变自己的听觉习惯，去听勋伯格的音乐。

③ Schoenberg，*Theory of Harmony*，Berkeley，1978，trans. Roy E. Carte，p. 8.

鬼去吧！"①这里，我们看到，勋伯格的说法颇为激进，实则是在为自己的音乐创作摇旗呐喊，为自己的音乐实践寻求理论支撑。如果在音乐历史传统中，调性不是永恒的法则，那么，他的新音乐实践便是传统之外的东西，他更乐意打破一切束缚人们思想的传统。

如果音乐中的调性不是自然法则，如果美不是所有人的共同体验，那么音乐之美何在？勋伯格指出，音乐美在于"个体经验"②。

在一个更深的层面上，勋伯格对传统美学理论进行了批判：

> 与其说审美判断顺从于一种第一原则（first principle）的因果关系及其发展出来的逻辑，倒不如说不存在一贯性，绝对不存在一贯性。我们完全没有必要把"优美"或"不优美"这些判断看作审美原则，因为它与总体性逻辑毫无瓜葛。

不存在一贯性，音乐历史是非线性的。他更破天荒地疾呼：没有一种颠扑不破的逻辑，"艺术的原则，主要是由例外组成的！"③勋伯格这种充满反叛的论调确实令人震惊！他更令人吃惊地指出，艺术的永恒的法则是某种类似自然法的东西，

> 因为自然法不承认例外……我们的确能获得一种体系，一种作为表达的体系——一种感知上旨在指导的体系、一种其清晰性只是

---

① Schoenberg, *Theory of Harmony*, Berkeley, 1978, trans. Roy E. Carte, p. 9.

② Ibid., p. 10.

③ Ibid., p. 10.

表达清晰性的体系、一种不伴称由被表达之事最终本质澄清的体系。①

在这里，勋伯格把音乐的调性与对自然法则的批判观念联系起来，已经自觉地上升到一个非常高的理论认知层面，勋伯格以前的音乐理论从未触及这一点。这已经超出了一般的音乐理论逻辑，的确是一个非常了不起的见解。

阿多诺并未正面评说过勋伯格的《和声学》，但毫无疑问的是，勋伯格的音乐观念给他的冲击无比强烈：音乐中不存在"第一原则""一贯性""因果逻辑""总体性逻辑"，美的经验总是"个体"的、特殊而非普遍的，调性不是"自然法则"，如果有艺术原则的话也是由"例外"组成的，"体系"只是一种"指导"而不是颠扑不破的真理。更令人惊奇的是，《和声学》中论述新音乐异质性的关键字，阿多诺在后来的《否定辩证法》中差不多一字不落地全盘吸收了：哲学反对第一原则、哲学是非连续性的、哲学反对总体逻辑、哲学是异质性的经验、美的经验是个体的。而在《美学理论》中出现的艺术素材的历史性、艺术是人类的苦难的表现等词语在勋伯格那里依旧有迹可寻。可以肯定地说，如果没有阿多诺的维也纳之行，反对总体性的崩溃的逻辑种子就很难找到生根的土壤，当然更难以想象他的哲学会以何种方式出现了，可见勋伯格对阿多诺的影响之大！

至于音乐内容的主、客关系，勋伯格又是如何看待的呢？我们知道，在欧洲，对音乐内容的主、客观性问题的争论为时已久。叔本华第

---

① Schoenberg, *Theory of Harmony*, Berkeley, 1978, trans. Roy E. Carte, p. 11.

一次把音乐上升到一种形而上的高度，他认为音乐不是别的，而是自我的意志，这个观念对以后整个西方音乐观念的发展产生了极为深远的影响。瓦格纳追随叔本华哲学，也把音乐看作"我"的意志的表现，因此，我为音乐"立法"。与瓦格纳同时代的汉斯里克①则针锋相对：音乐只不过是纯声响的组合，它从来不表现主体的内容，其内容是客观的，与主体无关。勋伯格则认为，"正如叔本华所说，一种真实的理论是从主体开始的……但这并不能令我感到满意"②。基于自己的音乐观点，他认为，

> 出于两种原因我拒绝把主体作为我的研究基础：首先，我并不想提出一种和声理论，而只是想提出艺术手段的一种解释方式；其次，由于这种解释方式并不要求被视为任何一种理论。因此，如果我成功地使我试图说明的东西与关于这个素材所知所假设的东西相符的话，我可能把我的研究致力于客体、音乐素材方面。③

尽管人们历来把勋伯格的音乐归类为美学表现主义，但是关于音乐客观性的问题明显却受到汉斯里克的影响，不过二者又有所不同，这就是勋伯格承认音乐的内容表现说。因此，他的音乐主体表现同时又是客观的，这就等于把自己与把音乐作为"我"的意志与表象的瓦格纳区分开

---

① 汉斯里克(Eduard Hanslick，1825—1904)，奥地利美学家、音乐评论家，他在拥护古典主义音乐，力主音乐内容的客观性，反对叔本华、瓦格纳的音乐观念。著作颇丰，代表作为《论音乐的美》，他的音乐理论对现代音乐美学理论影响深远。

② Schoenberg, *Theory of Harmony*, Berkeley, 1978, trans. Roy E. Carte, pp. 18-19.

③ Ibid. , p. 19.

了。这也影响到阿多诺哲学思想的形成。稍微思考一下阿多诺的新音乐哲学中关于音乐素材的客观性、历史性等观念与《和声学》的关联，这一点就会显得非常清晰。进一步说，勋伯格的音乐理论深深影响了阿多诺后来的否定辩证法以及美学理论中关于主客体关系的沉思。

但有必要指出的是，勋伯格是音乐家，不是哲学家，更不是政治家。他始终恪守艺术的自治观念，他的音乐理论是为他的音乐创作实践服务的。尽管他的艺术观点非常激进，政治观念却相当保守。他竭力反对任何人偏离他的美学主旨，把他的任何音乐观念泛化为任何形式的哲学、政治原则。① 相反，阿多诺则是一位哲学家、社会学家、音乐家，他对问题的思考方式显然与勋伯格不同。阿多诺对勋伯格新音乐革命的理解绝没有停留于简单的技巧层面，他没有把声响看作一种纯粹的自然的被给予之物，也不是简单地把新音乐革命看作传统调性的崩溃。

他认为，新音乐革命是一种历史的扬弃，而不是一个避难所。更进一步说，勋伯格没有终结音乐的历史。音乐的进步并不简单地在于手段之更新，而在于作品的内容产生的社会意义。尽管音乐内容的意义以个体作曲家的作品呈现出来，但个体作曲家是社会的人，因此他的作品也呈现出一种社会现实性。勋伯格的作品之所以是"进步的"，在于其中隐含了历史的辩证因素，即通过音乐内容来沉思社会与历史：调性和重商学派同时产生，尽管这种秩序被资产阶级理论家看作一种自然法，但其本身却并非如此。音乐的形式具有社会性，它是历史地发生的，勋伯格

---

① Scheonberg，*Style and Idea*，University of California Press，1984，p. 501.

的新音乐革命表现了一种历史的逻辑，具有真理的内容。只有在这种意义上阿多诺才称勋伯格为"辩证的作曲家"①，但是，阿多诺的观念却遭到了勋伯格的贬斥。

二、舒伯特的风景

20 世纪 20 年代早期至 30 年代，阿多诺有相当数量的音乐研究文本问世，主题各异，但总体来说有一向心性，即对音乐进行哲学、社会学分析。他常常从一个微型主题出发，从各方面对其加以阐述，从中引申出自己的哲学、社会学观念。其中最为值得注意的是 1928 年之后出现的几个文本，即写于 1 月的《舒伯特》②以及同年写下的《关于贝多芬的箴言》《稳定化的音乐》，1931 年与科内纳克关于音乐家社会责任感的对话，关于康德哲学与贝多芬音乐比较的箴言。其中《舒伯特》最能代表这个时期阿多诺对音乐进行哲学阐述的尝试。

《舒伯特》一文，阿多诺写于 1928 年纪念舒伯特③去世 100 周年之

---

① Adorno, *Essays on Music*, University of California Press, pp. 203-207.

② 1962 年该文本收入《音乐瞬间》时，阿多诺自己作了说明。从某种程度上说，它也是阿多诺成年后对少年时代生活的一种回忆。Adorno, *Gesammelte Werke*, Band 17, S. 18-35.

③ 舒伯特(Franz Schubert, 1797—1828)，奥地利作曲家。其短暂的一生创作了大量的作品，其中包括 600 多首歌曲，18 部歌剧、歌唱剧和配剧音乐，9 部交响曲，19 首弦乐四重奏，22 首钢琴奏鸣曲，4 首小提琴奏鸣曲。

际①，先后呈送本雅明与布洛赫，并在二人敦促下得以最后完成②，同年发表于《音乐》杂志，先后以多种语言刊载于学术期刊、大众出版物等。1964年，苏坎普出版社邀请阿多诺出版音乐批评文献时，作者亲自挑选该文，认真作了修订，并注明该文"对音乐意义进行了第一次……广泛的研究"，这足以显示该文本的重要性。形式上，它与学院式范文大为不同，颇具文学色彩，晦涩难解，体现出作者对文本形式（essay）的自觉应用。

　　文本分为两段，文前引用了法国超现实主义作家阿拉贡③的小说《巴黎的农民》中一段文字："透明蔓延到整个无用的身躯。躯体逐渐变得光亮，血在发光。四肢在不可思议的姿态中凝结。人在星丛之间，只是一点符号。"④值得注意的是，这里出现了后来成为阿多诺哲学关键词

---

　　① 舒伯特逝世100周年纪念活动的背景颇为复杂。德语社会对舒伯特所持立场颇为复杂，其中涉及政治、哲学、音乐、文学等多个方面。更为严重的是，有人支持舒伯特音乐中的"革命力量"，认为真正的舒伯特属于大众，甚至把它与赞同大德意志的政治氛围联系起来。阿多诺对舒伯特的解释仅仅是其中之一。另外，与舒伯特逝世100周年国际大会密切相关的是，当时适逢德国男声合唱协会10周年庆典，来自德语世界的众多歌唱家纷纷倡议奥地利加入德意志帝国，德国总统兴登堡是这次事件的赞助人，政治本质与文化目的十分明朗。这在很大程度上影响到活动的主旨。

　　② Adorno & Benjamin, *The Complete Correspondence*, *1928-1940*, Harvard university Press, 1999, pp. 3-5.

　　③ 阿拉贡（Louis Aragon，1897—1982），法国当代著名诗人、作家、小说家。法国超现实主义文学早期代表人物之一，后加入法国共产党并在文学上转向社会主义现实主义。作品有诗歌《断肠集》、长篇小说《现实世界》《共产党人》《受难周》等。

　　④ 《巴黎的农民》是阿拉贡超现实主义时期的文学作品。它借一个农民之口，述说独自漫步巴黎街头所看到的景色以及所经受的诱惑。小说试图通过对20世纪巴黎的描绘，在显微镜下看到互相吞噬的细菌世界，"把风景和议论交融在一起，把例证和思考连结在一起。我想描述精神的形象，我感兴趣的是意识的光芒"。

的"星丛"一词。当我们转向文本时，呈现在我们面前的是一幅苍茫、奇异的图画。

(一)死亡意象

　　任何跨过贝多芬和舒伯特两人卒年之间这道门槛的人都会感到一阵震颤，这种震颤就像他从翻滚的、沸腾的、正在冷却的火山口中走出来，进入痛苦的、纤细的、美妙的光明世界，在裸露的、向远处伸展的山顶的熔岩图形前，看到高高地徐徐散开的黑色烟雾，以便最终认出近在山边、高悬头顶的永恒流云。他从深渊中出来，走进深渊四周的风景。这风景，其在深渊周围划出的沉寂的线条和先前被灼热的岩石烧灼的光，使得这个深渊的无底深处遽然可见。也许舒伯特的音乐自身可能并不总是包含居于贝多芬的本性中心的积极意志的力量；但它开掘出来的那些深穴和井道，也通向了与贝多芬的活跃意志的起源处一样的地狱深处，并且揭示了实践理性的行为总是能够不断战胜的恶魔形象；但是在他面前闪耀的星星，也是热切的手抓不到其光亮的同样的星星。①

阿多诺的文本常常像一个封闭的空间抛掷给读者，让人摸不着头脑，加上其特有的写作风格，读起来给人一种窒息之感。为了进入阿多诺的叙述语境，我们必须回顾一下，在欧洲社会中，19 世纪后的相当

---

① Adorno，Gesamme，te Werke，Band 17，S. 18.

长的一段时间，欧洲音乐以贝多芬的作品为坐标，而舒伯特的作品则备受争议。他在世时根本不是一位"成功人士"，而是"无业游民"，死后长期遭到冷落，因此，"任何坚持把舒伯特归入音乐家的人至少应该谨记，我们的谈论更符合游民、杂耍、魔术师及其同类，而不是手艺人的隐喻"①。尽管 20 世纪初欧洲音乐界对舒伯特的认识已经有所改观，但他仍然没有取得应有的地位。

在这个历史背景中，阿多诺以极具审美性的修辞说贝多芬作品是"翻滚的、沸腾的、正在冷却的火山口""辽阔、裸露山顶的熔岩"。而舒伯特作品则是"痛苦的、纤细的、美妙的光明世界"。要理解这种比喻，就要理解阿多诺"从严格意义"上来说的舒伯特的风景。

抛出舒伯特的风景概念之后，阿多诺并没有直接对之进行论述，而是写下了一大段关于抒情诗客观性的议论，

> 在形象中，抒情诗人并不直接塑造他的情感，毋宁说，他的情感是一种将他无比细微结晶中的真理吸收到形象中的手段。真理不涉及形象，而是置身其中，其形象仍然是人的作品的揭露，雕塑者揭开了形象。②

尽管抒情诗来自艺术家的个体情感，充满主观性，但艺术家对材料的赋形，是艺术家对材料的处理。因此抒情诗是客观性的呈现而不是艺术家

---

① Adorno，*Gesammelte Werke*，Band 17，S. 32.

② Ibid.，S. 20.

纯粹臆想的结果。抒情诗的经验感是从外部世界（客体）中把真理变形为艺术作品的手段，这构成了抒情诗的客观性，

> 作为艺术，抒情诗仍然是现实的图形，只不过与其他图形的区别在于，它的显现与在它的可能性中现实自身的浸入连接在一起。因而构成舒伯特风景的抒情主体与客体部分被重新规定下来。抒情内容不是产生出来的：它们是存在着的客观性的最小细胞，在独裁权中客观存在的伟大形式早已衰落，而它仍然是形象。①

这成为阿多诺的舒伯特音乐风景内容客观性的基础。

把抒情诗的内容比喻为图形，这个图形总是变动不居的，随着时间与心境的变化而不同，这就形成了抒情诗的时间性，

> 但是真理的形象总是存在于历史之中。形象的历史是它的瓦解：所有内容的真理假象的瓦解——形象意指着真理——以及与它一起被意指的仅仅在形象的瓦解中才显现的真理内容透明性的阐明。因为抒情形象的瓦解正是它的主体内容的瓦解。抒情艺术作品的主体内容仅仅是由它的题材内容组成的。②

对历史的强调是德国哲学特别是黑格尔以来的哲学的一贯传统，并

---

① Adorno，*Gesammelte Werke*，Band 17，S. 19.
② Ibid.，S. 20.

且假象的瓦解实际上就是真理的呈现，这是同一问题的两个方面，涉及艺术作品的形式与材料两方面，统一与瓦解的过程就是形式与内容的生成过程，

> 两者辩证碰撞——在虚假的永生中从星辰读出的形式以及全然作为无可置疑的事实而设定的意识内在性的材料——把两者以及与之相随的作品的暂时统一碾得粉碎：它打开了作品作为它们暂时性的舞台，最终使真理形象升格为艺术作品的易脆表层之物解放出来。①

谜一般的语言，意思是说，作品的形式与材料的统一是暂时的、虚假的，真理在统一的瓦解中呈现出来。这是阿多诺早期对艺术作品的形式、内容及真理性的解释，也是后来其全部音乐哲学乃至审美理论中最为核心的主题之一。

风景帷幕虽已拉开，但其中所见仍然晦暗不明。阿多诺研究中众所周知的黑格尔哲学、马克思主义哲学、勋伯格学派、精神分析等理论背景在这里统统失灵。细研之，其内容主要有二：

第一，近代复活的古希腊神话。"深渊"一词意为"地下的""地府"，指冥界。它位于大地最深处，暗无天日，又指居住在那里的冥神。这里是人死后灵魂安息处，又是安慰、拯救之所。它与地球之间隔着冥河，赫尔墨斯是行者的保护神，也是护送死者幽灵穿过黑暗进入冥府之神。冥河上有摆渡亡魂过河的船夫。

---

① Adorno, *Gesammelte Werke*，Band 17，S. 20.

　　19 世纪，瑞士人类学家巴霍芬①在其《母权论》中重申了冥府的概念，将奥林匹斯神与地府神对立，并赋予地府崇拜的优先地位，它不仅与死后及再生有直接关系，而且范围进一步扩充到母系原则、自然、土壤、生命。其后，德国学者克拉格斯②继承了这一概念，并将其引入文化批评领域，展开了对所谓人类文明进步、自然的征服等理论叙述及其实践的猛烈攻击。这条线索后来成为阿多诺对自然控制提出强烈批判的理论源头之一。

　　沿着这条路线，天神与冥府对立的神话被阿多诺直接挪用到文本中。在他看来，与贝多芬充满意志力的作品遥相呼应，舒伯特的音乐带着慰藉，开出的道路直接通向地狱，舒伯特提供了人类心灵的安慰，护送着死后的灵魂经过冥河谷进入冥府安息地。在文本中，阿多诺第一次以古希腊神话为背景所作的理论分析，开启了后来《启蒙辩证法》中以神话批评启蒙现代性的先河。

　　第二，在《乌托邦的精神》中，布洛赫从准神学立场叙述了流浪、死亡与拯救的关系。他认为，死亡开始于灵魂的流浪，生命的回归、拯救和人的一生在资产阶级社会中与物化的沉淀密切相关。也就是说，在资本主义社会中，人的个体越是物化，就越希望得到拯救。即人的拯救就是唤醒内在冲动，在乌托邦精神的引领下，使内在的东西外化，

———————————

　　① 巴霍芬(Johann Jakob Bachofen，1815—1887)，瑞士人类学家、法学家，巴塞尔大学教授，主要著作有《母权论》，倡导宗教即人类历史，他的母系社会思想对恩格斯写作《家庭、私有制和国家的起源》产生过作用。

　　② 克拉格斯(Klages，1872—1956)，德国哲学家、心理学家。主要著作有《作为心灵对手的精神》《人和地球》等。其现代性批判理论对阿多诺颇有影响。

必须说，唯有内在之路——自我相遇——才能提供内在的语词，没有这些语词，一切向外的目光皆是空洞，没有吸引力、没有力量从外部去吸引这个内在世界，帮助它去冲破这个世界的错误。当然，最终，在完成和"我们问题"有关的内在、具体的垂直运动之后，乌托邦就会发挥其外在、宇宙的功能，与苦难、死亡以及无价值的物理自然相抗衡。①

布洛赫的乌托邦哲学成为阿多诺文本《舒伯特》的构成图式，而前者中弥撒亚的拯救却被阿多诺拒之门外。阿多诺一贯的看法是，无论在传统还是现代马克思主义哲学中，无产阶级扮演的都是弥撒亚角色，是启示录中打败魔鬼拯救人类的力量的翻版。因此依靠这一阶级去拯救人类的做法值得怀疑。但是，《乌托邦精神》中被阿多诺赶走的弥撒亚经过重新打扮后又被请了进来，这就是舒伯特。

(二)混成曲或整体性的瓦解

在舒伯特短暂的一生中，他创作的作品数量众多、类型复杂、形式多变，一些作品处于未完成状态，这种状况在欧洲音乐史上极为少见，这种特征被阿多诺理解为其"体格——残缺不全而且从未自足——不是植物性的，而是结晶质的"。正因为舒伯特作品的结晶质，才有了将舒伯特音乐集合而成的歌剧《三女之家》。

这是一部根据巴奇(Rudolf Hans Bartsch)创作的、关于舒伯特生平

---

① Bloch, *The Spirit of Utopia*, Stanford University Press, 2000, p. 247.

故事的小说《蘑菇》改编的作品，原来的小说用当时流行的毕德麦耶尔风格①，把舒伯特描绘成充满罗曼蒂克的天真烂漫、穿梭于维也纳的小矮人，这后来成为奥地利的舒伯特文献的标准模式。该剧挑选舒伯特不同作品中的曲目，重新编排并贯穿起来，因此剧中的音乐又是一种典型的杂烩形式。该剧自1916年1月于维也纳公演以来，风靡一时。如果按照阿多诺后来的说法，《三女之家》属于典型的"大众文化"或拙劣的艺术品(kitsch)。但是他不仅没有对其提出异议，反而倍加推崇，其原因在于他看到混成曲呈现出的舒伯特作品的反目的论、非整体性特征。

其一，从理论上说，混成曲结构排斥有机理论。② 后者强调音乐结构应该符合调性的结构原则，作品应该像活的有机体一样拥有统一性、完整性与不可分割性。阿多诺认为：

> 这种组合起来的统一必然是合目的论的：每一细胞使最近的细胞成为必然，把它聚拢起来的力量是主体意向的活跃生命——消失了，它的复苏某种程度上并不与混成曲的意义相称。③

有机体把杂多的东西组织起来需要自由意志，与结晶体、泥土等判然有别。相对于前舒伯特音乐史的整体特征，

---

① 1815年至1848年德国及奥地利流行的一种文艺思潮，批评家认为它具有脱离政治和庸俗化的倾向。

② 18、19世纪风靡一时的音乐分析理论。受近代欧洲哲学与文学理论的影响，这种理论以申克(Heinrich Schenker)与鲁道夫·雷蒂(Rudolph Reti)为代表，把生物界的整体性应用到音乐分析上。

③ Adorno，*Gesammelte Werke*，Band 17，S. 22.

混成曲把随着主体统一性的衰落而分散于其中的作品风格浓缩起来，形成一个新的整体，虽然它不能使自身合法化，但是通过直接面对，它们却证实了这些特性无可比拟的本质。混成曲保证了主题作为主题的连续性，主题与主题结合，无须通过变化来对它们做出应答。[1]

舒伯特的作品之所以能够混成，是由于其作品结构松散，并无不可分解的整体性；即使同一首作品中也往往出现多调性、远离中心调等特征。

其二，混成曲具有非时间性、非总体性。一般说来，由动机-主题展开的作品具有趋向性，即向整体发展，而混成曲则打破了这种状态。

其中，一个无时间的、神秘的现实观念被魔鬼般地蜕变地塑造出来。这样，混成曲自身也是无时间的。一切主题个别的完全可交换性表明一切事件的同时性，这些事件无历史地彼此并列着。从这种同时性中可以理解恶魔般反射出来的舒伯特的风景轮廓。[2]

也就是说，混成曲并不遵循古典音乐中常有的在时间中的主题展开逻辑，我们可以把从不同作品中选取的主题并置起来、前后互换，但这并不会影响音乐的集成性。

阿多诺把舒伯特音乐可混成特征的阐释理解为作品连续性的瓦解，

---

[1] Adorno，*Gesammelte Werke*，Band 17，S. 22.

[2] Ibid.，S. 23.

他强调的不是整体性，而是作品的碎片化特征：

> 通过对舒伯特音乐特征的原初赋形的分离，以及对他音乐的本质性碎片特征的认可，向混成曲的保护性转变使整体舒伯特风景一目了然……所有风景意向都集中于这个突然从历史中跳出来的主题……一切主题个别的完全可交换性表明一切事件的同时性。这些事件无历史地彼此并列着，从这种同时性中可以理解恶魔般反射出来的舒伯特的风景轮廓。①

阿多诺确认，舒伯特音乐的特征背离了古典音乐的对称平衡精神，打破了形式与材料的平衡，脱离了整体性，

> 艺术作品用其生命所付出的透明性是舒伯特风景的晶体状态所特有的。那里，命运和调解彼此相安，混成曲打碎了它们暧昧的永恒，因此这个风景才能为人们所识。②

只有理解了阿多诺文本中所说的舒伯特作品的异向性特征，尤其是其与莫扎特、贝多芬的整体发展特征的不同之处，舒伯特音乐的碎片式风景才会真正向人敞开。

那么，面对这么一个文本，有人不禁要问，阿多诺究竟在说什么？

---

① Adorno，*Gesammelte Werke*，Band 17，S. 23.
② Ibid.，S. 23.

其意思大体是，有机理论倡导由最小动机发展出来的整体，即不可分解的统一体，"一"或"一体性"，本质上是这样一种思维，它将一切对象描述为由相互联系、相互作用的各个要素组成，具有层次结构，从低级到高级，从简单到复杂，不断运动、变化和发展的过程系统。其中最为典型的是，音乐领域的贝多芬与哲学领域的黑格尔。而与阿多诺同时代的卢卡奇在《历史与阶级意识》中认为，在资产阶级社会中，由于社会分工而产生的物化意识阻碍无产阶级陷入静观、实证性与直接性中，看不到社会总体。因此，他提出总体性的观念，以唤醒沉睡的无产阶级意识，达到变革社会的目的。恰恰在这个关键点上，阿多诺对艺术的整体性思维提出了质疑，他从舒伯特的音乐晶状特征入手，曲折地影射了所有一切与总体、整体有关的理论，也包括卢卡奇哲学，尽管没有指明。

(三)流浪与拯救

死亡意向是贯穿舒伯特作品的核心主题之一。在少年时代的作品中，舒伯特就已显示出与其年龄不对等的成熟。而 1815 年创作的《魔王》以艺术歌曲形式描述死亡场景，流传至今。其后作品中则到处充斥着死亡主题。可以说，这类主题是推动他的音乐生成的内驱力，反过来，又使他的作品焕发出非同寻常的魅力。欧洲音乐中不乏死亡描述，但主角多是基督，而舒伯特的主角是市民社会中的普通人。作品叙述的死亡现实，是个体以及人类群体必须始终直面的不确定性。可以说，舒伯特作品的死亡意象首开西方音乐史中用作品阐述个体死亡的先河。这一主题具有无比深刻的哲学意义。据此，阿多诺在把舒伯特的音乐理解为风景的基础上，进一步将其界定为死亡风景。

> 小溪、磨坊、黑色的冬天荒野，在幻日的黄昏下宛如梦幻一般无时间地延伸开来，这是舒伯特的风景标志，干枯的花朵是它惨淡的装饰；客观的死亡符号触发了它，而它的情感反过来回到客观的死亡符号。[①]

穿过阿多诺布置的舒伯特音乐的风景帷幕，其中的流浪主题显现了出来。但是，阿多诺进一步提出，以前的研究从未"根据舒伯特的作品结构在其规定的尊严中讨论流浪者范畴"[②]。这里出现了舒伯特作品的两种呈现方式：主题流浪（流浪者）与形式流浪（结构）。这里先探讨阿多诺对舒伯特作品中流浪者的阐释。

舒伯特作品中有大量流浪主题，《流浪者》《流浪者对月抒怀》《流浪者夜歌》等歌曲、声乐组曲《美丽的磨坊姑娘》《冬之旅》以及钢琴曲《流浪者幻想曲》都属于这类题材，由此我们可以看到他对于居无定所的流浪生活的着迷。

以《冬之旅》为例，这是舒伯特根据19世纪德国诗人威廉·缪勒[③]的诗所作的组曲，也是音乐史上最为著名的关于流浪的作品。其内容叙述一个未知身份、年龄的人，在一个冰天雪地的夜晚去流浪。整个夜晚，

---

① Adorno，*Gesammelte Werke*，Band 17，S. 24.

② Ibid.，S. 25.

③ 威廉·缪勒（William Müller，1794—1827），德国诗人。舒伯特根据他的同名诗《美丽的磨坊姑娘》《冬之旅》谱成的声乐套曲，传诵至今。

流浪者遇到的是乌鸦、通往坟场的路，犬吠……只到最后，在那个摇琴人身上，流浪者看到了自己的影子。旁观者以为，去流浪的确是一种偏执、一种错觉、一种妄想狂症状。其实整个组曲营造的是一种意境，空寂场景中的独白、一场自我对话、一种意象。这样的音乐已经超出了平常的欣赏层面。它是音乐史上首部以人的内在心理矛盾为叙述对象的作品。流浪，是出于梦想的破灭，渴求的无法实现。与旅行不同，它漫无边际，不求归宿。但流浪者不为物役，放浪形骸，这大合阿多诺的脾胃。他与流浪者的关系，被他归结为，

　　风景的中心结构——每一点与中心等距——向绕它而行但没有前进的流浪者敞开着：所有展开都是它的彻底反作用，第一步和最后一步离死亡一样远，风景的每一散落点依次被逡巡但没有遭到抛弃。[①]

这种形而上的哲学话语反映出，阿多诺看到的是流浪这种生活方式的精神内在性，更重要的是流浪主题的去自我中心的结构。而流浪的变动不居性从另外一个侧面提供了概念的流动性源头。

　　我们看到，在组曲中，流浪者"想亲吻雪地，用我滚烫的泪水，穿过冰雪，直到我看到大地"。土地的出现，也是阿多诺的着意处，即上文所述的古希腊神话。地球与泥土的象征体现出对现实死亡的描述。人死后必归入泥土，所以，死亡就是与地球自然相连。最后，"流浪者沿

---

① Adorno，*Gesammelte Werke*，Band 17，S. 25.

着空洞降临的词语，而不是它们阐明的意向走进深渊，甚至他这个人的热情成为一种并不通向心灵深处，而是通向它命运穹窿的查看下降的手段"。更深处在于，在阿多诺看来，舒伯特许诺的是，死并不代表终结，而是进入地府，灵魂在那里安息，终将获得拯救。这里，阿多诺的确沿着一种启示录话语，把作品从可听变成可观，再转换为可思的对象，对作为个体的人的必死性与死亡的不确定性的思考，意在引出舒伯特音乐的拯救主题，"死亡冲动——在舒伯特的风景中被仿制的死亡冲动，对人类的悲悼，而不是其中的痛楚——是唯一的舒伯特引领我们通向下界之门"①。我们看到，舒伯特在阿多诺的笔下化身成保护神，带领世人不受物化现实的伤害，引领着灵魂进入地府，在那里安息。阿多诺模仿布洛赫的乌托邦哲学，意在实现一个调解的社会，但这次的拯救者不是弥撒亚，而是音乐家舒伯特。

阿多诺对舒伯特作品流浪主题的陈述，一步一步走向主题的核心：拯救。以《死神与少女》②为例，这首音乐色彩黯淡，阿多诺把作品的拯救阐释为"出现在……在小三度向大三度的转换中。二者如影随形，一旦出现大三度，小三度就像它的幽灵一样出现"③。决定音乐情绪的因素有多种，比如旋律、和声，而大小三和弦是最基本的色彩性质。但在

---

① Adorno, *Gesammelte Werke*, Band 17，S. 29.

② 舒伯特根据德国诗人马缇斯·克罗多斯(Matthias Claudius，1740—1815)诗歌作品创作的弦乐四重奏。诗的内容是："少女：走开，啊！快离去！远离我吧，你这个可憎的骷髅腐愚！我还年轻，啊！快离去！不要碰我，亲爱的死躯。死神：把手递给我吧，美丽温柔的少女！我为交友而来，并非将你辱虐。勇敢些，我并不可憎，躺在我的手臂上吧，你将安稳入梦。"

③ Adorno, *Gesammelte Werke*, Band 17，S. 30-31.

《死神与少女》中，大小三和弦彼此紧随，这被阿多诺描述为舒伯特音乐的特质——"悲伤之后总伴随着慰藉"。阿多诺看到，不仅舒伯特的和声充满慰藉，在对位上也是如此，

　　　　舒伯特的和声，尾随作为旋律的可塑性影子的对位，在悲伤的纯粹小调中抵达其最深处。如果死亡冲动是下行之门，那么我们最后到达的地球本身就是死亡栩栩如生的现象，在它面前，下沉的灵魂把自己看作女人，无可逃脱地陷入自然关联。①

有生便有死，生当令人欣慰，死却令人望而生畏。尽管死亡已经成为一种无法逃避而令人窒息的魔咒，但音乐用永恒的预期的对抗性抚慰地填充了重新寻获的、远离死亡终结的时间。阿多诺道出了舒伯特音乐的拯救特征，

　　　　无论舒伯特的悲恸如何使我们感到沮丧，或者绝望的流浪者出生时就溺水而死，抚慰却坚定不移地看护着死者并在那里作担保。希望依旧，他不会永远在堕落的自然魔圈中。这里，时间在舒伯特的音乐中燃烧，成功的终曲来自死亡的异界。②

神话主题的幽灵出现了，音乐家舒伯特成了拯救命运之神。阿多诺通过

---

　　①　Adorno, *Gesammelte Werke*, Band 17, S. 31.
　　②　Ibid. , S. 31.

音乐对死亡主题的这种思考与其说是他自己的，倒不如是说变种的"乌托邦精神"。

根据阿多诺的分析，舒伯特的音乐许诺还在于，"与贝多芬的威胁要求的、窘迫的、范畴上可理解的，然而物质上无法达到的快乐相比，舒伯特的欢欣是可听到的、混乱的，但终究是确定、直接给定的回音"。这是一种音乐内容给人安慰的哲学升华，在 A 大调非凡的四手连弹的回旋曲中丰满健康的吟唱，如此栩栩如生经久不衰，正如美食不同于实践理性中假设的不朽一样，迥异于贝多芬的崇高感。舒伯特乐章的广度也常常被视为欢乐，神圣音长一说一如既往备受欢迎。①

也因此，舒伯特在西方音乐史上，与端坐在管风琴前弹奏《尊主颂》来歌颂主的巴赫不同，也不同于头戴假发为王公贵族弹奏音乐的莫扎特，更异于歌颂人类大同的极具英雄主义崇高感的贝多芬。舒伯特的音乐探讨的是 19 世纪市民社会内部赤裸裸的情感、坦白与纵情狂想，迥异于 18 世纪欧洲启蒙主义精神对自然、社会与艺术的理解，也因此，他的作品第一次开启了市民社会中个体的真实处境之门，直面当下。他的音乐带领我们走进普通市民阶层的隐秘世界，他的音乐就是他自己，"自我"这个"唯一者"。②

尽管如此，值得注意的是，阿多诺对舒伯特音乐的死亡主题进行阐述，并通过流浪者的眼光来看待这个世界，相信音乐福音式拯救，这是

---

① Adorno, *Gesammelte Werke*，Band 17，S. 31.

② 如果把贝多芬与之后的舒伯特，和黑格尔与之后的施蒂纳做一比较，肯定会是很有意思的。

他早期的理论特征。随着他对马克思主义理论的理解逐渐深入，拯救意味也逐渐淡去。这表现在 20 世纪 30 年代以后，在阿多诺对音乐的分析中，如《论音乐的社会状况》，他认为严肃音乐、商业音乐之间已无分野，音乐救赎已无可能。

(四)异质的奏鸣曲形式、重复与多样性

我们通常所说的古典奏鸣曲式，由呈示部、展开部与再现部三部分组成。作为一种音乐体裁，奏鸣曲有两个最为显著的特征：首先，第一乐章快板奏鸣曲式常用奏鸣曲式，由三到四个乐章组成。第二乐章慢板，第三乐章小步舞曲或谐谑曲或省略，第四乐章快板终曲。其次，严格遵循奏鸣套曲首尾乐章调性统一的原则，呈现出调性回归特征。从理论上说，古典奏鸣曲是建构在固有音乐逻辑基础之上的，即根据一定的认知规则产生一种内在关联，作品的进行符合这种关联逻辑的展开。作品的展开过程必须被人理解，向目标进行的方向必须清晰，不能产生偏离。这种"正—反—合"思维，类似于德国古典哲学尤其是黑格尔哲学。也因此，奏鸣曲作曲技巧的掌握程度成为作曲家创作手法的极为重要的标准。古典奏鸣曲创作在贝多芬那里得到空前发展，其主要标志是作品中各乐章结构极力扩展，主题之间充斥着紧张，在终曲中调解后走向高潮。进而，贝多芬的创作手法成为奏鸣曲技法的标杆。

但是，奏鸣曲到了舒伯特这里产生了令人难以理解的变化，他的作品并未遵循古典学派的曲式结构。其中最为不同的是，与前人相比，舒伯特作品的转调转常常令人匪夷所思，走得非常远，穿过迷宫回归原

调。因此，他的作品时常遭人诟病，甚至有人怀疑他是否能够写出成功的奏鸣曲作品。

阿多诺分析说，在古典奏鸣曲中，两个对立主题的交互作用使音乐得以展开，所以古典奏鸣曲具有时间性。而舒伯特的音乐主题缺乏对立，没有展开，难以形成形式上的整体。

> 在第一 a 小调奏鸣曲中，由两个闪念建立的乐章，不仅第一、第二主题之间并不存在彼此对立，更确切地说两者都包含在第一与第二主题群中，这并不是出于统一而处理素材的一种动机经济，而是由于在展开的多样性中等同性的返回。①

一般说来，古典奏鸣曲中，主题与副题之间的张力，由于主题的差异性而展开，相当于事物内部矛盾发生冲突所产生的否定，但是舒伯特的音乐中第一、第二主题彼此包含，在一种矛盾的纠缠中展开，这种奏鸣曲的生成性颠覆了古典奏鸣曲所追求的对立中的平衡，背离了古典奏鸣曲的趣味。在这里，阿多诺对舒伯特奏鸣曲的解释，不是在等同性与差异性之间做出区分，而是看到了等同性中的多样性，即同一性自身中的差异性。

阿多诺继续写道，在舒伯特作品中，与主题流浪紧密相随的是形式流浪，

---

① Adorno, *Gesammelte Werke*, Band 17, S. 26.

如果舒伯特的变奏从来不似贝多芬那样侵蚀主题结构，而只是在它周围嬉戏、出现，那么这里迂回的流浪就是舒伯特的形式，这里它没有被给出一个可到达的中心——不，而是这个中心仅仅在把一切都指向自身的力中才显现出来。[①]

很显然，贝多芬作品的完整性是通过作曲家的意志控制的，音乐素材之间的约定出现、赋形、再赋形直到素材的真理潜能与其说如此呈现，不如说是逐渐生成的。贝多芬音乐的动机发展，呈现为多个环节，这是一种层层递进、复杂而连贯的过程，因此，他的作品表现为一种思辨的声响哲学，与贝多芬不同的是，舒伯特的音乐仿佛具有自发性，它就在那里，俯拾即是。

接下来，阿多诺把舒伯特的这种主题流浪导致的结果描述为，

正如光的变换把我们带向新的风景，其自身与前面部分并没有什么两样。这里，展开部放弃了把主题解析成动机，或是用最小部分撞击力度火花，而是不容改变的主题被进一步揭开；音乐回过头去，再一次捡起并彻底打量尚未消失的主题。所有这一切被一层薄薄、沙沙作响的外壳包裹着，这个外壳就是奏鸣曲，在即将被打碎之前它把自己覆盖在增长的结晶体之上。[②]

---

① Adorno, *Gesammelte Werke*, Band 17, S. 26.

② Ibid. , S. 27.

舒伯特的奏鸣曲作品以其异乎寻常的手法摆脱了古典奏鸣曲形式，预示了一场新音乐革命的前兆。其非动机一贯性、经常偏离中心调等手法，造成了音乐作品的结晶质特征。

舒伯特的音乐不仅改变了横向的旋律构成，而且在纵向的和声上也与众不同，阿多诺举例说，《降 B 大调奏鸣曲》的第一乐章第二主题群的引子、《降 E 大调三重奏》粗暴的半音阶进程、《C 大调交响曲》的副部主题开端的结尾，

> 把奏鸣曲模式中的过渡彻底转变为和声深度中的透视侵入，这三部大调模式第二主题趋于小调作品，根据适用于舒伯特的调性符号，意味着真的走进了黑暗。深渊恶魔般的功能充满了舒伯特的可变和弦。在这幅分成大小调的双重风景中，它们一如神秘的自然，既上指又下指一样模棱两可。其光泽苍白，由舒伯特转调的赋形而加载的表现是焦虑：对尘世的致命辨认以及对于赤裸裸人类自身的毁灭辨认的焦虑。①

一般说来，古典音乐的结构具有明晰性。舒伯特之前，贝多芬的晚期作品转向内省，退入隐秘的私人世界，缺乏符合大众审美习惯的和谐感。但相对于贝多芬来说，"年轻人"舒伯特的音乐特质也如此，这不能不说是敬畏死亡的符号。

---

① Adorno，*Gesammelte Werke*，Band 17，S. 30.

舒伯特音乐的另一种异常的手法是，同一个单一材料不断地"重复"[①]使用。不仅同一个主题出现在不同作品中——可能调式不同，但并没有做重大改动——而且他的作品中还出现其他各种形式的重复，如重复和弦、持续音重复以及以各种不同节奏形式出现的重复，真是将音乐的重复功能发挥到了极致。阿多诺之所以不厌其烦地叙述舒伯特的重复手法，是为了阐述舒伯特音乐形式的非时间性、非目的论色彩与离心性，"作为'真理特征'，舒伯特的主题只适合于重复"。这种重复形式，

> 它对历史一无所知，只有视角的迂回：其一切变化只是光的变换。这就解释了舒伯特为何倾向于在不同作品中两次或三次以不同的方式阐述同一主题；最著名的例子也许是一直出现的旋律重复，这个旋律作为钢琴变奏的主题，作为主题变奏出现在 a 小调四重奏以及《罗莎蒙德》的音乐中。把这种重复理解为音乐家的贪得无厌——他能在他没完没了地鼓吹的旋律财富中找到成千上万的不同主题——显得愚蠢。流浪者独自遭遇不变，然而这只是不同光——呈现为无时间、分离、孤立——的同一部分。[②]

舒伯特音乐中的这种重复，是对作曲手法的改造，瓦解了作曲图式的先验性。这种手法的意义，尽管阿多诺已经解说过，但是给人的印象仍显得生硬。同一主题旋律在不同的作品中重复使用，在舒伯特之前并没有

---

① 大约半世纪后，法国哲学家德勒兹才提出"游牧思想""分裂"与"重复"以及在重复中生成多样性和差异性的思想。

② Adorno, *Gesammelte Werke*, Band 17, S. 26.

出现过，这种对作曲手法的改造，其中含义至今仍然值得我们探讨。如果说勋伯格对传统调性的解构为阿多诺提供了去中心化的理论基点，那么舒伯特则是构成这个基点的史前史。不得不说的是，本想成为一名作曲家的青年阿多诺，试图从音乐中蒸馏出哲学，其文本有多么难以理解就可想而知了。

阿多诺对舒伯特音乐死亡风景的叙述形成了早期音乐哲学中的乌托邦色彩。新市民阶层舒伯特的音乐风景携带一种对人世间的拯救，因而是真实的。阿多诺把舒伯特音乐的特性与哲学非连续性、历史、等同性中的差异性联系起来，即使在现在这也还是了不起的理论贡献。不仅对阿多诺，而且对在这个世界中的人来说，舒伯特的音乐是故土，是方言，更是一种乡愁，"我们流泪，情不自禁地，因为我们还没有达到音乐所许诺的状态，在无以名状的幸福中，我们所需的只是它保证我们终将如此"①。但是，阿多诺意料不到的是，20 世纪 30 年代初，他也成了流离失所的流浪者，永远没有达到舒伯特许诺的幸福。更令他失望的是，当他在大洋彼岸发达的资本主义国度，看到的大众文化凌驾于高级文化之上的状况在不久的将来会覆盖全球；他更看到，与低级文化泾渭分明的高级文化也被一种叫"资本"的东西所收买，一切物质都被置换成可以变卖的量，世界走入深渊，万劫不复。

———————————

① Adorno，*Gesammelte Werke*，Band 17，S. 33.

第三章

批判的音乐社会学构形

维也纳之行打破了阿多诺的作曲家之梦，但是他与音乐界仍保持着往来，并逐步与社会研究所有所接触。随后，他的音乐社会学形态也逐步浮出水面，并走向成熟。20世纪20年代后期，阿多诺有着大量的音乐评论问世，其中最主要的音乐社会学理论出现在一个面对听众的讲演《新艺术为何如此难懂》与长文《论音乐的社会状况》中。

一、音乐社会学出场

20年代中后期，阿多诺的音乐哲学思想尚处在形成期。随着与社会研究所的接触，他的哲学思想开始接近马克思的政治经济学理论，思路也逐渐变得清晰。1931 年的公开讲演《新艺术为何如此难懂》，可以看作他第一次从社会学角度对新艺术进行的阐释。这里对此讲演的内容作一分析。

(一)震惊：新艺术的内核

在形式上，《新艺术为何如此难懂》是一次公开的讲演，其对象是一般大众，原因是他们对 19、20 世纪之交出现的新艺术（Art Nouveau）①持有抵触情绪，讲演涉及的内容主要是新艺术，音乐只是其中一个特例，某种程度上类似后来的《美学理论》②，因此，可以把它看作阿多诺早期艺术理论观念的一个概括。但是，与 1932 年《论音乐的社会状况》中马克思政治经济学的批判逻辑相对比，这个讲演的批判立场尚未完全显露出来。由于讲演对象的公众性，讲演中使用的语言非常明晰，不似常常看到的文本的"阿多诺式"晦涩。讲演主题从剖析 19、20 世纪之交出现的新艺术开始，分析了人们为何对新艺术持有敌意，进而分析艺术生产与消费的关系。其内容主要涉及：由于新艺术的晦涩难解、陌生、谜一般的特征，它已经背离时人的审美习惯，超出常人的理解能力，因

---

① "新艺术"（Art Nouveau），指在 19 世纪末、20 世纪初，以英国、法国和比利时为中心，波及整个欧洲大陆各艺术领域的艺术风格运动，它标志着欧洲艺术开始由传统走向现代，影响十分深远。

② 纵览阿多诺一生的写作，就内容而言，阿多诺晚年的《美学理论》是所有音乐哲学与文学研究的"体系化"，只不过涉及的范围更为广泛、更为集中。目前国内外学界对阿多诺美学的研究主要集中在《美学理论》，而对音乐哲学与晚年美学之间的关系鲜有提及。如果学界广泛涉及阿多诺的音乐哲学与文学研究，对阿多诺否定哲学与美学理论的存疑将会大大减少。

此引起他们的审美不悦。但这正是新艺术的"震惊"感，新艺术的否定性本质，正是理解新艺术的关键所在。当然，阿多诺声明，

> 从一开始，我提出的问题就不是针对艺术本身及其具体形式，而是针对那些面对它的大众。我是从社会学立场出发而不是从审美角度提出这个问题的，我想把问题引导给你们自己，为何你们大多数人难以理解新艺术。[1]

这里，在分析讲演内容之前，我们有必要简单回顾一下新艺术出现的社会背景。我们知道，在欧洲社会历史上，随着两次工业革命的发生，欧洲大陆工业化进程逐渐加快，政治、经济、文化、日常生活等各方面都发生了翻天覆地的变化，工业化的结果是"上帝之死"，社会进入可计算时代。随着上帝的死去，欧洲人的人生观、时空观以及社会结构等许多方面也发生巨变，这就是现代性。随着工业化进程的深入，"一切固定的东西都烟消云散了"，永恒不破的体系成为谎言，这种变化几乎席卷一切知识与艺术领域：短短的几十年间，非欧几何学取代欧几里德几何学，爱因斯坦的相对论取代牛顿经典物理学，艺术也与过去分裂：绘画中的传统透视法遭到抛弃，欧洲传统调性音乐遭到推翻，如此等等，不一而足，传统的平衡、对称、和谐、完美这些观念均已成为神话。

很多敏感的艺术家都预言到工业化过程即将给欧洲现代社会带来巨

---

① Adorno，*Gesammelte Werke*，Band 18，S. 824.

大冲击：波德莱尔是最早敏锐地意识到这种巨变的人之一，他写下了《恶之花》；托尔斯泰则说，他体验到一个完全被弄糊涂的时刻，好像不知道应该怎样生活，该做什么，这其实是上帝死后全体欧洲人的心态。蒙克创作的《呐喊》，画面上是一个没有性别的人，扭曲的面孔，歇斯底里地吼叫着，摄人心魄。斯特林堡的戏剧以荒诞而著称，卡夫卡意识到欧洲人的精神领域已经处于一种临界状态，同时也意识到处理这种状态需要一种新的觉醒。他认为，作家最重要的职责不是帮助读者尽可能愉快地度过那个时刻，而是让人们了解自己的真实处境。在给一个朋友的信中他写道，一本书应该成为一把破冰的斧子，去打碎我们心中冻结的海洋。假如我们手中的书不能像敲击脑袋的拳头那样敲击我们，那么这本书就不值得一读。勋伯格的新音乐则以其强烈的不和谐音而臭名昭著，夸张、变形、怪诞，充满绝望、恐惧、紧张、痛苦等病态情绪。

工业化过程对欧洲人来说具有启示录含义。当昔日世界已成废墟，而人们翘首期盼建立新的世界秩序时，1914 年爆发了第一次世界大战，德国作为战败国不得不接受巨额的经济赔款。接下来经济复苏，但好景不长，1929 年又出现了席卷整个欧洲的经济崩溃。艺术状况与社会处境密切相关，但是人们仍习惯于渴望安稳、和谐。可是，新艺术已经不能提供这些抚慰，实际上它正是人们焦躁不安的情绪的反映。这就是阿多诺这个讲演所处的历史背景。

阿多诺从剖析人们对艺术的传统接受方式开始叙述。他认为，从一般意义上说，人们对传统艺术的接受，总是诉诸"情感""理解"。这是因为他们总希望艺术能传达愉悦、精神安慰或其他某种东西。按照传统的说法，艺术总具有一定的意义：政治家要求艺术成为一种工具，为一定的经济利益、政治利益服务，而普通人总把它看作娱乐手段，或者成为他们的情感避难所，历史上也的确出现过这些种类的艺术。

可理解性，即常人对艺术所要求的直接性理解，当一个人接触艺术时就知道它言说了什么。用阿多诺的话说，可理解性就是作为审美对象的艺术品符合人们审美习惯，这种习惯已经成为"第二自然"。然而，当人们面对新艺术时，这种理解的直接性则无从谈起。与传统艺术的可理解性正相反，可问题是，当一首音乐的旋律完全变得不谐和时，听众便无从理解；而当一幅支离破碎的绘画出现在观众面前时，他们更无从知道画的是什么。于是人们对新艺术充满厌恶感并斥之为"颓废"。因此，作为一种既存状况的症候，哲学家必须面对这种事实：难以理解的新艺术还是艺术吗？这便是阿多诺所要回答的问题。

在阿多诺看来，新艺术的出现不是别的原因所致，恰恰是当时人们所处时代状况的真实写照。艺术质疑的不是它自身，而且它所处的社会：

> 当人们谈及现代艺术家自我意识的专业化时，或当某些腓力斯人夸夸其谈地反对为艺术而艺术（*l'art pour l'art*）——总是与所谓颓废、退化和其他邪恶之事相一致的观念时，他所指的只是与消费相分离的生产的异化、当今所有艺术的彻底、极端物化，那种把它从直接使用中分离出来，由此从直接可理解性中分离出来的物化。①

---

① Adorno, *Gesammelte Werke*, Band 18, S. 825.

人们常常认为，新艺术的怪诞可以归因于现代艺术家的心理结构缺陷、孤独、神经分裂、疯癫。而在阿多诺看来，这种说法并没有抓住其根本原因。从两个方面可以说明这一点：其一，我们必须承认这种状况本身的必然特征，艺术的物化（可理解性）不是别的，而是社会经济发展的结果，当社会把全部商品转变为消费品，以求得抽象的交换价值时，艺术的使用价值便被撕碎了，而新艺术正是与交换价值发生抵触，反抗的是现实社会中艺术的商品化。其二，以前的艺术具有可理解性，人们是把艺术作为一种物的可使用性来理解的，这也是一种物化，"是我们或多或少心情愉快地接受的一种物化"①，是人们自己把物化力量施加在艺术之上，这种物化也是一种拜物特征。这里，阿多诺的理论基点已接近马克思的政治经济学批判了。

在讲演中，阿多诺明确反对艺术的娱乐功用，他提出艺术的内容是社会现实的内化，具有真理内容，即艺术的"功用"在于它试图让人们从艺术中去认识社会，为人们提供一种认识社会的途径②，认识到我们应该自由地生活，但实际上我们并非如此，这也是贯穿他一生的观念。这让人想起阿多诺在《舒伯特》一文结束时所说，"因为我们还不是如音乐为我们所许诺所是"。一言以蔽之，人们对新艺术产生疑虑是因为没有意识到自己生活于其中的时代状况。更为重要的是，新艺术的内容就是让我们意识到自己所处的生活状况。就阿多诺反对艺术的娱乐性质来

---

① Adorno, *Gesammelte Werke*, Band 18, S. 825.

② 强调艺术的认识功能是阿多诺一以贯之的做法，他很少在一般审美层面上谈及艺术作品，这势必招致多方面的批评，阿多诺也曾为自己辩护过。但是试图通过阅读阿多诺的文本去发现艺术的审美愉悦则是件极为困难的事。

看，这种观念并不新鲜。历史上众多艺术大师，如贝多芬、巴赫等都把艺术看成一种传达思想的手段，而众多先锋派艺术更是观念先行。① 不过，阿多诺把艺术纳入生产与消费的对立关系中来论述，从而认为新艺术生产的震惊是反对交换价值对艺术的夷平，这种说法表明阿多诺已经超脱出一般性的价值评判，走向社会学立场了。

(二)新艺术与不可逆转的世界合理化过程

对新艺术的新奇性的分析只是阿多诺阐述问题的入口，而讲演的重点则是阐述新艺术产生的社会状态。在他看来，实际上，新艺术对异化社会的反抗勾画出了时代的环境，他提到了马克斯·韦伯的合理化理论：新艺术的出现是"一个高度理性化社会的艺术产物，它不可能再回返自然之物"②。这个说法有些跳跃，因为分析思路超出一般听众的理解背景，这里有必要作一说明。上文已经交待过，与马克思对资本主义社会起源的分析不同，马克斯·韦伯把近代欧洲社会的资本主义化过程看作一种合理化过程，由于世界变得可计算，人便变成可支配的对象。合理化过程充斥一切事物，艺术也逃脱不了被支配的厄运。卢卡奇在《历史与阶级意识》中首次批判了马克斯·韦伯，他认为社会的合理化过程造成了人的物化，而要逃脱这种物化只能求助于一种所谓黑格尔式的"总体性"。

---

① 翻阅先锋派艺术史可以发现，众多先锋派艺术家都是在观念的指引下进行艺术实践的。因此要了解他们的艺术作品，首先必须熟悉他们的艺术观念。这是理解先锋派艺术作品的难点所在。

② Adorno, *Gesammelte Werke*, Band 18, S. 826.

　　与卢卡奇不同，阿多诺首先认同了马克斯·韦伯，也就是说，他首先承认了世界的发展是一个合理化过程，他也认同新艺术。新艺术是当时社会背景下的产物，但同时又是对合理化社会的抗议。但是，从历史状态来看，无论是合理化过程还是新艺术的出现，其趋势都不可逆转，这是一对孪生姊妹。就此而言，阿多诺又在批判马克斯·韦伯。

　　这里，新艺术的差异性本质对阿多诺来说非常重要，事实上，他从新艺术中看到了与以往任何艺术形式都有所不同的新内容。从社会角度说，新艺术是对被管理社会的抗议，它直接与合理化社会发生对抗；从哲学上说，阿多诺意在让人们从新艺术中体验"异质性"，借以产生觉醒意识，从而认识社会，这是他后来在哲学、美学中一以贯之的核心内容。需要说明的是，阿多诺20世纪30年代后就是把艺术看作认识社会的一种手段，**通过艺术去认识社会并在社会中改造社会**，从而与艺术救赎大异其趣。

　　就该讲演的本意看，宽泛讨论新艺术不是其主旨，阿多诺必定要谈到他所热衷的音乐，

　　　　（以音乐为例）固然这种差异不存在于真空中，它只是相对适用于素材。但是素材本身是历史上产生的，不允许任意脱离素材。此外，那些试图逃避差异的艺术家毫不动摇并直接用一种旧素材运作着……因此艺术家们不可避免地面临着一个当初他们可能只是抽象地，即有计划地逃离的不可理解性的难题、差异。①

---

　　①　Adorno, *Gesammelte Werke*, Band 18, S. 827.

在阿多诺所说的音乐素材的历史性中，"历史"主要包含两重意义：其一，历史发生在过去，一直延续至现在并决定了现在，已经成为一种习惯传统。这种意义上的历史像沉重的锁链，束缚着人们的艺术审美，使人们拒绝接受新东西。其二，历史又是指一种历史性观念，而不是一般常识意义上的历史知识。音乐是反映当下社会现实的艺术，也是历史的延续，会一直延续下去。

从阿多诺的分析中可以看出，素材的历史性以往关涉到新音乐的异质性问题。不和谐音的出现绝非偶然，它不是空穴来风，而是当时社会的产物。人们对物理声音中存在的更多东西的发掘，不和谐音的释放，不能仅仅从纯粹声响的自然层面来解释，在另外一个意义上，它触及了人的深层意识。勋伯格的新音乐作品，无论是《期待》的焦虑、《月光下的皮埃罗》令人恶心的矫饰，都是当时欧洲社会现实的倒影：人与创造他的上帝分离了。上帝隐退之后，人的灵魂在一个黑暗的世界四处飘荡、徘徊。与以往任何流派的音乐作品不同，新音乐中描绘了大工业生产所导致的一种前所未有的异化，现实生活环境造成的人与人之间关系的分离，人对总体性追求的彻底幻灭。新音乐的内容实际上是当时社会现实生活的内容，而非纯虚构的心理产物，这也是传统种类的艺术无法触及的层面，难怪阿多诺后来在《新音乐哲学》中把所有这些作品表述为"地震仪"。

（三）社会：新艺术的基座

讲演最后的落脚点并不是新艺术的内容，而是向听众解释新艺术难以理解的原因，阿多诺的话题又重新转到了社会本身："现在，你们对此提出重大异议。如果把新艺术的难以理解界定为社会状况本身的话，那么——你们可能指出——它必须扬弃自身。"①阿多诺反驳道："这种异议，听起来似乎可能，但是，这是在真空中设想出来的，总之，是非辩证的。我的意思是，这种观点没有考虑到我们现实生活的真正矛盾。"②这种矛盾的本质是什么？是生产和消费的分离！在人类社会分工高度发达的阶段，精神的生产看似出于精神生产者的主观意识，与社会没有任何关系，实际上这是一种误解。阿多诺举例说，比如，"从某种程度上说，数学的发展是通过资产阶级社会自治产生的，技术的自然科学，恰恰内在于自治原则的逻辑。"③习惯性看法是，数学只不过是纯粹的逻辑运演，但是数学发展的根源仍在于社会。近代数学的发展与近代资产阶级社会的兴起有着密切关联，科学发展与社会之间的这种辩证关系同样也适用于艺术难题的不可逆转性。

在讲演中，阿多诺明确反对把艺术与社会物化现象分离出来的观念。他认为，新艺术的难解性不能以一种孤立的方式来超越。究其原因，是由于分离以及超越的观念不能把艺术领域的突变理解为一定的社会历史状况。如果人们把艺术直接等同于普遍的可理解性，这实际上遮蔽了艺术的社会批判功能，它必会导致资产阶级意识形态的产生。那么，如何解释艺术与社会的关系？阿多诺没有采取别的方法，而是应用了马克思的分析法，在生产与消费的社会处境的辩证关系中来看待艺术。

---

① Adorno, *Gesammelte Werke*, Band 18, S. 827.

② Ibid., S. 827.

③ Ibid., S. 828.

　　在很大程度上，生产以历史-辩证的方式运转着，在这个范围内，它表现了诸多现存关系的张力与矛盾，遭受了屈从于它们力量的命运，通过它可能不被遮蔽的命运，生产本身要求变化。然而，消费很大程度上滞后于变化的现实，因为它不占有指向不变的东西之外的生产力，从社会角度来看，这种不变的东西也不过是生产的结果，本身没有严格促进生产——至少在美学领域中——仅仅反映它们第一需要的关系是保存自身。①

艺术生产和物质生产一样，由于现实生产力的要求，它们总处于运动状态，艺术技巧的发展总要求改变艺术形式。这里，消费的意思是说，其一，人们对艺术的理解，也就是该讲演所说的一般程度上人们要求艺术的可理解性；其二，可理解性的艺术是通过购买商品的方式获得的。由于审美习惯性，人们会对新奇的东西产生抵触心理，贬低反映真实社会状况的新艺术。在阿多诺看来，这是对现实所采取的保守态度。

　　但是阿多诺并没有简单地指责艺术的娱乐性，相反，他认为这也是出于一定的社会与人的需要。只不过这种娱乐本身是无历史性的，从技术层面说，娱乐艺术的技术是肤浅、过时的，它不能促进社会生产，娱乐艺术的生产过程与消费过程处于同一状态。但是，

　　紧接着伴随战前新艺术运动的震惊是生产与消费之间的断裂这个事实激烈地表现出来，这就是为什么，艺术不再有一种再现、描

---

①　Adorno, *Gesammelte Werke*, Band 18, S. 828.

绘所有共同预先给定的现实性的任务，而是在其孤立中揭示，那种现实为了能够存在而意欲遮蔽的裂罅，因此它人与现实本身相抵触。①

新艺术本身也内含着矛盾，这就是它具有对现实性的批判功能，但现实本身具有客观性，并不随人的意志而任意改变。从意识形态角度来看，现实本身必须维持现状，否则它就不可能存在下去。大众并没有看到其中的矛盾因素，他们依赖于自己的习惯，从而充满对新艺术的敌意。

从这种关系出发，阿多诺得出了这种结论：由于新艺术是一定社会现实的产物，对新艺术的理解就不能把它与社会现实性分离开来。分离的做法不但危及艺术本身，也危及对社会的认识。对新艺术的认识既不能顺从当前的意识形态、以美学特性的丧失为代价来实现，也不能逆转为一种更旧但仍然存在的程序方式。在实践的艺术意义层面上，顺从与逆转都会牺牲艺术自身。从此我们可以看出，阿多诺的艺术观念不像海德格尔那样发出无家可归的愁苦感叹，不像卢卡奇那样寄希望于无产阶级总体性的要求，也不像本雅明那样寄希望于弥撒亚的来临，甚至不像他自己晚年的悲观态度。总体来说，阿多诺认为这个问题能而且只能通过社会变革的途径来理解，因而他明确反对任何倒退或集权主义的方法，

---

① Adorno, *Gesammelte Werke*, Band 18, S. 829.

经济生产不能退回到原始前劳动分工来逃避人与商品的异化形式的生产。这同样适合于无论人们是否浪漫地要求艺术返回到古老的集体形式或一贯地抵制艺术对自身施加控制权,这个做法的激进论似乎设置了界限。行会的、与世隔绝的艺术与只有通过放弃生产方法的合理的完美才获得易于理解性的真正的实用艺术之间产生了张力,这种张力不能在艺术内部获得解决。但是这个问题并不意味着以生命的其他方式自动消失。①

艺术的问题不能在艺术内部克服意味着什么?在产生艺术的社会中去克服!社会是艺术之根,艺术获得自治的唯一途径是社会本身的解放。这是阿多诺一以贯之的说法。

由此看来,新艺术的法则是一种反自然法的法则、一种历史法则、一种抗议社会的呐喊。要理解新艺术所产生的震惊,必须了解它所产生的社会背景,并且要在艺术的生产与消费的交互关系中去认识,这是阿多诺本次讲演的主旨。借用马丁·杰伊评论阿多诺的说法,

文化从来不是副现象,尽管它也从来不是完全独立的。文化与物质基础的关系是多维的,所有文化现象都必须看作是经过社会总体的中介,而不是单纯的阶级利益的反映,这意味着它也表达了整体的矛盾,包含着否定现状的力量。没有,至少几乎没有纯粹的意

---

① Adorno, *Gesammelte Werke*, Band 18, S. 830.

识形态的东西。①

就此而言，阿多诺的音乐社会学一开始就表现出与马克思主义哲学的某种亲和性。我们看到了阿多诺音乐社会学的地平线。

二、批判的音乐社会学的完型

1932 年的《论音乐的社会状况》（"Zur gesellschaftlichen Lage der Musik"，下文简称《状况》）②是阿多诺在《社会研究杂志》上第一次公开发表的文本，全文分《概览、生产》与《再生产、消费》两个部分。该文本是其音乐社会学的成型著作。文中，阿多诺基于马克思政治经济学批判分析了资本主义社会合理化过程中音乐的困境，同时基于黑格尔哲学、马克斯·韦伯社会学理论的理想类型说，从音乐与社会的关系角度概括出音乐家的四种类型说，进而由音乐的再生产与消费出发，梳理了音乐

---

① ［美］马丁·杰伊：《法兰克福学派史》，66 页，广州，广东人民出版社，1996。

② 《论音乐的社会状况》是阿多诺 1932 年在法兰克福大学社会研究所《社会研究杂志》上第一次公开发表的论文，全文分上下两部分刊出，它也是阿多诺早期在音乐社会学方面最为重要的作品，其中包含了后来阿多诺音乐社会学思想发展的核心主题。在这篇长文中，阿多诺根据马克思的政治经济学批判尤其是《资本论》，把论述的主题分为"概览、生产"与"再生产、消费"两大部分：第一部分，作者根据马克思的政治经济学批判以及作曲家与社会的关系划分出四种音乐家类型；第二部分，作者分析了欧洲音乐历史的合理化过程，并由此孕育出后来的"文化工业"观念，文章结尾部分提出理论与实践的关系。全文观点庞杂，其主要理论基础是黑格尔的辩证法、马克思的政治经济学批判、马克斯·韦伯的合理化理论以及弗洛伊德的精神分析学说。

拜物教，从而开创了文化工业批判理论的先声。该文本高度浓缩了阿多诺早期音乐社会学最主要的观点，由于文本的复杂性，这里仅对其作简要分析。

(一)一个主题概述

阿多诺之所以从生产、再生产与消费出发讨论音乐，是由于作为文化类型之一的音乐同社会领域一样，生产是其存在与延续的基础，没有生产，再生产与消费都无从谈起，这是他对马克思政治经济学分析方法的直接借用。在对音乐的分析中，阿多诺基本上遵循了马克思《资本论》的逻辑路线，资本主义社会中，资本成为统治一切的逻辑，它无所不在，无孔不入。且看阿多诺是如何开始分析他的论题的：

> 今天，无论音乐何时响起，都以最明确的线条摹绘出当今社会的诸多矛盾和断裂，同时又以最深的断裂与这个社会分离开来，它把自身连同它的断裂一起生产出来，却不能容纳比音乐的残渣瓦砾更多的东西。在社会过程中，音乐的角色完全是商品的角色；它的价值是市场的价值。它不再为直接需求和使用服务，而是与所有其他商品一起顺从于围绕着抽象统一的交换的强制并听命于交换价值。无论何处，它都受制于交换强制。一个 20 世纪尚能容忍的前资本主义时期的"音乐演奏"的岛屿已经被淹没了；从属于强大的垄断，而且由整个资本主义宣传机构无限制利用的无线电和有声电影技术，甚至已经占据了家庭音乐训练最内部的细胞，家庭音乐演

奏，只形成一个社会躯干的背面，私人资本生产则构成了它的正面。资本主义发展的辩证法已经把这种最后的直接性——自身是一种纯粹的幻象，其中个体生产和社会理解力之间的平衡总是受到威胁和干扰——彻底扬弃了。[1]

暂且引用到此，因为阿多诺的文字不符合一般人的阅读习惯，逻辑上的缜密给人一种窒息感，仿佛音乐中的"无穷动"[2]，看不到终止，可以无限发展下去。阿多诺反对任何人以廉价的方式对他的文本进行阐释，在他看来，任何简单的书写与阅读都不过是一种没有头脑的消费。不过，尽管文本写作形式乖张，但还是可以分析出其主导动机，这就是：资本主义商品发展的同一性过程渗透了全部音乐的每一个音符，它的使用价值已被交换价值所取代！阿多诺还是从马克思政治经济学批判出发分析音乐变迁历史的：前资本主义社会，音乐等同于人们的直接需要，即决定音乐的是它的使用价值；随着资本主义社会商品经济的发展，音乐生产也进入一种交换关系，交换价值取代了它的使用价值。这样，前资本主义音乐的自治功能消失了。比前资本主义社会有过之而无不及的是，广播与有声电影的出现，扮演了比资本主义国家宣传机器更有力的角色，教养成为一种颠倒，直觉变成幻象。这就是资本逻辑发展的自我颠覆。如果音乐的真理内容是使人认识到社会现实性，音乐的商品化过程恰恰是一个反论：音乐消费的对象与

---

① Adorno, *Gesammelte Werke*, Band 18，S. 729.

② 器乐曲创作中的一种炫技性形式。一个固定音型不断反复，略有变奏，形式较小，快速，多采用十六分音型。最为著名的是帕格尼尼的小提琴曲《无穷动》。

社会变得完全同一。阿多诺从资本控制社会的逻辑进程出发分析音乐商品生产，无疑是对马克思《资本论》中理论的运用。当音乐成为一种和普通商品无异的可等价交换的物时，它遮蔽了社会真理。作为精神生产的艺术成为一种可以出卖的物，它不得不服从于资产阶级社会的资本逻辑，可是在资本主义社会中，无物不是商品，这种分析恐怕在西方社会有史以来还不多见。正是这种对音乐商品化的政治经济学批判，显示出阿多诺在理论上与卢卡奇、布洛赫以及本雅明的异质性。

但是，阿多诺看到的情况远不止于此，这只是资本主义社会中音乐的一般状况。当今社会，情况更为糟糕，随着个体与社会之间平衡的彻底摧毁，通过音乐生产以及资本主义消费过程的兼并，音乐与人彻底异化了。这里，阿多诺并没有对资本的社会化过程做全盘否定，而是看到了问题的两面性①，并在某种程度上赞同了马克斯·韦伯：这种资本主义过程涉及音乐的对象化与合理化，它曾经把音乐界定为艺术并确保它具有永恒效用的单纯直接性，使人们不只是根据短暂声音来界定音乐艺术，这同样也是这个资本主义过程授予音乐内驱力以深远的升华力量、使人感到心满意足的表现。指出这种现象并不是阿多诺的目的，他开始了"马克思对马克斯·韦伯的批判"：

　　现在，这使人处于一种一旦他辩证的深入发展的可能性受到阻

---

① 后来，阿多诺在《最低限度的道德》中，称交换价值与文化的关系是孩子与洗澡水的关系，简单否认交换价值显然是很幼稚的，但自由与诚实的交换本身也是一个谎言。见，Adorno, *Minima Moralia*，"Kind mit dem Bade"条。Adorno, Band 4，S. 48.

碍，人就会被他的悬而未决的矛盾碾得粉碎的状态。把音乐物化，使其成为纯粹直接性，如果人们不想把艺术反转到前劳动分工的阶段的话——今天——这种同样物化的力量已经从人那里带走了音乐而仅仅留给他幻象。①

音乐的合理化是社会合理化的结果，而社会合理化又是资本主义商品经济发展的必然结果，因此，资本是现代资本主义社会中一切物化现象的基础。从字面上看，说现代资本主义社会中的音乐与人已经分离开来，这似乎有些令人不解，其实阿多诺的言下之意是，在资本主义社会中，音乐生产成为商品生产，它追求的不是使用价值，而是普通商品的交换价值，与普通商品无异。我们从超级明星的音乐会中可以看出这一点，而这正是明星经纪人、剧场经理所要考虑的东西。

　　资本主义的商品生产真是无孔不入，资本就是"普照的光"，"在这个过程中，只要音乐不屈从于商品生产的要求，音乐就会被掠夺其社会职责、流放到一个与世隔绝的空间，它的内容被掏空了"②。批判哲学面临的是这种处境，哲学之所以作为哲学而存在，是为了使人们能够认识到现代资本主义社会中音乐的这种状况。但问题似乎没有这么简单，事实上，音乐本身已经认同自己的商品化，从音乐演奏、录制到消费均离不开市场，没有市场，音乐便失去生存空间，"音乐工业处于垄断资本主义发展的超级威力之下，音乐自身意识到自身的物化和自身与人的

---

① Adorno，*Gesammelte Werke*，Band 18，S. 730.
② Ibid.，S. 730.

异化。同时，缺乏合适的社会方法"①。由于资本生产的无所不在，也由于缺少正确的分析方法，人们对当下音乐的社会状况的分析陷入错误境地，即把音乐看成一种孤零零的事实，音乐状况的改变是一种与社会无关的事实，阿多诺指出，"现在有必要面对音乐的社会异化这种棘手事实"，但不能按照任何一种庸俗方法的处理，"这种状况在音乐内得不到校正，只有在社会中：通过社会的变革"②。

前文说明过，阿多诺的哲学受益于布洛赫、卢卡奇与本雅明。但是通过社会变革来改变音乐产生的社会基础，这已经不同于他的前辈朋友了。布洛赫寄希望于精神乌托邦，尽管这个乌托邦是难以企及的地平线，但是它给人以生存的信心；卢卡奇则求助于总体性来唤醒沉睡的无产阶级意识；本雅明则仰望弥撒亚的来临。可是阿多诺的说法与他们不同，艺术的变革只能通过社会的变革实现，既然任何形式的音乐都产生于既定的社会事实，那么，根本的做法就是医治病态社会，尽管阿多诺并没有说明实现这种变革的手段。

阿多诺进一步指出，

接下来的问题是，正如音乐应该干预社会过程一样，它在多大程度上能够作为艺术干预这种状况。无论情况如何，现在在这里，音乐只能在自身结构中描述社会二律背反，这也对它们的孤立负有责任。③

---

① Adorno，*Gesammelte Werke*，Band 18，S. 730.

② Ibid. ，S. 730.

③ Ibid. ，S. 731.

由于音乐是社会的产物，作为一种无概念的语言，音乐中沉淀着历史。因此，对音乐的分析就是对社会的解码。这里，阿多诺把他的观念提升到了批判高度，"音乐越好，它越能深刻表现——用它本身形式上的语言的自相矛盾——社会环境的严酷状态、通过受难的符码语言为变革呐喊"①。艺术作为一种符码化语言，需要解码，这是阿多诺美学的核心主题之一，至于他所说的"好音乐"，带着强烈的批判色彩，它不是指音乐的优美旋律等审美因素，而是指音乐的社会内容。

> 在不知所措的恐慌中凝视着社会并不是虔诚：当它根据它自己的形式法则，使它的技术自身最内在细胞中所包含的社会问题呈现出来时，它就更准确地履行了它的社会功能。因此，音乐作为艺术的任务与社会理论的任务具有某种相似性。②

也由此，阿多诺把作为艺术的音乐置于社会理论平行关系中，所谓通过表现受难的音乐语言呼唤的社会变革更非纯粹精神领域的革命。③ 显而易见的是，音乐是阿多诺的"社会面相术"，而其本身并不能拯救社会。

如果音乐哲学也是一种社会批判理论，那么，它与社会的关系如何？这就涉及音乐素材的历史性问题，

---

① Adorno，*Gesammelte Werke*，Band 18，S. 731.

② Ibid.，S. 732.

③ 国内外学界大都把阿多诺的哲学归入审美救赎，实则违背了他本人的理论实质。从其思想发展过程来看，所有国外马克思主义理论家中，阿多诺最为深刻，也较为接近马克思主义的批判精神，尽管他对马克思主义的许多方面持有保留态度。

在某种意义上，今天试图证明其生存权的音乐都要求具有认知特征。在它的素材中，它必须赋予它所提出的这种自身从来不是纯粹自然物质，而是社会—历史产物的素材产生的问题以形式；在这里它获得的解决方法与理论相仿。①

阿多诺这里所见，正如马克思对人类社会状况的阐述，一定时期的人类社会的状况是一定时期人类社会实践的结果；而对事物、现实、感性的认识，不能只从客体的或者直观的形式去理解，当作感性的人的活动，当作实践去理解。不得不承认，这些语词出现在音乐文本中，有史以来还真是第一次。

我们知道，在马克思主义哲学中，理论与实践处于辩证的关系之中，理论依靠实践提出要求并在实践中得到矫正。阿多诺有限地接受了马克思主义哲学的实践观念，把批判的音乐理论与实践也置于互动关系中，音乐的批判不是作为应用音乐和团体音乐（Gebrauchs-und Gemeinschaftmusik），而是抵抗，"这种抵抗似乎表明音乐的辩证功能在实践中是可察觉的，即使仅仅作为纯粹的否定，作为'毁坏'而存在"②。这里我们看到了好音乐的否定因素之来源。③ 不过，这里的抵抗绝不是马克思的无产阶级革命，而是"好"音乐对社会现实的批判。但是又不能把它归因于纯审美过程，艺

---

① Adorno，*Gesammelte Werke*，Band 18，S. 732.

② Ibid.，S. 733.

③ 正统马克思主义对资本主义社会的分析过于强调经济基础的决定作用，而对文化方面的考察存在诸多不足。很大程度上，整个西方马克思主义都可以看作对这一做法的校正。

术以及理论对现实的干预又不同于暴力革命对社会的颠覆。这里反映出阿多诺理论的复杂性。但是阿多诺对无产阶级音乐表现出异议，把它也归入应用音乐。从某种程度上说，阿多诺看到，无产阶级艺术与其社会实践不可分离，它总以直接的方式干预现实。而这正是他所反对的。

（二）音乐生产类型理论的建立

《论音乐的社会状况》另一重大理论建构是从生产出发而产生的四种音乐类型理论。生产主要是指音乐生产，即广义上的音乐创作。音乐生产是以技巧方式进行的，这又涉及音乐素材问题、内容问题，并与社会意识形态有重大关联。所有这一切在 1949 年的《新音乐哲学》中以极端方式呈现出来。讨论这个问题对理解阿多诺的音乐哲学极为重要。

根据内容，当时的人们在习惯上一般把音乐分为"轻音乐"与"严肃音乐"。但是阿多诺拒绝这种分类，

> 因为很大一部分所谓"严肃"音乐正如轻音乐作曲家一样以市场需求为导向，它也是在一种经济上不透明的"时尚"的庇护下，或起码将市场需求考虑在内进行生产的；用人格、朴素、"生活"的概念对这类音乐的市场功能进行掩盖，只会有助于美化它从而间接提高它的市场价值。并且，正是"轻"音乐，和卖淫一样被当代社会所容忍、蔑视和利用，把它与"轻轻地撩起"作对比并非徒劳，它包含了也许能使当今社会本能满足。①

---

① Adorno，*Gesammelte Werke*，Band 18，S. 733.

这是近代以来随着资本主义社会的发展，音乐从神的天国下降到人的世界，纳入资本主义生活的过程中所发生的重大变化，即音乐祛魅化的结果。由此看来，单纯从政治经济学角度来分析音乐生产已经有所欠缺，因为在当代资本主义社会中，"严肃"音乐也已经被纳入市场法则，它们同样遵循着市场运行的逻辑。就此而言，其社会功能和娱乐功用与"轻音乐"无异。在这里，文本发生了逻辑转换，阿多诺在上文的政治经济学批判中融入社会学-哲学分析，即音乐作品的社会价值取向，但是这种理论考察并没有完全离开政治经济学批判。这种写作方法常常出现在阿多诺的文本中，也是所谓"星丛"式的理论建构。

为了分析的严密性，阿多诺把生产类型的范围缩小了，他提出了所谓"好"音乐的范围："从狭义上说，不把自身无条件地归属于市场法则的音乐生产——换言之，'严肃'音乐显然是在数量上控制的例外，同样以伪装的形式服务于市场——是那种表现异化的音乐。"[1]从这种生产图式出发，阿多诺建构出四种音乐的生产类型理论[2]：

第一类，勋伯格及其学派。[3] 勋伯格学派是以所谓先锋派音乐登上

---

[1]　Adorno，*Gesammelte Werke*，Band 18，S. 734.

[2]　阿多诺对音乐家类型的划分受益于马克斯·韦伯的理想类型观念。阿多诺在音乐文本中多次应用了理想类型观念，不同的文本中的划分均有所不同。最为突出的是《音乐社会学导论》中，阿多诺划分了六种听众类型，实际情况远比这些类型复杂得多。晚年阿多诺曾详细讨论过马克斯·韦伯的理想类型观念，同时又批评了马克斯·韦伯社会学的非历史性。不过终其一生，阿多诺始终保持了对马克斯·韦伯的敬意。参见 Adorno，*Introduction of Sociology*，Polity Press，1993，pp. 117-121.

[3]　勋伯格学派主要成员有三人，阿诺德·勋伯格、阿尔本·贝尔格、安东·马克斯·韦伯恩。当然，阿多诺自己也属于这个学派。

20 世纪音乐舞台的①，它破坏了旧调性规则，以新的无调音乐背后的紧张表现现代社会个体人的心灵，这也是欧洲音乐第一次对个体心理进行探索，其参照系不是瓦格纳式的自由意志，而是当时的社会结构。因此，阿多诺认为，这种类型是以内在方式进行生产的，根据自治法则，"在某种程度上，它类似于莱布尼茨的单子；自然，它不代表一种预定和谐，而是某种程度上历史地产生的不和谐，即社会矛盾"。这类音乐，"是为听众提供一种重大震惊的唯一的'现代'音乐"②。这里必须说明的是，阿多诺的文本中讨论勋伯格学派的音乐时不会出现"现代音乐"这种模糊的概念，而是一律称之为"新音乐"。在他看来，音乐的形式与内容不能以时代分类，这就涉及某些艺术家仍以一种旧的方式写作，而名之以"新某某主义"，他所说的新艺术，无论在形式还是内容上都迥异于这些作品。更为重要的是，阿多诺认为，勋伯格的"作品在所涉问题的'专业'领域中并未敬重一种预想的社会总体性"③。由于该学派的作品展示了现代性的碎片，因此再现了个人与社会之间的矛盾。这是勋伯格学派的音乐不为人们所接受，与当今社会相抵触的原因之一，而所谓"预设的社会总体性"指的则是黑格尔以来所有哲学与社会理论所追求的社会关系的总体。既然如此，阿多诺暗指的总体性包括马克思，也指向卢卡奇。

① 勋伯格的音乐明显受到表现主义绘画的影响，他把绘画中的表现手法应用到音乐中。关于他与绘画以及用音乐对人的心理探索，参见 Igor Stravinsgky, *The Final Chorale*, *Five Orchestral Pieces*; *Arnold Schonberg*, Voyage to Cythero, Allegri FilmBV, AVRO, 1999。

② 阿多诺的文本中很少出现"现代音乐"这种模糊的概念，而总是涉及具体作曲家及其作品。这里的用法，暗指一般人对勋伯格的贬低。

③ Adorno, *Gesammelte Werke*, Band 18, S. 734.

由于勋伯格学派的作品展示了现代性的碎片，再现了个人与社会之间的辩证关系。这是勋伯格学派的音乐不为人们所接受，与当今社会结构相抵触的原因之一。这种音乐颇合阿多诺的脾胃的另一个原因是，"在他的音乐中，可能也是第一次在音乐历史中，意识把握了音乐的自然素材并且控制了它"①。1911年在《和声理论》中，勋伯格就明确反对音乐素材的自然法则，他把自己的音乐探索也置于社会历史变化中，这就表现为作曲家对历史的干预，从而呈现出音乐素材的历史性。阿多诺认为：

> 勋伯格的每一个主体—表现的成就同时也是一个客观—素材矛盾的解决方法……如果密教的勋伯格不是一位作为精神历史而被预定的专业化的、与社会无关的音乐史家，而是可以从他的音乐素材辩证法投射到社会辩证法。那么事实证明，在他继承、接受并进一步推动的素材问题的形式中出现了产生这种素材并且将其矛盾作为技巧问题而表达出来的社会问题。②

也就是说，勋伯格是把这个社会中产生的音乐素材以及其中的社会矛盾当作一种技巧问题来解决的，因而新音乐革命的意义不是从外部加到素材的，而是通过音乐发展的历史进程从音乐内部实行爆破。在迫使艺术作品自治这个层面上说，勋伯格与贝多芬是一致的。

第二类，斯特拉文斯基的客观主义音乐。作为20世纪音乐巨匠，

---

① Adorno, *Gesammelte Werke*, Band 18, S. 736.

② Ibid., S. 734.

斯特拉文斯基所坚持的艺术观念与勋伯格学派正相对立，即认为音乐是声响的纯粹组合，它不能表现任何东西，它与所谓人的主体毫无关联。作为思想极为敏锐的一流音乐大师，斯特拉文斯基当然认识到社会的异化、自我的孤立和"个体主义"，以及更深入一步提出意识层面的事实；但是出于他的音乐观念，他的音乐，

> 它试图在它自身、形式内在地以及纯粹审美上扬弃后者，也就是说无视现实社会；大多数通过追溯一种过去的风格形式——它认为这种风格形式解除了异化——而无视这种风格无法在一个彻底变化了的社会中而且通过彻底变化了的音乐素材来重建。①

阿多诺把这种音乐称为客体主义风格，因为这种客观主义音乐作品不包含任何对社会现实的反思，而是把事实摆出来袖手旁观。

客观主义的音乐内容与客观主义技巧方法不可分离，"所有客观主义音乐，都试图从内部矫正音乐的异化，缺乏任何社会现实的清晰观念"②。早期斯特拉文斯基的音乐作品都是通过古老的俄罗斯民间音乐素材，以舞蹈的形式出现的，它以一种原始音乐的自然状态来重建 20 世纪音乐，阿多诺将其看作一种音乐人类学。斯特拉文斯基站在作品旁边袖手旁观，因此，在他的音乐中，"所有手段都是客观主义向其历史模式的退化"③。在他的音乐观念中，乡村民间音乐、新古典主义风格、

---

① Adorno, *Gesammelte Werke*, Band 18, S. 735.

② Ibid. , S. 735.

③ Ibid. , S. 735.

静态自然主义手法都是客观主义的。阿多诺对斯特拉文斯基音乐的批判，与同时期关于自然历史观念与卢卡奇、本雅明的争论有很大关系。其结果是，阿多诺把音乐素材置于自然-历史的辩证关系中，把纯粹非反思的民间音乐归类为"民俗"，从而使人类学纳入了自然神话、第二自然幻象系列。①

从音乐观念中离析出客观主义音乐并不难，但不能直接这样做，因为无概念的音乐语言与音乐观念仍有区别。为了说明其观念的可能性，阿多诺回到了核心问题之一——"中介"，也就是客观主义音乐界如何与社会发生关系，

> 这里，也必须提出"中介"问题。客观主义音乐只有一个共同点：从社会状态产生方向偏转的意向。它使单个人认为他并不孤独，而是与他人处于由音乐为他所带到的、没有规定其社会功能的一种亲密关系中；它试图将总体转变为声音媒介，从而使其成为积极实现个体命运的一种有意义的组织。②

这里，作品中显露出的总体性当然是阿多诺对客观主义作品内容分析的结果，而非作曲家所表明的艺术立场观念，也并非所有作曲家都能像阿多诺那样持有精深的哲学立场。由于客观主义音乐从未在自己的作品中

---

① 被阿多诺归入客观主义音乐类型的还有匈牙利作曲家巴托克、德国新客观主义作曲家欣德米特的作品。"第二自然"在阿多诺的所有哲学文本中的位置极为重要，指的是在历史中形成但是已经遗忘了其起源的仿佛自然规律一样统治人们的一切。

② Adorno, *Gesammelte Werke*, Band 18, S. 748.

介入社会立场观念，它以纯粹客观主义的手法来组织声响，清除音乐中的一切主体因素，因此客观主义作品成为社会的同谋。

如果说把斯特拉文斯基归入客观主义类型，这一结论可以从阿多诺的哲学观念中分析出来的话，那么，斯特拉文斯基与法西斯的关系则显得颇为复杂。尽管阿多诺试图寻找这二者之间的中介，但是并没有做出非常令人信服的解答，他明显意识到："音乐的社会阐释，不是涉及作者的个人意识，而是涉及他们作品的功能，这是问题的难点所在。"①或许斯特拉文斯基作为一个音乐的革新者，无论在早期俄罗斯时期，还是在转向新古典主义之后，始终以"客观性"为标榜。斯特拉文斯基的作品中，有许多对人的杀戮的描写，而他只是让这些主题冷冰冰地摆在那里，不置可否。对斯特拉文斯基客观主义作品的详细论述有待《新音乐哲学》中通过对作品的详细分析，以一种极端的观念表现出来。

第三类，一种中间的形式，代表人物是库特·维尔②和布莱希特。"与客观主义关系密切，这类作曲家的作品源于对异化的认识。同时，他们比客观主义作曲家更为机警，并且认识到他们的同行们提出的解决问题的方法是一种幻象。"③维尔的音乐手法表现在他与布莱希特合作的《三毛钱歌剧》和《马哈冈尼》中，在这两部歌剧中，二人以不同于新古典主义的碎片式手法，"拒绝通过尝试美学总体性幌子把自己定位为一种

---

① Adorno，*Gesammelte Werke*，Band 18，S. 744.
② 库特·维尔(Kurt Weill，1900—1950年)，美籍德裔作曲家，曾与布莱希特合作，创作的歌剧有《三毛钱歌剧》《马哈冈尼》等。
③ Adorno，*Gesammelte Werke*，Band 18，S. 735.

幻觉"①，因此深得阿多诺的称赞，"毫无疑问，维尔的音乐是今天唯一真正具有社会冲击性的音乐，只要居于否定性的高度就将保存下来"②。但是阿多诺也对此持高度疑问的态度，在 30 年代与本雅明关于音乐拜物教的争论中，他曾对布莱希特大加贬低。

第四类，应用音乐，代表人物是欣德米特和艾斯勒的无产阶级合唱作品，这些音乐"试图从自身甚至以其内在化形式为代价打破异化"③。内在化形式指从外在世界向内心的退隐，这种倒退的方法其实是向现实的屈服，这是阿多诺所不主张的。阿多诺为何将合唱音乐归入应用音乐？在他看来，合唱音乐形式，是以集体名义进行的，表现的是一种集体性，这里没有个人，因而造成个体性的匮乏。在资本主义社会，人的统一状态是一种虚构。作为个体存在的人，当他面临资本主义的生产过程时显出自己的无能为力，虚构的音乐"集体性"遮蔽了这个状态。合唱是一种顺从的音乐形式，个体淹没于整体。当然，应用的音乐也包括颂歌，这种颂歌的形式指向一个虚构或现实的核心，如神学的上帝或团体领袖。

从音乐的一般社会处境转入音乐生产的主体，即从作曲家对待社会的态度来分析，阿多诺试图通过作曲家主体这种社会化的"中介"来剖析音乐中的社会内容。阿多诺根据生产所作的音乐家类型界划，说明了他的音乐社会学的价值取向：真实的艺术应该是批判现实的，它不应该表现出纯粹客观性，更不应该以政治说教或其他一切集体名义对个体进行

---

① Adorno, *Gesammelte Werke*, Band 18, S. 735.

② Ibid., S. 735.

③ Ibid., S. 735.

钳制。他坚持，音乐产生于一定的社会状态，其内容既具有社会性，又具有自治性，它与社会处于自治-他治的动态历史发展关系之中。这里，我们可以通过阿多诺对表现出社会异化的勋伯格学派的亲和性看出前者的理论向心力，好的音乐是表现人类受难的音乐，音乐的真理内容在于它的批判性。而就阿多诺对合唱音乐的批判态度而言，我们可以发现，对资本主义社会伪总体性的厌恶贯穿他的一生。任何形式的总体性，哪怕是合唱音乐中以隐蔽形式出现的总体性都会触发他极端敏感的神经。从根本上说，对音乐社会学文本的解读，是通往理解阿多诺反对同一性的否定哲学的最佳通道。

另外，我们必须看到，音乐四种类型的区分不能做静态理解，它只是一个对主题的概述。除了在重大原则上，阿多诺的音乐类型说也处于一个"星丛"之中，变动不居。如阿多诺在 20 世纪 30 年代中期在《辩证的作曲家》中就已经开始批判勋伯格十二音技巧的体系化，《新音乐哲学》中更指责勋伯格的十二音体系与偏向客观性的斯特拉文斯基走到了一起；阿多诺的思想观念也处于不断发展中。作为他的音乐社会学的第一个纲领性文件，这个文献内容高度浓缩，后来才逐渐展开，并见诸各类文本。再者，阿多诺的音乐哲学不能直接从音符本身读出来，而是建立在一定的理论前提之上。这就要求读者必须联系当时欧洲资本主义社会商品经济发生、发展进而统治整个社会，欧洲音乐以及先锋艺术背景乃至整个欧洲文化的发展史来解读，否则难以进入文本的语境，从而把文本理解为极端，不能把握其问题的实质。

(三)再生产与作为消费的音乐生活

《论音乐的社会状况》的下半部分主题是对音乐的再生产与消费的分析。[1] 音乐再生产(演奏)处于生产(作曲)与消费之间，成为这两个领域的中间环节：其一，再生产服务于生产，只有通过再生产，生产才能成为听众所能接收到的声响效果，否则音乐只能成为无生命的文本(即乐谱)[2]；其二，再生产是所有音乐消费的深一层形式。对于社会来说，人们只能通过音乐再生产的作品而来理解生产。因此生产、再生产与消费是交织在一起的，

> 对作品进行"更清晰"演绎的假设既可以针对有意义的文本阐述，也可以针对听众再生产的可理解性。因此，当生产和消费在再生产的最内在细胞遭遇时，再生产为彼此一决胜负的冲突提供了最精确的舞台，作为异化音乐的再生产，它就不再能达到社会，作为社会的再生产，它未切中作品。[3]

阿多诺的这种分析模式的理论来源仍然是马克思的政治经济学模式。既然生产随历史条件而改变、听众的意识随着社会环境的改变而变化，那么音乐再生产意识也随着社会构成状态而变化。基于此，我们

---

[1]　阿多诺所说的音乐生产指作曲，再生产指演奏，也就是乐谱(生产)只有通过演奏(再生产)变成声响才能变成供人消费的商品。

[2]　对听众而言，作为文本的乐谱只有转变成音乐才能得到接受。而基于乐谱本身的接受，其对象只能是专家以及接受过音乐训练的人。

[3]　Adorno, *Gesammelte Werke*, Band 18, S. 753.

只能在社会生产方式的历史变化中来分析音乐的再生产与消费的音乐生活问题。

根据欧洲社会音乐历史的发展，阿多诺把音乐再生产分成以下几个阶段。

前资本主义的再生产的音乐行会以及作为单元的个体家庭。这段时期中，音乐在一种狭小的范围中流传，音乐的生产和再生产与听众之间保持着一定的稳定性、持续性关系，音乐生产与社会并不处于对立状态，而是通过音乐的再生产而对音乐生产施加一定的影响。

至 19 世纪末期，生产、再生产和即兴演奏掺和在一起，三者之间没有明确界限。随着资产阶级的胜利，作品在资本主义社会中只有作为商品才能生产。随着资本主义自由竞争市场的确立，生产者和行会传统的关系发生中断，生产与再生产分离，音乐的社会环境发生重大变化，它与普通的商品生产与消费无异，与从前资本主义社会中的音乐状况形成鲜明对照。

现代音乐再生产经历的决定性的变化是社会和个体生产之间平衡的彻底摧毁。音乐的再生产已经从自由竞争发展到垄断，如随着录音的发明而出现了唱片公司。音乐生产与剧场经纪人的出现，使音乐的社会功能发生了前所未有的变化。

阿多诺对音乐再生产的分析透视出对现代社会合理化过程的批判，"内在地面对最先进的作品、根据生产的真实状态来对演奏进行深入研究"①，而合理化过程使再生产凌驾于生产之上，技巧手段的完善根据

---

① Adorno，*Gesammelte Werke*，Band 18，S. 756.

市场调节自己，它屈从于抽象的交换价值，最后与社会完全分离，

> 资产阶级社会不仅促进了音乐的合理化过程，而且首先使之成
> 为可能。但是，合理化的一致性在其范畴中侵蚀了资产阶级秩序的存
> 在，在它们面前，它退却到一个概念世界，这个概念不仅把内在音乐
> 世界的实在性抛在脑后，而且也把内在—资产阶级的实在性抛在脑
> 后。但是，这又证明它尤其适合在意识形态上掩盖垄断资本主义的发
> 展，音乐生产和再生产的合理化，社会合理化的结果，作为"去心灵
> 化"而遭到反对，似乎有人担心，尽管所有的"合理化"都坚持自己的观
> 念，但其在激进的艺术合理性之光中会变得一目了然。因此，"心灵"被
> 悄然无声地等同于资产阶级独立的私人，越是有人试图更确切地在意
> 识形态上确定他们的权利，他们就越受到经济社会上的质疑。①

对音乐理性化的批判矛头直接指向资本发展的逻辑，这是阿多诺音乐哲
学的一贯逻辑，他的理论与纯粹音乐学院派的音乐审美逻辑有天壤之
别。黑格尔在《美学》中把艺术作为绝对理念的感性现象，叔本华把音乐
作为人的意志的表象，布洛赫把音乐作为希望的乌托邦，他们都为音乐
审美理论做出了了不起的贡献，但是阿多诺第一次把音乐的生产与消费
与资本主义批判理论结合了起来，从而建立起一种批判的音乐社会学。
在他看来，如果艺术内含真理内容，它的功能就是对现实进行批判，而
在资本主义社会，艺术成为一种可变卖的商品，再生产成为一种拜物

---

① Adorno，*Gesammelte Werke*，Band 18，S. 757.

教，资本主义音乐中的真理和内在性被还原为相同的公分母。这就是资本同一性对音乐进行的生产与再生产、消费，从而控制整个音乐领域。

作为消费的音乐生活。由于再生产的对象是消费，因此这两个领域不可能分开。阿多诺又把消费分为官方与非官方的音乐生活。

首先，官方音乐生活主要指歌剧与资产阶级家庭音乐会。歌剧主要出现在 19 世纪，作为一种文化形式的整体，歌剧曾经得到资产阶级的支持。歌剧背后必须有庞大的经济组织力量、良好的音乐素养。观众也必须有好的经济基础才能经常光顾歌剧院。而现在，人们已经对歌剧失去了兴趣，更愿意把他们的音乐范围建立在大规模的音乐会组织中，尽管随着垄断资本主义的控制形式的进步，歌剧可能多多少少重获昔日的光彩，但歌剧的风光已经不复往日。家庭音乐会的内容远比歌剧来得简洁，由此受到资产阶级家庭的青睐。上层资产阶级喜好音乐会，他们在音乐厅培养人性的、理想的、教育的意识形态；这种意识形态吸引了大范围有教养的阶级，包括小资产阶级。

但是阿多诺并没有把官方音乐消费者的意识还原为简单的公式，这表现出他对早期资产阶级音乐的好感。因为早期资产阶级社会中，音乐的功能并不只是满足于消费意识。如伟大的贝多芬，他的音乐不但展现了上升时期的资产阶级对自由民主的追求，更表现了对现实的批判。尽管早期音乐生活基于资本主义时代文化背景，是由资产阶级社会本身建立起来的，但是这个时代的音乐使用价值与交换价值并没有完全分离，更注重音乐的使用价值。随着社会商品化趋势的日益增长，资本对音乐的控制日渐深入，音乐沦为日常消费品，官方音乐也并无尊严。

其次，非官方音乐生活，主要是轻音乐。阿多诺并没有对轻音乐做出严格界定，而是把商业艺术和歌曲、合唱作品、有声电影、复杂的爵士乐以及畅销歌曲一并归入这个范畴。看来他又回到了传统意义上的"严肃音乐"与"轻音乐"的划分方法，而与音乐生产的四种类型划分有所抵触。不过，不宜过早作这种定论：

> 轻音乐满足直接需要，不仅满足资产阶级的需要，而且满足整个社会的需要．但是同时，作为纯商品，它与社会最格格不入；它不再表达社会的苦难和社会的矛盾，而是自身中形成社会与它的一个特有的矛盾，通过满足人的本能来伪造他们对现实的认识，将他们从现实中排挤掉，使他们与历史脱节，无论是音乐史还是社会史。①

阿多诺只是转换了批判方式，这是一种建立在心理学基础上的对轻音乐的社会学批判。

在阿多诺看来，由于轻音乐浸入人的无意识层面，用一般纯技巧来分析轻音乐已经没有多大价值。这表现在，轻音乐的接受方式远比任何严肃音乐简单，它不需要接受者具有任何有关音乐知识，任何人可以在任何地点、任何时刻轻松享受这种娱乐形式，因此它更具有渗透性。在20世纪早期，对音乐接受的心理学分析尚具开创性，因此，"从预先判断的地形学中不能获得所要的效果"②，阿多诺的理论很具有前瞻性。此

---

① Adorno, *Gesammelte Werke*, Band 18, S. 768.
② Ibid., S. 771.

外，轻音乐写作中的素材是陈旧的艺术音乐素材，作曲家以计算的方式为出售而写作，轻音乐生产屈从于消费，而再生产方式建立在工业化基础上，占领市场是它的唯一目的。轻音乐工业的发展终止了最后的美学责任感，并把轻音乐美化成一种商品。而作为消费者的个人在这种轻松的音乐中变得安逸，其结果是意义的夷平：人因为追求安逸而疏于追求真理，更无缘认识社会。最终，轻音乐工业发展为一种新的意识形态，成为社会水泥。把阿多诺这里的分析与1938年的《论音乐的拜物特征与听的退化》联系起来，可以十分清晰地看到他"文化工业"理论的批判发展逻辑。

音乐生活的类型区划，阿多诺旨在以此分析说明从19世纪以来，随着自由市场经济逐渐被垄断市场所取代、音乐日益市场化，音乐的社会功能所发生的质变。如果前资产阶级社会中音乐的主要功能是使用价值(听)，当社会的发展趋向于资本垄断时，作为人类精神生产的音乐也成为一种商品，追求抽象的交换价值成为其唯一目的。这里，我们切不能以为阿多诺对社会的发展持怀旧心理。相反，如果这种合理化发展具有社会必然性，那么，垄断资本主义社会中作为商品的音乐是否还具有批判社会的功能？在他那里，音乐作为艺术，不是用来使人产生愉悦心情的，而是一种认识社会的手段。但是现在的情况是，当作为认识真理、批判社会的手段之一的音乐被资本吞并，沦为和普通商品无异的东西时，该怎么办？阿多诺的态度非常明确，

> 正如迄今为止所做的那样，如果音乐应该摆脱个体心理学图式，如果它的最基本的效用已经预设、表达、倾向于指明一种具体社会状态，如果音乐自身与其历史形象相比并没有显得有什么不

同，那么，音乐的素材特征就可能提供一些迹象；例如，虽然辩证唯物主义可能无法解决自然和历史关系"问题"，但是也许它可能在理论和实践中取消这个问题。①

终于，我们看到阿多诺说了这么多究竟是想做什么。作为一位音乐家，他当然懂得音乐本身的美，但是他的关注对象不是这种纯粹审美，他追问的是更深层次的问题：理论与实践的关系！以往的学界研究没有注意到这个贯穿阿多诺一生的努力，而将其命名为"审美救赎"，这可谓与阿多诺的本意南辕北辙。

三、音乐拜物教批判

对音乐拜物教的批判是阿多诺音乐哲学的核心问题之一，也是后来《启蒙辩证法》中"文化工业"批判的直接源头。在 1932 年《论音乐的社会状况》中，阿多诺就已经点明了资本控制所造成的音乐拜物教。流亡美国后，通过对音乐复制（录音）、作为媒介传播形式的广播的实证研究，并通过与本雅明关于机械复制艺术问题的争论，阿多诺把音乐批判理论又推向纵深，这就是他对资本主义社会中音乐崇拜的批判，其观念集中在《论音乐的拜物特征与听的退化》一文中。在阿多诺看来，音乐拜物教问题本质上不是别的，而是政治经济学问题，艺术审美不能简单归因于

---

① Adorno, *Gesammelte Werke*, Band 18, S. 777.

心理学，而应归因于社会。

(一)音乐的规训功能

阿多诺的文本是以这种方式开始叙述的，

> 对音乐鉴赏力衰落的抱怨并不比人类在历史时代开端所产生的矛盾经验更年轻；音乐既描述了冲动的直接显示又描述了使它们平静下来的情状(Instenz)，它激发起女祭司①们纵情狂舞潘②的迷人笛声四处回荡，但同样也从俄耳普斯的竖琴中传来声音，在它周围催促的人影聚拢在一起，安静了下来……③

这是一个由多重意义交织起来、不符合人常规阅读习惯的文本述说方式，必须层层剥离，才能进入讨论的核心。它可以分为以下几个方面：其一，阿多诺把主题的论述直接推向了人类历史的起源，而且这种叙述是与神话交织在一起的。这是《舒伯特》一文中神话叙述方式的延续，后来《启蒙辩证法》中神话与启蒙的矛盾也由此展开。

其二，由于"听"音乐是一种审美判断，这里必须提及康德。在《判断力批判》中，康德把鉴赏规定为"判断美的能力。但是要把一个对象称之为美的需要什么，这必须由对象的分析来揭示"④。把鉴赏判断规定

---

① 女祭司(Mänaden)，参加狄俄尼索斯酒神节狂欢的女人。

② 潘(Pan)，古希腊神话中掌管山林之神，擅长吹笛子。

③ Adorno，*Gesammelte Werke*，Band 14，S. 14.

④ ［德］康德：《判断力批判》，37 页注，北京，人民出版社，2002。

为审美的，鉴赏与我们主体的愉快或不愉快的情感相关，而与对对象的认识没有关系，规定鉴赏判断的愉悦是不带任何利害关系的。

> 为了分辨某物是美的还是不美的，我们不是把表象通过知性联系着客体来认识，而是通过想象力（也许是与知性结合着的）而与主体及其愉快或不愉快的情感相联系。所以鉴赏判断并不是认识判断，因而不是逻辑上的，而是感性上的（审美的）。我们把这种判断理解为其根据只能是主观的。[①]

阿多诺看到了鉴赏判断的合理之处，但他继续说，鉴赏是一种经验判断，既然音乐能调动人的情绪，音乐鉴赏就是一种经验判断。到了抛弃这个概念的时候了。

其三，从古代社会，尤其是近代资本主义社会以来，音乐的社会功能产生的变化。古希腊哲学就已经描述过音乐的教化功能，柏拉图《理想国》中的哲学观念最具有代表性。阿多诺列举了其中柏拉图论述何种音乐适合于他的国家乌托邦，何种音乐不适合。这种哲学观念强调音乐的净化伦理特征，一种外来的规训力量。柏拉图的哲学观念对欧洲音乐的发展产生了极为深远的影响，甚至渗透进现代音乐理论。随着欧洲社会合理化的深入，音乐逐渐摆脱了神学的统治。在向资本主义发展的过程中，音乐逐渐摆脱了上层社会的奴仆角色，获得了主体自由。但从前资本主义社会向近现代资本主义社会发展的这个过程，同时给音乐套上

---

① ［德］康德：《判断力批判》，38页，北京，人民出版社，2002。

了另外一种枷锁，即资本对音乐生活的控制，解放的音乐终于走到了它的反面，

> 从形式法则中解放出来的不再是反抗传统的生产性冲动、刺激、主体性和亵渎，这些实在的异化的宿敌，恰恰成为它的牺牲品。在资本主义时代。音乐中流传下来的反神学酵素密谋反对自由。作为它们曾一度遭到放逐的亲和力。反对极权主义图式的捍卫者成为市场调节成功的权威的见证人。瞬间乐趣和华丽的外表成为让听众从整体思想中解脱出来的托辞，它的主张被包含在正确的听之中。沿着最低限度的抵抗路线，听者被转变为接收的购买者，局部环节不再对预设的整体进行批判，相反，它们悬置了成功的美学总体性对这个脆弱社会的批判。①

反对极权主义的音乐最终与商业化极权同流合污。由此，我们看到，在阿多诺那里，音乐的社会角色不在于其净化功能，不在于刺激人的各种情感，服务社会，而在于其中显现的真理价值。这是阿多诺对《论音乐的社会状况》中音乐"好"与"坏"之分野的叙述的延续。

其四，由于社会生产的商业化趋势不断加强，音乐的社会功能也发生了变化，从而导致严肃音乐与流行音乐之间界限的消失。当然，阿多诺所说的两种音乐之间界限的消失，不是指不能区分两类音乐，而是说这两类音乐同样都作为商品而被生产出来。这是 1932 年《论音乐的社会

---

① Adorno，*Gesammelte Werke*，Band 14，S. 17.

状况》中批判逻辑的进一步延续，也是阿多诺在流亡过程中，对美国社会文化考察后发出的感叹，更是对后来整个世界——无论是东方还是西方——文化走向的警惕。对这个问题的关注，在后来的《启蒙辩证法》中进一步概括为"文化工业"批判。阿多诺感叹说："对于目前的音乐接受来说，自治意向的艺术范畴已经不合适。"[①]因为严肃音乐也和流行音乐一样，以商业价值为取向，其目的只剩下迎合观众，"对于发现自己被标准化的音乐商品所包围的人来说，价值判断行为已是虚构"。但正是在这种消遣、刺激、快感中，音乐丧失了自己的批评性，而成为一种替代性满足，"娱乐音乐似乎填补了人的沉默、作为表达的语言的消失以及自己一般说来在交流上面的无能。他栖息在被忧虑、劳作和无需苛严的顺从所浇铸的人群之间的沉寂的缝隙中"[②]。日常经验中，当人们的生理与心理需求得到满足时，他们便无话可说；当人们忧伤时，音乐发挥了抚慰功能；当人们疲劳时，音乐发挥使人恢复体力的功能。音乐成为伴随着人们生老病死的物品，难以发挥其反思社会的能力。

(二)音乐拜物特征与音乐商品

阿多诺看得清楚，"商品形式彻底控制了所有当代音乐生活；最后的前资本主义残余也被涤荡一空"[③]。如果说，在前资本主义社会，音乐中还有真理内容的话，但是现在，音乐却以另外一种方式出现，一个领域出现了，

---

① Adorno, *Gesammelte Werke*，Band 14，S. 15.

② Ibid.，S. 15.

③ Ibid.，S. 24.

> 明星原则成为极权主义。听众的反应似乎和音乐的演奏毫不相关，直接涉及积累的成功，就此而言，这种成功不能通过听众的自发性的异化来理解，而是应该追溯到出版商、有声电影巨头以及无线电大人的指令。①

这是现代社会资本生产中音乐领域出现的前所未有的现象。司空见惯的是，由于唱片公司的包装，明星出现了。如果说大工业生产之前，音乐领域尚推崇技巧的话，现在听众要的是"熟悉"的面孔与声音，乐曲的价值首先在于是谁演唱/演奏的，至于其艺术性倒并不重要。

出版商根据读者的需要出版音乐作品，电台根据听众的需要广播音乐，这样，

> 许多作品开始发挥类似的作用。一座畅销品的万神殿搭建了起来。节目缩减，这种缩减过程淘汰了平庸作品，而且公认的经典作品本身也经受了和质毫无关系的选择……这种选择以一种恶性循环方式再生产着自身：最出名的作品就是最成功的作品，因此被反复演奏而被人熟知。标准作品自身的选择取决于它们的"功效"，取决于轻音乐所决定的或明星指挥所允许的成功范畴。②

阿多诺看到，在前资本主义社会，人们对音乐的理解，还是关注演

---

① Adorno，*Gesammelte Werke*，Band 14，S. 21.
② Ibid.，S. 21.

奏者与演唱者的音乐技巧的，而现在，

> 甚至人们不再需要追问有关音乐表演的能力。甚至对手法的机械使用也不是人们所期待的。嗓音只需要特别浑厚或尤其高亢就可以使其所有者的名誉合法化。[①]

这种对嗓音的崇拜还没有达到音乐拜物教的顶点，而一首乐曲反复通过广播、电视播放，为听众所熟悉，因此闻名遐迩。这是我们再也熟悉不过的了。这种现象类似于广告。另外一种现象是，一个默默无闻的乐手一旦走红，便立刻成为耀眼的明星，这种现象越是在信息传播途径发达的时代越是突出。

对于作曲家而言，阿多诺又分析说，音乐生产是需要灵感的，而在拜物化的音乐中，"旋律指的是八小节对称的高声部旋律。这被作曲家的灵感编入目录，这种灵感是人们认为可以放在口袋里带回家的"[②]。这样，作曲家也受制于固定的形式，他们也就成了写作机器，只要把一些音乐编入固定的程序就可以了。

另一种音乐拜物特征是对音乐的改编。在《论音乐的社会状况》中，阿多诺把音乐区分为生产与再生产。音乐生产领域的拜物并不是真正的创作，而是训练有素的作曲家选取听众喜欢的风格对作品进行改编，以满足市场需要。这种改编出现在各种形式的音乐中。在日常音乐生产

[①] Adorno, *Gesammelte Werke*, Band 14, S. 23.

[②] Ibid., S. 22.

中，对乐曲进行改编是司空见惯的事，不同作曲家采取的手段也不同，如用不同形式乐器(如键盘乐器与弦乐器)演奏之间的移植，声乐与器乐曲之间的变动，以及不同演奏形式(合奏与独奏)的乐器的改编，阿多诺非常蔑视改编乐曲这种做法，称之为"一种从文化商品水准中找到借口，但把这些东西改造成流行歌曲类型的娱乐素材的精致的娱乐活动。这种娱乐，以前是人们哼唱曲子的伴奏，今天蔓延到整个音乐生活"①。他之所以反对改编这种形式，是因为这种形式没有什么创造性，作曲家改编乐曲是为了迎合听众。对乐曲进行改编的生产形式是"它断章取义地抽取一些零碎片段，进而把它们拼凑成大杂烩。它打破了整部作品的多层面统一性，展示的仅仅是孤零零的讨人喜欢的乐章"②。情况也确实如此，但改编的结果也有优劣。不过对于原初具有完整意义的作品来说，改编的破坏作用却是致命的。

阿多诺把音乐明星商品化所引发的新特征归纳为一种音乐的拜物特征，这里"拜物"一词来源于马克思《资本论》中的三大拜物教批判。③ 人在劳动中形成的社会关系获得了物的属性，从而遮蔽了人与人之间的社会

①　Adorno，*Gesammelte Werke*，Band 14，S. 31-32.

②　Ibid.，S. 28.

③　有学者以为阿多诺此文本意在用卢卡奇的物化理论反对本雅明，这实际上是误读，参见 Richard Wolin，Walter Benjamin，*An Aesthetic of Redemption*，New York.，pp. 183-186. 尽管阿多诺非常熟悉卢卡奇的《历史与阶级意识》，但是并没有接受卢卡奇的总体性与物化理论。卢卡奇的物化理论背景十分复杂，不过显而易见的是，其来源是马克斯·韦伯的合理化理论，又掺杂着马克思的政治经济学。卢卡奇试图通过物化批判恢复总体性，这正是阿多诺所要反对的。尽管阿多诺对本雅明的《机械复制时代的艺术作品》持异常激烈的反对态度，但依阿多诺的学识，以及卢卡奇、阿多诺、本雅明三人之间的关系，他没有必要挪用卢卡奇来反对本雅明。

关系。在现代资本主义社会，既然音乐也成为一种商品，成为一种与他物无异的可在市场交换的东西，那么音乐也具有与普通商品毫无二致的属性，即价值与交换价值。音乐是人自己的劳动产品，人并不能在音乐产品中认出他自己，而只有买卖高价音乐会门票才能使他们自己的身份获得认同。人的价值，只能根据他在市场中对产品的获得/支付的金钱来衡量。作为音乐消费者，"真正崇拜他自己为托斯卡尼尼的音乐会门票所支付的金钱"①。尤其是现代社会的流行音乐，音乐崇拜在大众对当红歌星的崇拜中达到巅峰。所以阿多诺才警告说，这是人们自甘堕入"极权"。

阿多诺进一步揭示了音乐拜物教的秘密，由于市场交换价值渗透到各种类型音乐中，音乐与社会的关系发生了实质性变化，

> 音乐功能中的变化涉及艺术和社会之间关系的基本持存。交换价值原则越无情地剥夺人的使用价值，也就越严密地把自己伪装成享受对象。曾有人问及是什么黏合剂把商品社会黏结在一起，商品的使用价值到交换价值的转化可能有助于解释为何最终每一种从交换价值解放出来的享受都呈现出颠覆性特征，商品的交换价值现象呈现出一种特殊的黏合功能。②

在马克思那里，拜物教首先表现为商品拜物教，这种拜物教表现为人们陶醉于购买行为，人只有通过商品才能体现出自己的身份。在阿多诺这

---

① Adorno, *Gesammelte Werke*, Band 14, S. 25.

② Ibid. , S. 25.

里，音乐拜物教则表现为名琴、名乐师、名指挥、出席名人音乐会，是否真正理解音乐倒并不重要。因此，阿多诺说："在商品神学般反复无常的变化面前，消费者变成了神殿里的奴隶。无处牺牲自我的人可以在这里祭献，在这里他们被完全出卖了。"①由于拜物教深入人的心理层面，因此真正意义上的个体消失了，个体不再属于自己，更为致命的是，如果说在政治、经济领域的压迫关系中尚可发现压迫者存在的话，音乐领域则不然，这是个体自己的选择，出于一种自愿性，这种受支配的个体表面上仍处于一种"自由"状态，但阿多诺讽刺说，这种情况"与一无所好而喜好囚室的囚犯行为相仿"②。

(三)作为社会学范畴的听的退化

在阿多诺对音乐拜物特征的分析中，最令他忧心忡忡的是，"广大听众的意识适应于拜物教音乐"③，但是这种状况并不能通过对听众的反应进行调查这种实证的方式来解决，

> 在音乐中和别处一样，本质和现象之间的紧张已经发展到如此程度，以至于没有任何现象适合于作为本质的例证。听众的无意识反应被遮掩得如此严实，他们的意识解释完全以控制的拜物范畴为导向。因此收到的每一份答案都预先符合那些"验证"所适用的理论攻击的音乐行业。当听众面对有关喜欢还是不喜欢之类的原始问题

---

① Adorno, *Gesammelte Werke*，Band 14，S. 25.
② Ibid.，S. 25.
③ Ibid.，S. 32.

时，整个机制也会有效地运转起来，人们以为可以将其还原到这个问题，来使整个机制变得透明并被消除。①

阿多诺对听众的鉴赏能力感到忧心忡忡，"音乐拜物教的对应物是听的退化"②。这里的听退化，"并不意味着个体听众退回到一种他自己生长的早期阶段，也不是在一般集体水平上的退化"，而是受制于机械复制技术的留声机、广播所产生的结果。这种退化形式的听，是听众被抑制在幼稚阶段。如果说儿童受年龄限制，对音乐的理解只能停留在尚未发育的稚嫩阶段属于正常范围，而超出其理解水平、趋于成人化却是反常的话，那么，对于听的退化来说，今天的成人听众智力早已发育成熟，但是他们的表现却停留在儿童阶段，这是一种心理幼稚症，本雅明说复制品取代本真艺术作品获得现实性，阿多诺却说："成千上万人通过今天大量的信息第一次接触音乐，这是过去的观众所无法比拟的。"③早期的音乐传播具有在场性，无论以宫廷模式为主题的高级音乐，还是以民间方式传播的音乐，演奏者与听众都必须在场，而录音以及无线电的出现改变了这种传播方式。那么，正是这种千篇一律的音乐使现代人丧失了听的主体经验、自由选择的反应能力、有意识的音乐感知能力。

这是新的听的特殊成果，打动耳朵的东西无一能幸免于这种征

---

① Adorno, *Gesammelte Werke*, Band 14, S. 32.
② Ibid., S. 34.
③ Ibid., S. 34.

用的图式。当然，社会差异是存在的，但是新的听蔓延得如此深远，正如被压迫者的愚笨影响了压迫者自身，以至于自以为可以决定车轮进程的人，在车轮滚滚向前的强大力量面前成为牺牲品。[①]

真的集体无意识，拜物教造成的听的退化制造了如铁板一块的听众。听的退化主要表现在以下方面：

其一，音乐流通与生产结构联结产生听的退化。由于资本主义社会一切生产都是交换价值的生产，音乐生产也逃脱不了干系。这就导致音乐生产只有在流通实现后才得以完成。而在流通领域，音乐发挥了类似于广告的功能：我听的正是我要的，"一旦广告变成暴力，一旦什么也没有为意识留下而是在广告材料的强力面前屈服，通过把强加的商品表面上变成自己的东西而购买精神安宁，退化的听力就出现了"[②]。对音乐问题的阐述突然"植入"广告批评，可以算是对广告社会功能的前瞻性分析，如果把听的退化直接和广告连接起来，似乎有些牵强。在 20 世纪 30 年代，广告主要是通过广告牌、报纸、杂志、商标等传播的，而不像后来通过电视传播，有着优美的画面，动听的音乐。阿多诺并没有简单把广告与音乐联系起来，而是作一种类比，指出了听觉退化与广告这种形式的内在关系，

正如一切广告都是由屡见不鲜和别具一格所组成的一样，畅销歌

---

① Adorno，*Gesammelte Werke*，Band 14，S. 35.

② Ibid. ，S. 35.

曲在它半昏暗的熟悉中被令人舒适地遗忘了。但在瞬间通过回忆变得格外清晰，仿佛置于聚光灯之下。人们几乎想把这段回忆起来的瞬间，与受害者突然想起他的畅销歌曲标题或一段分节歌开始的瞬间相提并论：也许他通过认同它来认同他自己，并因此纳入他的所有物。这种强制很可能总是迫使他回想起这首畅销歌曲的标题。但是，使这种认同成为可能的音符图像之下的笔迹不是别的，而是畅销歌曲的商标。①

机械复制手段通过广告模式再生产音乐——无论是严肃音乐还是轻音乐——通过无数次重复，渗透到人的无意识层面，人们便会"对此很熟悉"，音乐的拜物特征通过听众对拜物的认同产生了它自己的伪装。这种认同最初赋予流行歌曲凌驾于牺牲者之上的力量。在随后的遗忘与记忆中，它实现了自身。

如果说本雅明把机械复制与艺术韵味的丧失联系在一起是对的，阿多诺倒也赞同这种说法，他也承认音乐标准化生产对听的退化造成的影响，"本雅明提及在娱乐状况中电影院的统觉同样适用于轻音乐"，娱乐作为一种遗忘，清除了反思，把听众从直接在场要素中解放出来，感官愉悦调和了退化的听众的意识对抗性。各类娱乐形式通过观众、听众的自动介入而让自己成为行动制造者，自己也成为明星。

其二，退化的听的方式是听的去集中（Dekonzentration）。从纯粹审美或欣赏层面上说，中心化的听是一种以自我为中心、自我选择的听的经验，即通过对音乐形式与内容的感知，音乐昭示其真理内容。但是，

---

① Adorno，*Gesammelte Werke*，Band 14，S. 36.

去中心化的听则不然，一切都是准备好的，人们会不由自主地听，仿佛着了魔似的。阿多诺说：

> 所有这一切只有在聚光灯之下才能成为现实：引人入胜的旋律音程、令人头晕的转调、有意无意的失误，通过旋律与歌词的某种特殊亲密融合而压缩进一个公式。同样在这一点上，听者和作品也达成共识：他们不能领会的结构甚至并没有提供。如果在高级音乐中原子化的听意味着逐步分解，那么在低级音乐中就没有什么可分解的东西了。①

去中心化的听在明星演唱会的现场最为集中地表现出来。一场明星现场演唱会就是一场狂欢的嘉年华：明星赚足了票房，观众得到了满足。真是"两全其美"！

其三，作为娱乐的流行音乐的生产方式。② 受过专业训练的阿多

---

① Adorno，*Gesammelte Werke*，Band 14，S. 37.

② 阿多诺很少区分娱乐音乐与轻音乐。他也很少明确区分爵士乐、流行音乐、民歌等。从《论音乐的社会状况》到《论音乐的拜物特征与听的退化》，阿多诺对娱乐音乐的讨论构成了他"文化工业"批判的极为重要的部分。阿多诺对娱乐音乐的批判引发的争议极大，产生的误解也最多，国内外学界皆然。这里不要忘记了阿多诺哲学家兼音乐家的双重身份，这也是他批判娱乐音乐的原因之一。阿多诺在 20 世纪 40 年代对娱乐音乐的论述还有与拉扎菲尔德在普林斯顿广播研究所合作的《论广播音乐》，与艾斯勒合作的对好莱坞电影模式的经验研究，这些都可以看成他对娱乐音乐批判的社会调查。国内外学界普遍的误区在于：第一，忽视了阿多诺娱乐音乐批判的政治经济学理论背景，稍微留意今天的流行音乐便会对此一目了然。第二，娱乐音乐中技术的标准化，实则是与娱乐音乐商品生产紧紧联系在一起的。第三，娱乐音乐与严肃音乐的商品化生产的一致性，目的在于占领市场。当然更深处原因在于，阿多诺认为音乐的娱乐性质是一种虚假的满足，他认为艺术必须构成人类反思、认识真理性内容的"途径"。

诺，有着精湛的音乐分析技巧，但他很少抽象、一般性地谈及音乐生产。他基于音乐技巧转向分析流行音乐生产，一般大众文化研究者难以望其项背。

阿多诺认识到，娱乐音乐语汇是"专门由音乐艺术语言的碎片和扭曲构成的"，它们不需要高难的写作技巧、艰涩的音乐语言，需要的是易唱、易记，所谓朗朗上口，亲切入耳，才能容易流行。因此，流行音乐生产具有固定的模式。如固定的小节、乐段，局限性的和声应用，这样才能听起来"熟悉"。娱乐音乐生产中还有引用特征。从民歌、儿歌的质朴天真，到对古典音乐的切割、通过对深度的夷平，原本不为大众所理解的东西通过改编而得到大众的认可。就此而言，娱乐音乐的生产顺应的是大众的要求，而不是把大众欣赏能力提升到一个更高的高度，从音乐生产力来说，流行音乐生产不存在技巧革新，听众不能受到技巧上的教育，娱乐音乐的生产、再生产都是以简单的重复劳动形式出现的，作为一种规定模式的重复，音乐家的责任在于对这种重复模式的重复理解。因此，

> 一旦技术将自己确立为一种拜物，而且通过它的完美来代表被耽搁的社会任务已经完成时，它就可能服务于粗鲁的反作用。这就是为何所有基于现实的改善大众音乐以及退化的听的努力，均以失败告终。①

阿多诺实际要的是，听者，无论是作曲家还是听众，都应当有意识地去接受听到的东西，不仅要听，而且要听懂，说得通俗点，听音乐不是

---

① Adorno，*Gesammelte Werke*，Band 14，S. 47.

"吃快餐"！这真的是一个难题！

阿多诺把这种听的退化现象归因于广播，因为广播是当时最为普及的大众媒介。如果说前资产阶级时代的音乐还有即兴演奏，可是广播时代一切都是为听众准备好的，只要轻轻按钮，一切都会展现出来。即使贝多芬、勋伯格的音乐也是如此，人们不再有任何震惊感。对于分析的结果，阿多诺颇为悲观，"所有调解的努力，无论对于市场取向的艺术家还是相信集体的艺术教育家，都是徒劳。他们所拥有的只不过是些工艺品、产品说明或一种必须被给予的社会文本"①，而这却提供了人们认识音乐的社会处境的方式。

正如天空布满乌云，却从罅隙中透出一缕阳光，阿多诺看到了一丝希望，他说出了自己钟情的音乐，

> 今天，和过去一样，勋伯格和韦伯恩所传播的恐怖，不是在于其音乐的不可理解性，而是在于它们被理解得太正确了。他们的音乐同时塑造了其他人只能通过退化来规避的灾难状态中的那种焦虑、那种恐怖、那种洞见。他们被称为个人主义者，然而他们的作品只不过是与摧毁个体性的力量——这些力量的"无形影子"以一种巨大的方式侵入他们的音乐——的一次独特对话。在音乐中，集体力量正在清洗不可补救的个体性，但是与它们正相反对的是，只有个体才能去认识、替代集体性的请求。②

---

① Adorno, *Gesammelte Werke*, Band 14, S. 50.

② Ibid., S. 50.

毫无疑问，摧毁个体性的力量不仅来自政治、经济、种族方面，更来自社会历史、文化方面，后来成为阿多诺所说的社会对人的控制，所有这些方面形成了强大的统摄力，在社会中与在音乐中一样，"集体力量也正在清洗无法补救的个体性，但是与它们正相反对的是，只有个体才能认识，去替代集体性的请求"[①]。这仍然是《论音乐的社会状况》中音乐四种类型的回声。也因此，我们可以理解，何以阿多诺晚年仍然反对任何形式的暴力，即使其是以文化的形式出现的。

综上所述，如果说音乐拜物教本质上是由商品市场所导致的话，那么阿多诺则放大了关于机械复制对音乐的影响。可事实上，单就音乐这种作为声响组合而出现的艺术形式而言，除乐谱以外，机械复制仍然是唯一能够保存它的途径。我们不能指望每个人都像阿多诺那样看（读）"音乐"（乐谱），那样写音乐，那样亲临音乐会现场。阿多诺也承认乐谱是死的音乐。深入一步，阿多诺看到的是问题的正反两极，并把它们极端对象化。他的高明之处在于看到了常人在事物发端处看不到的萌芽，并试图对之进行拦截。如此看来，这个文本的主题颇有启示录的意味。

---

① Adorno, *Gesammelte Werke*，Band 14，S. 50.

第四章 | 音乐形式及其社会功能的历史演变

通过对欧洲 350 年音乐历史的审视发展出特殊的音乐哲学，是阿多诺一生最为杰出的理论贡献之一。阿多诺认为，和近代欧洲社会的启蒙过程一样，欧洲音乐也经历了一个理性化过程确立到主体衰败的过程，从而以另一种方式再现了欧洲社会发展史。这个过程开始于欧洲近代社会的启蒙精神，在音乐中始于巴赫十二平均律的创立。前文叙述了阿多诺音乐哲学建构的理论背景与批判社会学方法，这里转入对他的音乐哲学本身的分析。

一、音乐中主体的投射与张扬：从巴赫到贝多芬

阿多诺是在欧洲合理化过程背景，即马克斯·韦伯所说的祛魅过程中讨论音乐的。依他之见，早期资产阶级社会展开史正好对应于从巴赫到贝多芬的欧洲音乐发展史。巴赫赋格形式的音乐创作显露出主体(作曲家)对外界自然(声音)的控制，中期贝多芬的音乐再现了资产阶级社会上升到顶点的总体性，晚期贝多芬音乐则呈现出他所代表的资产阶级社会的总体性趋于瓦解。音乐表现出人与自然的关系、音乐的社会功能的变化。阿多诺的这种叙事方式晦涩异常，由于专业性的遮蔽，读者通常望而却步。

(一)巴赫与启蒙精神

阿多诺在 20 世纪 50 年代初欧洲古乐运动渐起的状况下，批判了当时音乐社会学界有关巴赫的观点，

> 今天，流行的巴赫音乐科学观点与复兴文化的停滞与忙碌所赋予他的角色不谋而合。在他身上，在启蒙世纪中期，再次揭示出传统的切实的束缚、中世纪复调的精神、神学上的拱状宇宙。[①]

人们常常以为，作为欧洲音乐史上最杰出的大师，巴赫一生的音乐创作只有一个目的，那就是奉献给"神"，一切音乐内容都服务于这个目

---

① Adorno, *Gesammelte Werke*, Band 10.1, S. 138.

的，此外别无其他。这种说法在音乐史上由来已久，现在仍在流行①，阿多诺也由此提出发难。那么，作为虔诚的教徒，巴赫和所谓"时代精神"以及近代欧洲理性化过程之间有何种关系？我们又应该如何看待巴赫与华丽风格的关系？巴赫音乐与后来的贝多芬音乐的关系如何？这些都是阿多诺在文本中提出的问题。

前文中，我已经对马克斯·韦伯的《音乐的理性与社会学基础》作了介绍，在该书中，他认为十二平均律②的出现是欧洲音乐史中的重大事件之一。因为只有平均律出现之后，西方音乐的大小调体系才开始建立，作曲技巧、转调、新的记谱法由此建立，可见平均律对西方音乐的影响何其深远。因此，马克斯·韦伯认为西方音乐的理性化过程在巴赫那里第一次达到高峰。鉴于此，阿多诺认为：作为宗教音乐家，远离世俗启蒙精神的音乐大师巴赫以其音乐实践取得了与启蒙精神一致的结论。欧洲音乐才称得上彻头彻尾的理性化音乐。

如果说阿多诺对巴赫的十二平均律的分析，把音乐纳入可计算的体系，参与西方理性化过程，与启蒙精神不相抵触，这种解释稍加思考尚可理解的话，那么，他对巴赫音乐中主客体关系的阐释却真的让人费

---

① 有关巴赫生平与其音乐内容的种种说法可参见德国巴赫专家、管风琴演奏家克劳斯·艾达姆的《巴赫传》。艾达姆在对巴赫音乐作品以及大量历史档案的研究基础上对一些讹传进行了反驳。不过，他也许会反驳阿多诺式的巴赫阐释。参见［德］克劳斯·艾达姆：《巴赫传》，王泰智译，北京，商务印书馆，2000。

② 十二平均律，音乐律制的一种。这种律制把一个八度分成十二个半音，相邻半音之间的音程比例是 1∶1，西方传统音乐的大小调体系就是建立在这种律制之上。平均律开始于巴赫为键盘乐器所写的两卷《十二平均律钢琴》（Das Wohltemperierte Clavier），目前仍是世界音乐律制中应用得最广泛的一种音律。

解。这一点，超出了他的绝大多数音乐哲学文本。一般哲学读者不具有阿多诺的音乐背景，也无从了解整个巴赫音乐的形式。反过来也成立。读者即使具有西方音乐历史背景，但却往往不具备阿多诺的哲学思维。这种情况导致阅读阿多诺的巴赫阐释之类的音乐哲学文本，比阅读他的纯粹哲学、美学、社会学文本要困难得多。

阿多诺是从巴洛克复调音乐形式的巅峰、巴赫最杰出的音乐形式——赋格入手分析音乐中的主客体关系的，这种分析问题的方式实属少见。

阿多诺说，时下的观念认为，

> 他的音乐罢黜了主体及其偶然性；它既不是关于人的声音，也不是关于人的内在的声音，而是成为在它的存在的秩序中成为有责任的的声音。这种被想象为不变的和不可避免的存在的结构成为意义的代用品，除了显现为自身，为自身辩护之外别无其他。①

转换成通俗的说法，那就是，当时的观点认为，巴赫的音乐中存在着一种静态的本体（边界），它把外在形式（客体）置于音乐所要表现的内容（主体及其偶然性）之上，在巴赫的音乐中找不到对生命的表现，即人。巴赫的音乐演奏形式追求的是纯粹的"客观性"。阿多诺认为这是错误的，巴赫看似毫无表现内容、追求客观的赋格的形式外表下隐含了充分

---

① Adorno, *Gesammelte Werke*, Band 10.1, S.138.

的主体性，

> 毋宁说，实质上——当然不是根据主体意识，对被认可的音乐安全感愉悦的反思，类似于仅仅被这种解放了的主体所分有的东西，它只能把音乐设想为客观拯救的有力允诺。这类赋格预设了二元论。它认为从苍穹给人类带回的快感音讯何等美妙。①

反思，阿多诺在这里借助了哲学语言，只有主体才能反思，阿多诺说巴赫的赋格中预设了主客体对立，此话何从说起？因为可以预设一切音乐都能够"表现"，哪怕是斯特拉文斯基的纯客观性。但是阿多诺还是找到了他的理由：

> 赋格作品的艺术是一种主题节约的艺术：通过利用最小要素——一个主题，把它建立成一个整体。它是一种分解的艺术，人们几乎可以说，消融主题设定的存在，因此与常见的观念(这种存在自始至终在赋格中使自身处于静态，恒定不变)相矛盾。通过与这种技巧对比，巴赫使用了真正的中世纪复调形式，模仿只处于次要地位。在一些模仿成功的段落以及片段处——在巴赫那里绝不是大量的——在一些提前进入段与赋格，如平均律第二卷 D 大调赋格极端紧密处，用庄严的方法来获得一种生动的、彻底的动态，取得了十足的"现代"效果。在巴赫作品中再现主题的同一性能从根本上

---

① Adorno, *Gesammelte Werke*, Band 10.1, S. 141.

保持自身这个事实，受到复调释放出来的新作品技巧的攻击，这意味着没有什么东西比动态的贝多芬奏鸣曲——忠实地坚持反复的结构要求，然而只是为了把反复本身从"过程"中展开——更为静态。①

这里阿多诺通过巴赫的赋格作品特性，对辩证运动逻辑的另外一种形式进行了阐释。由于赋格这种音乐形式，音乐整体处于不断变化生成中。它最初出现的是具有明显特性的主题，当主题在一声部出现后，接着在另一声部上对这个主题进行模仿，从而形成答题，主题或答题并不是单独出现的，而是伴随着对题，对题可以看成是对主体的否定，随后，主题、答题再一次出现在各个声部，这是赋格的呈示部。呈示部之后，主题又进入新的段落，形成间插段落，这是赋格的展开部分，当主题进入下一个声部，在尚未结束之前，它又在另一个声部出现，从而形成密接和应，这是一次新的否定，中间部之后，再现部发展了主题与答题以及中间段，通过这种不断否定的形式，整体赋格曲才算完成。因此，赋格这种形式是通过不断的否定而生成的，作为一种形式，"主题"或"主体"并不简单地是什么，而是展开或否定、不断生成的过程。赋格的形式类似于黑格尔在《精神现象学》中所说的从感性确定性到绝对精神的展开过程，这也是阿多诺所称赞的贝多芬、勋伯格音乐技巧之一"展开中变奏"的前身。也由此，阿多诺对巴赫做出了那段著名的评价，

① Adorno, *Gesammelte Werke*, Band 10.1, S. 142-143.

对巴赫进行一种社会解码，必须假定，通过对动机作品所包含的主体进行反思的既定主题素材的分离，与同一时代中通过控制——本质上存在于把老的工艺处理分解成小片断——发生的劳动过程变化之间建立关联。如果这导致素材生产的合理化，那么巴赫根据音乐理性化主要技巧成就命名他的器乐主要作品是合理地建构作品，他成为审美的自然控制观念具体化的第一人绝非偶然。"①

说得通俗些，巴赫在赋格这种严格的客观音乐形式中，通过对主题的不断否定、通过对时间的干预进而展现出音乐的主题，这种主题处于不断否定生成中，而这里的自然是指声响。十二平均律的使用引导了欧洲音乐的发展方向，赋格以一种特殊的形式呈现了人对自然的控制，巴赫的音乐参与了资产阶级社会启蒙精神。阿多诺挖得够深，但真的难为了读者！

(二)巴赫的不合时宜性

如果说巴赫的音乐与资产阶级启蒙精神相一致，但现实的情况却是，

巴赫最内在的真实性可能是，在他那里，直到此时，资产阶级时代的最强有力的社会趋势，不仅被坚持下来——在图像自身中得到反思——而且与曾经被相似趋势解放出来，受到诅咒而陷入沉寂的人文之声和解了。②

---

① Adorno, *Gesammelte Werke*, Band 10-1, S. 143.

② Ibid., S. 143.

巴赫并没有被他的时代所接受，他的作品被遗忘了近八十年后才再次被
发现，这又是什么原因造成的？阿多诺认为这是巴赫音乐形式与内容的
不合时宜所致。"巴赫不但实现了通奏低音精神——根据音程-和声思
维——毋宁说在这种精神中他同样也是 17 世纪开始探索创立赋格作品
形式的复调作家。"①但是，为什么说这种赋格形式既是古风的，又是现
代的？巴赫的形式世界，即赋格形式，采取的是 17 世纪的风格，一种
音乐的古典观念，而透过这种形式，表现的却是现代音乐的主体性，这
在他那个时代是绝无仅有的，说得世俗些，就是阴差阳错，巴赫的音乐
远远超越了他那个时代。巴赫音乐中的理性化精神不为他那个时代所
接受，

　　　　作为最高级的通奏低音大师，放弃他的顺从——作为古代对位
　　学家——时代趋势，一种由他本人塑造的趋势，为了促进它获得其
　　独特的真实性，在一个主体性自身发源的牢不可破的整体中实现主
　　体对客体性的解放。直到最细微的结构规定，它总是一个和声-功
　　能与对位向度未曾减弱的巧合。遥远的过去背负着音乐的主-客体
　　乌托邦，不合时宜成为未来的预兆。②

　　阿多诺的解释无比晦涩，要了解透彻真的不容易。实际上，阿多诺看
到了巴赫的音乐中存在的与社会的对立状态。巴赫的音乐素材是建立在自

---

①　Adorno, *Gesammelte Werke*, Band 10-1, S. 141.

②　Ibid., S. 143.

治的基础上的，这与早期资产阶级世界追求启蒙精神相一致。巴赫的音乐试图调解音乐中的主客体关系。因此，巴赫的音乐与当时已经出现并在他身后风靡起来的带有商品特征的音乐的华丽风格处于对立状态：

> 他的古风特征试图理解自身，避开造成它决定性进步的阴影的音乐语言的贫困化和硬化，这意味着巴赫努力抵制不可阻挡的，与其主体化相连接的音乐的商品特征。然而，这与巴赫的现代性相一致，因为他们总是代表了防止内在音乐逻辑自身的结果让位于趣味。①

按照阿多诺，巴赫根据音乐素材自治取得的成就，

> 既不能否认不再被客观精神所支撑的艺术手段放弃技巧的历史必然性，也不能否认音乐中由此释放的人类雄辩能力最终产生了一种更高级的真理形式。但是为这个运动的自由付出的代价因此而获得了音乐的内在一致性。②

音乐技巧的发展本身不是连续性，而是断裂的。

阿多诺继续说，"18 世纪早期的优雅风格，取代了巴赫以及他已经获得的对音乐语言的控制，不是以涉及音乐的逻辑发展来解释的，而是

---

① Adorno，*Gesammelte Werke*，Band 10-1，S. 143.
② Ibid.，S. 146.

根据消费者、一种资产阶级保护人的需要来解释的"①。这表现在两个方面，其一，巴赫的音乐作品，根据其主体意图与音乐的客观技巧，类似莱布尼茨的无窗的单子，它是自治的，同时它通过它自己的逻辑反映了全部普遍性、单一。其二，音乐的内在发展，它的社会含义必须在每一种特殊情况中来揭示，它绝不是自足的。音乐依据自己的内在法则发展，本质上是社会的法则，只不过是以观念的位移形式出现罢了。但是，由于社会力场的影响，音乐发展的方向出现偏斜，也就是与社会发生冲突。就此而言，音乐并不呈现为一种天衣无缝的进步、一种连续统一体。一般情况下，音乐与社会的关系是通过这种断裂、这种非连续性来显现的，而不表现为一种直接性，这等于取消了对音乐发展进行一种线性解释。这种解释仅仅涉及音乐素材的理性控制所达到的阶段，而不是音乐作品本身的特性。这种作品特性当然与形式的控制不可分离，但是并不与它完全相同。而且，甚至形式控制的增长，也是呈螺旋式运动上升的：这种运动只能通过一种被意识到已经被牺牲的或遗留下来的东西来理解。因为这种音乐史的概念，自治、不可避免的对立，在社会知识的发酵过程中扮演了至关重要的角色。这种技术矛盾，表现为对形式的最高级控制。因此，巴赫无意于与他的时代保持一致，这不是他不合时宜，而是巴赫超越了他的时代。

这里，阿多诺认同音乐中的理性化过程，那就是特殊的社会需要与一种纯粹音乐问题的方式存在着密切关联。但是，阿多诺并没有把他的观念与马克斯·韦伯直接等同起来，而是把音乐本身的历史进步与社会

———————————

① Adorno，*Introduction of Musical Sociology*，trans. Ashton，p. 214.

技术(音乐生产力)的发展结合在一起，他认为不能"把社会与技术之间的关系设想为音乐中的常量"①。中世纪以来的复调音乐在巴赫的赋格中达到顶峰。巴赫之后，上升的资产阶级要求精致、优雅的风格，要求一些可以超出直接内在、反作用于已建立的风格循环的音乐观念。阿多诺指出，尽管直接根据音乐作品所展现的一种观念连续性在某个环节消失了，但是这些风格的历史的非连续性中同样还残留着一种连续性，这是一种只能从历史后期音乐作品的逻辑发展的特殊界限中以修正方式再现出来的连续性，这是一种新的否定，新的综合、扬弃，因而技巧通过扬弃同被提升到一个新的层面。根据辩证法，阿多诺的音乐进步观念不是线性发展的：

> 迄今为止，观念的历史，从而音乐的历史，是一种作为社会法则的独裁动机的语境。一方面，产生了互相抵触的彼此隔开的领域形式化；另一方面，作为总体性法则，仍然在同一法则领域中为人所知。对它们进行音乐解码是音乐社会学的一个核心任务。由于音乐领域的这种本质，它的客观内容不能直接被转换成其社会起源，而是社会作为一个问题——作为其对立的整体——进入问题，进入思维的逻辑。②

依阿多诺之见，真正继承巴赫的音乐观念与技巧的，不是别人，而是在

---

① Adorno，*Introduction of Musical Sociology*，trans. Ashton，p. 218.
② Ibid.，p. 209.

巴赫死后八十多年才出现的用"展开中变奏"技巧作曲的贝多芬。

(三)音乐中的时代精神与上升的资产阶级

巴赫的音乐并没有得到他那个时代的肯定，随即代表资产阶级华丽风格的 18 世纪洛可可艺术兴起，巴洛克风格的伟大建筑开始崩塌。

崇尚优雅风格的洛可可艺术观念彻底修正了巴洛克时代壮丽的艺术及美学思维，这也充分表现在洛可可音乐中。如果说巴洛克时期的音乐主要服务于宗教、对神的敬仰、一个天国的彼岸的话，18 世纪洛可可音乐则开始倾向于成为一种娱乐，它不再追求伟大的深度，而是满足于现世欲望，其特征是精致、轻松。这样，音乐通过对社会的适应，再次否定了自身。

近代欧洲，随着启蒙运动的发展，新兴的资产阶级开始觉醒，成为后来的新贵。社会经济发展大大促进了文化发展，从而引起人们思想观念的转变，新兴资产阶级开始介入艺术。尽管 18 世纪初，新兴阶级在审美情趣上并没有完全脱离巴洛克艺术的影响，但是对新秩序的追求已经成为他们的目的。在艺术方面，新兴阶级要求以理性的方式重构一切，结果产生了形式的均衡与对称、内容的可控制性、新的伦理法则。在这种社会状态下，通过重建新的理性，经过大批音乐家半个多世纪的艰辛探索，最终发展出各种新的欧洲古典音乐形式，如交响乐、室内乐等。

前文说过，阿多诺称巴赫的音乐技巧与风格是一种"不合时宜"，我们应该这样来理解：巴赫通过复调音乐、数字低音创立了一种类似古典的音乐形式，但是这种音乐结构由于其超时代性而不被人们理解。实际上，巴赫与他那个时代的社会现实处于分离状态。作为巴赫赋格中否定性、一种形成整体的手段，"展开中变奏"，只有在古典维也纳乐派那里才得到初步理解。巴赫以其音乐的复杂性，抵制了音乐的娱乐方式，这与其后的社会水火不相容。

上升的资产阶级要求一种新的经济、文化秩序。在音乐中，这种秩序出现海顿与莫扎特的音乐中，而在贝多芬那里达到顶峰并趋于解体。是贝多芬，而不是海顿与莫扎特，借助音乐的客观形式，表现了资产阶级社会最深刻的发展逻辑。我们可以这样理解上文阿多诺对音乐生产力与生产关系、音乐生产与音乐消费之间关系的阐述：巴赫的音乐生产与社会生产关系存在着严重矛盾，海顿、莫扎特是在保护人的赞助下进行音乐创作的，其音乐形式与内容适应了资产阶级对于理性的要求，而巴赫音乐中的矛盾被搁置了下来，一直到了资产阶级社会古典音乐巅峰的贝多芬作品出现才最终得以解决。

海顿与莫扎特都是通过赞助人而进行音乐生产的，他们经常与贵族周旋，通过为贵族服务而生活。随着资产阶级社会地位的上升，一个叫市民阶级的阶层出现了，音乐的社会功能也逐渐发生变化，出现了买票的歌剧院音乐会，社会各阶层都可以通过付费的方式出席歌剧院与音乐会，阿多诺这样描述这种新的音乐状况：

> 第一次，演奏家面对着匿名市场。没有行会的保护或一个王子的赞助，他们必须预感到什么是听众需要的东西而不是遵循透明的命令。他们必须深入自己的内心，让自己求助于市场机构，因此把市场所渴求的东西置于他们生产的核心。①

---

① Adorno, *Gesammelte Werke*, Band 14, S. 410.

这是资本主义社会中音乐生产的矛盾特征，自治与他治之间的矛盾。根据音乐生产的自治，音乐家需要自由创作，而他治则需要音乐生产符合市场的要求，只有这样音乐才能转换为与普通商品毫无两样的商品，同样具有普通商品的使用价值与交换价值，这是资本主义化过程中的必然现象，音乐生产必须根据市场来组织自己才能生存。但是，普通音乐生产并不适用于市场，而是具有抵触情绪，阿多诺对这种做法并不赞同，

> 通常对音乐中商业恶作剧的谩骂是肤浅的。它们欺骗了那种预设商业的现象，诉诸一种被视为消费者观众的心意，能够转变为未受激发的、提高一个作曲家的生产力的作品特性。我们可以以一种更广泛的合法性形式来对此加以表达：那种音乐的社会冲动，似乎没有被自治逻辑与对于作曲表现的需求所吸收，并被转变为一种艺术必然性，转变为正确意识的阶段。①

从历史发展的角度来分析音乐商品的发展趋势，而不是简单地否定它，这是阿多诺的音乐社会学分析所采取的辩证方法，也正是在这种趋势中出现了资本主义社会中对音乐提出自治要求的重要人物——贝多芬：

> 让我们进一步对贝多芬进行思考。如果他已经是革命的资产阶级音乐的原型，那么，他同时也创作出了一种已经摆脱了他们的社

① Adorno，*Gesammelte Werke*，Band 14，S. 410.

会监护、美学上完全自治，不再是仆人的音乐。他的作品的确炸毁了一种音乐与社会充分顺从的所有观念的图式。其中，音符与态度的、社会的本质，那种他作为总体主体的代理人所言说的东西，成为音乐自身的本质。这两者只有在作品内部，而不是在单纯的形象性中才能获得理解。①

这是作为音乐家的贝多芬与当时社会的关系。

在阿多诺那里，唯有音乐家贝多芬可以与哲学家黑格尔相比。贝多芬是他音乐哲学的试金石。阿多诺认为，只有在贝多芬那里，音乐才第一次完全取得自治，这正是阿多诺高度看重贝多芬的原因之一，美学领域的自治是相对的——既是社会的一部分又与社会相独立，在更深层面上类似辩证法的运动，

艺术结构的核心范畴能够转换为社会范畴，这与贝多芬音乐中响彻的资产阶级自由运动的亲缘关系是一种动态展开的总体性的亲缘关系。他的乐句，根据自己的法则，作为生成、否定、肯定它们自身的整体而建立起来，不向外看，他的乐章类似于这个力量推动它的感动的世界，它们并不通过这个方式去模仿世界。②

贝多芬音乐的深刻之处也就在于此。

---

① Adorno，*Gesammelte Werke*，Band 14，S. 411.
② Ibid.，S. 414.

二、贝多芬：音乐总体性的形成与侵蚀

欧洲资产阶级社会的音乐在贝多芬的时代进入巅峰时期。古典主义音乐中对比与统一、部分与整体、个性与普遍性、主观与客观、追求人与世界的调和等特性在中期贝多芬的音乐作品中得到高度统一。在这个阶段，贝多芬音乐中贯穿着支配一切的英雄气概，体现出最纯粹、最崇高的力量与完美。这就是阿多诺所说的贝多芬音乐作品中以"展开的变奏"手法所呈现的总体性，但是晚期贝多芬的风格趋于碎片化，它通过碎片式结构与传统相背离，总体性开始走向瓦解。

(一)贝多芬：作为一种观念存在

阿多诺在讨论音乐与社会的中介问题时指出，

> 使音乐中思维运转的推动精神继续向前的东西，马克斯·韦伯正确地作为核心的合理性原则来认识的不是别的，而是艺术之外的、社会的合理性的展开……然而，这只有通过对社会总体性的反思才能理解，这表现在精神和劳动分工把所有领域彼此分开，它只能在特殊领域中，通过寻求表达对社会总体性的反思来获得，正如在所有分工中被彼此分开的领域中一样。①

阿多诺认为，贝多芬的音乐体现出资产阶级社会的总体性逻辑，但是这

---

① Adorno, *Gesammelte Werke*, Band 14, S. 409.

种总体性逻辑不是从外部强加的，因为无概念的音乐与作为概念的哲学不能等同起来，由是，对"时代精神"的理解成为贝多芬音乐的介质。

众所周知，自由、平等与博爱作为贝多芬音乐观念中的核心主题，贯穿着他的全部音乐作品，这也是欧洲启蒙运动以来最为重要的社会思潮。贝多芬的思想深受德国的启蒙人文主义，尤其是席勒的影响。但是在贝多芬那里，自由、平等、博爱并不仅仅是资产阶级人道主义思想，它具有一种普遍性。贝多芬早年研读过康德，而且康德也是他唯一引证过的德国哲学家。[①] 也因此，贝多芬所关注的并不只是政治自由，而是更高层面上的整个人类的自由。即便他的思想与新兴资产阶级社会有诸多关联，但并不完全属于这个阶级。贝多芬相信人类终究有一天会达到这个"崇高的思想境界"，这些观念在贝多芬的一生中占据着极其重要的地位。

另外，在贝多芬看来，音乐具有极其崇高的地位。他认为，音乐绝对不应该成为供精神贫乏、空虚的贵族之人消遣、装点门面之物，而应是一种能对人的精神世界起到"启示"作用的宝贵财富。他不仅认为艺术应该向着自由的目标迈进，而且认为艺术能联合人类，作为一门艺术，音乐能把人类提高到神圣的地步。他明确反对把音乐看作诉诸人的感官的艺术，而提倡应该要求人们用理性来倾听。

早期贝多芬的音乐创作仍然处于贵族保护之下，这与贝多芬的性格

---

① 关于贝多芬与康德哲学的关系，参见罗曼·罗兰：《贝多芬与康德》，见《贝多芬论》，唯民编，356 页，北京，人民音乐出版社；恩里科·福比尼：《西方音乐美学史》，修子建译，222—229 页，长沙，湖南人民出版社，2005。但是该书中把贝多芬的作品归类为浪漫主义音乐则是错误的。

格格不入，他要求音乐自治，要求彻底摆脱贵族对其物质、精神方面的束缚，完全排除自身的发展障碍，要求个性解放。但早期贝多芬并没有彻底脱离这种矛盾，他既要从所依附的贵族阶级那里得到物质的保证，同时又要为自己争取更多自由。他曾抱怨：从上到下，个个都是无赖。谁都不可靠。谁也不遵守诺言，除非立下字据……他们要人工作，可是付钱就像施舍乞丐似的，甚至不付足约定的数目。这不只是贝多芬，而是整个资产阶级社会所有艺术家的两难之境。这样，艺术家开始摆脱对贵族的依附时，又陷入一种新的钳制，这就是来自正在上升的资本主义社会市场关系的束缚。这正符合阿多诺的分析，

　　　　在精神历史领域被颂扬为创造力的东西，在艺术经验中被具体化为附属于创造行为概念自由的反面。试图解决问题，显现为自身就是历史素材的抵抗力的矛盾，希望一决胜负直到达到和解，由于任务的客观性，甚至包括他们为自己所设定的任务的客观性……艺术家不只是私人个体，而且也是一种社会主体或其代理人。[①]

如果说巴赫的音乐表达出对秩序以及对上帝的谦卑，海顿的音乐表达的是沉稳，而莫扎特音乐传达着优雅与平和，但贝多芬把所有这一切一扫而光。他与达官贵人交往，温文尔雅绝不是他的本性，他的性格决定了他不接受任何约束。阿多诺把它表述为："在对贝多芬人格的报道中，几乎没有人怀疑他反传统，同时也是费希特式的不屑一顾的本质，他再次回到他

---

　　① Adorno, *Gesammelte Werke*，Band 14，S. 416.

的人性的平民习性中。这样的人性正在遭受苦难并提出抗议。"①的确，贝多芬不喜欢巴结任何权贵，甚至看不起在宫廷里谦恭的歌德。

贝多芬对法国大革命也充满了十分复杂的心理，革命带来了解放，但随即转入独裁统治，这就是阿多诺指出的，

> 在法国大革命时期，资产阶级在夺取政治权力之前早已经在经济与行政方面占据了关键地位，贝多芬的痛苦来自那种被乔装打扮的、虚构的自由主义运动，与土地所有者相对立的"脑力"，（这些对他来说）同样也不是自由。②

贝多芬本人的政治观念倾向于共和而不是专制。

尽管贝多芬的艺术自治观念受制于前资产阶级社会，但他并不因此而否认贝多芬与上升的资产阶级社会之间的关系，

> 资产阶级社会被其内在动力引爆，非真理特性在贝多芬的音乐中打下印记，崇高的音乐，其作为美学的特征：通过它的暴力，他的成功的艺术作品将事实上是失败的东西设定为真正成功的，这反过来又影响了艺术作品慷慨激昂的环节。在真理内容中，或在其不在场中，美学与社会批判相一致。因此音乐与社会的关系很少能被化约为一种模糊且琐碎的、两者都能以任何方式参与其中的时代

---

① Adorno，*Gesammelte Werke*，Band 14，S. 415.
② Ibid.，S. 415.

精神。①

正因为如此，阿多诺在贝多芬的音乐中看到了西方艺术日益增长的自治趋势，这种趋势表现为两个方面：其一，艺术作品越是自治，它越深刻体现了那个时代的社会趋势；反过来，艺术作品越是取得自治，其与社会之间的张力就越大。所以对艺术作品进行观念的内在分析，可以对艺术结构的社会意义进行解码，同时这也是对艺术和社会进行批判。这里说贝多芬的音乐与社会之间存在着某种必然的联系，并不是指贝多芬的观念代表着官方资产阶级，尽管它具有某种资产阶级成分，而是说贝多芬的音乐是人类自由、平等的象征。中期贝多芬试图通过他的音乐观念与资产阶级社会进行交流，通过奏鸣曲式建立起一种音乐的总体性逻辑，但他又认识到这种总体性是一种幻象；晚期风格则通过纯而又纯的音乐词汇，通过音乐的碎片特征亲手打破这中期建立起来的总体性，这不仅反映出贝多芬音乐作品自身中存在的矛盾，也深刻反映出资产阶级社会自身的尖锐对立。

同样，对阿多诺来说，贝多芬的音乐涉及一个至关重要的问题，这就是如何对主题材料进行处理，它源于音乐与哲学双重意义上的"主体"，即与日俱增的自由精神的意识以及与这种意识的破裂。阿多诺认为，只有基于真理内容这个历史标准语境，贝多芬才表现为与巴赫相比更为进步的作曲家，"贝多芬的音乐是一种象征，伟大的哲学把世界理

① Adorno, *Gesammelte Werke*, Band 14, S. 417.

解为一个过程的象征。因此，这个象征不是世界而是一种对世界的阐释"①。这种阐释既是肯定的，又是否定的。从更高层面上说则是否定性的，这就是贝多芬音乐的伟大之处。

(二)展开中的变奏与总体性

但是，对贝多芬音乐的阐释并不能局限于观念分析。这是因为作为无概念的语言，如何将观念从具体的音乐作品中呈现出来才是阿多诺阐释贝多芬音乐的关键所在。这里，阿多诺选取了作为贝多芬音乐作品核心的音乐形式，也是欧洲资产阶级社会特有的音乐手法，即奏鸣曲式的"展开中的变奏"，以此来展现其作品中呈现出来的观念总体性。

一般说来，欧洲古典音乐肇始于蒙特威尔第（C. Monteverdi）和巴赫，在贝多芬时期达到顶峰，这个过程同时也是古典音乐逐渐摆脱神学走向自治的过程。如果说巴赫的音乐第一次以赋格这种高级动态音乐形式打破了音乐的静态性，表现为一种动态发展逻辑的话，那么，贝多芬音乐则表现出自由人性的张扬。贝多芬逐渐摆脱莫扎特、海顿的音乐形式结构的影响，把欧洲古典音乐中最具代表性的奏鸣曲式这种音乐构成形式推向巅峰，进而打破了这种音乐形式。一般说来，贝多芬自钢琴奏鸣曲《悲怆》开始进入成熟期，时间为 1800—1814 年，这一阶段的风格也就是贝多芬的中期风格。

在论述贝多芬的音乐作品与哲学的关系时，阿多诺曾经认为："在

---

① Adorno，*Beethoven：the Philosophy of Music*，ed. ，Rolf Tiedemann，trans. ，E. Jephcott，Cambridge，p. 11.

一种类似的意义上，哲学中只有黑格尔的哲学，对应于西方音乐史上的贝多芬。"①这可谓语出惊人，大概也是整个欧洲文化史上第一次有人如此比拟。不过令人疑惑的是，贝多芬与黑格尔同出生于 1770 年，黑格尔出版《精神现象学》时，贝多芬的《英雄交响曲》正好完成。贝多芬一生中唯一曾提到的哲学家是康德，而不是黑格尔，同样，黑格尔在《美学》中大谈音乐，提到意大利作曲家罗西尼，却只字未提贝多芬。如果阿多诺的说法成立，显然不能作简单类比。他们的内在关系何在？

我们知道，自海顿、莫扎特以来，奏鸣曲式成为欧洲古典音乐最具代表性的形式，音乐主题出现在呈示部，通过展开部发展后，在更高形式的再现部再次出现。奏鸣曲式通过音乐内在逻辑的动态发展，成为音乐的总体性逻辑。在这类音乐形式中，音乐主题始终是运动着的。但是，在阿多诺看来，海顿与莫扎特的奏鸣曲，仍然没有在其个体性中唤起对作品总结构的注意，确切地说，这种规范与个体自由的关系只是以狭窄的方式建构出来的，只有在贝多芬那里，奏鸣曲才第一次得到彻底的组织化，通过展开中的变奏这种动态化音乐手法，音乐发展成一个总体，这非常类似于黑格尔哲学中概念展开的逻辑：概念通过自否定在更高的形式上向自身返回，从而处于生成状态，在绝对精神中达到顶端。

相对于海顿与莫扎特来说，从而与全部音乐史相比较而言，中期贝多芬音乐作品的特点之一是强大的展开部，这表现为音乐主题无视被给

---

①　Adorno, *Beethoven*：*The Philosophy of Music*, ed., Rolf Tiedemann, trans., E. Jephcott, Cambridge, p. 10.

予的秩序，对客观存在结构施以最明确的控制原则。在中期作品中，由于强大的展开部、强有力的控制手法，音乐主题不论走得如何遥远，无论发展到何种程度，都能在再现中回到自身，这是音乐主题返回自身不可抗拒性力量的明证。这是一种貌似奥德赛式的回归，用黑格尔术语来说，这是绝对精神展开过程的自否定原则。转换成音乐/哲学术语，那就是，呈示部中(主、副部主题)所含的对立关系在展开部得到发展(否定)，通过奏鸣曲自身发展逻辑，展开部中的解决在再现部更高层面上再现了呈示部的主题(否定之否定)。呈示部中的矛盾在再现部中得到综合，这也是从其自身内部逻辑中衍生出来的。在贝多芬那里，展开中的变奏原则遍布作品的每一个角落。在阿多诺看来，通过展开的变奏手法，贝多芬音乐主题的构成因素便不再以一种分离的连续性彼此追随，它们通过一种由它们自己实现的连续过程成为理性总体。这样，海顿与莫扎特遗留给贝多芬的奏鸣曲形式图式，通过对差异(主部主题、副部主题)的展开而形成总体。其实，通过聆听就可以感知海顿、莫扎特的奏鸣曲作品与贝多芬的奏鸣曲作品的不同，这就是贝多芬奏鸣曲的宏伟特征，欧洲音乐最具代表性的形式——奏鸣曲式在贝多芬这里发展到了顶点。因此，贝多芬以他那个时代最高级的音乐生产的眼光，以动态方式来处理形式、反复，在总体性的生成中打破了静态同一的法则。这种方法被阿多诺视为，像康德对范畴所做的那样，营救去势的客观的形式规范：

> 再一次将它从解放了的主体性中演绎出来。反复(Reprise)是如同它作为其结果追溯地辩护一样，通过动态过程造成的。在这个

辩护中，他传递了当时不可抗拒地漂移到自己之外的东西。①

　　就此而言，"展开中的变奏"原则对贝多芬意味着一种构成音乐总体性的形成过程，一种音乐主题自身与逻辑动态变化之间的关系。它通过动态展开过程克服了主题之间的对立，音乐主题在这个过程中，自我发生的力量得到肯定，一部作品在结束时成为一个完美的整体，这就是贝多芬音乐所展现出的总体性。因此，阿多诺认为，

　　　　在这个方面，贝多芬对于社会客观性的态度更像是哲学的——某些方面，是康德式的，在决定性中则是黑格尔的——而不是不祥的反射。在贝多芬在那里，社会是无概念地被认知的，而不是被刷掉了。对他来说，所谓主题工作是对立、个体旨趣的互相偿还。统治他作品的总体性、整体化学机制（Chemismus）不是一种从图示上包含诸环节的总概念，而是该主题工作及其结果，这种构成合二为一的缩影。这种趋势存在着剥夺素材的资格，这种趋势中可能存在着使剥夺工作得到肯定的自然。动机内核，每一乐章与之相连的特殊性，是自身与普遍相同一的，它们是调性的规则，像它们自己的东西被还原成无、个体是在个人主义社会中被总体预构的一样。这种展开中变奏，社会劳动的摹像，是限定的否定：它不断从曾经建立的东西中，通过摧毁其中的直接性、其准自然的形式，而生产新

---

① Adorno, *Gesammelte Werke*, Band 14, S. 417.

的与增加的东西。①

如果比较一下贝多芬这种作曲手法与黑格尔在《精神现象学》中精神自身展开、概念不断否定自身、从感性确定性向绝对精神的演化过程，就可以看出贝多芬音乐中的总体性是如何形成的。

不但如此，阿多诺还认为，贝多芬的音乐的总体性强势表现为他处理音乐的态度，一种"这就是为什么"的权威式力量对任何抑制音乐主体客观形势的摧毁，他的音乐作品中反复部分的肯定性姿态，

> 在其形式的总体性中，贝多芬的音乐再现了社会过程。这样一来，它展示了每一个体环节——换言之，社会之中的每一单个生产过程——只有根据其在作为整体社会的再生产方面之中的功能才会得到全面理解……一种意义上，贝多芬的音乐，也是一种适用于考验整体是真理这种观念的手段。②

这种肯定姿态是资产阶级社会强大的集体主义的音乐倒影。这也是贝多芬中期作品中特有的强权性，即"必须如此"。这与上文提到的《舒伯特》中阿多诺所说的作为普通平民阶层的舒伯特音乐的亲和性完全不同。

不过，阿多诺并没有否认贝多芬作品获得了与社会的辩证综合，而是认为其与现实处于一种紧张状态。贝多芬肯定了上升时期的资产阶级

---

① Adorno，*Gesammelte Werke*，Band 14，S. 411-412.

② Adorno，*Beethoven: the Philosophy of Music*，ed.，R. Tiedemann，trans.，E. Jephcott，Cambridge，p. 13.

社会总体性，但这种总体性同时也成为一种乌托邦。他是资产阶级社会的产物，却代表着全人类的共同愿望。另外，在中期贝多芬的音乐，尤其是交响乐中，总体性是通过主体对所有他者的压制获得的，它以"我们"这个集体主体言说着，而不是表现为"自我"这个个体。这就是贝多芬音乐赋型的总体性中的矛盾。

以上阿多诺对贝多芬音乐作品的分析，大致可以这样来理解，即中期贝多芬赞成辩证综合的可能性。如果历史趋势为贝多芬的音乐技巧提供了结构的基础，那么主体与客体、个体与社会、自由与形式可以在一种总体性中得到调解。中期贝多芬通过展开中的变奏试图调解主体自由与客观形式之间的对立，在音乐中，他通过来自音乐内部的强大动态力量把音乐内容建立为一种现实性，"在贝多芬那里，让形式处于运动状态的意志、活力总是整体，这体现了黑格尔哲学的世界精神"[①]。

(三)晚期贝多芬：总体性的侵蚀

如果说阿多诺认为中期贝多芬以展开中的变奏这种作曲手法获得了与资产阶级社会类似的音乐总体性，如果说资产阶级社会的总体性原则在中期贝多芬音乐中得到了暂时调解，那么这种调解不但出现在主体与社会之间，而且同时出现在特殊与一般之间，中期贝多芬的音乐是世界-历史的对应物。那么他同样也看到，曾经是一种解放力量的资产阶级开始倒退，重新成为一种高压，资产阶级社会同样以一种集体性名义

---

① Adorno，*Beethoven：the Philosophy of Music*，ed.，R. Tiedemann，trans.，E. Jephcott，Cambridge，p. 10.

再一次压制了个体，在晚期贝多芬音乐中表现出来的是陌生化的风格特征。这里，晚期贝多芬的作品主要是指从 1815 年直到他去世之前创作的作品，主要包括《第九交响乐》《庄严弥撒》，**六首弦乐四重奏、五首钢琴奏鸣曲**①。阿多诺以为，贝多芬从《第九交响曲》力求与外界的交往到《庄严弥撒》重新回到古典形式，已经是一种向内心的退却。习惯了贝多芬中期作品的听众对晚期风格作品**六首弦乐四重奏、五首钢琴奏鸣曲**的生硬、不和谐，怪诞则感到极为陌生，阿多诺说它们"并不丰满，而是布满沟痕，甚至充满着皱裂；它们缺乏甜美、涩嘴、多刺，不屈服于纯粹享受；缺乏古典审美习惯对艺术作品要求的和谐，更多显示出历史印记多于成长的痕迹"。更进一步说，这些作品"夹在多声部图景最坚硬的岩层里、隐藏在孤独抒情性的充满克制的冲动中"②。那么他又如何解释晚期贝多芬音乐的这些特征呢？

我们知道，在康德那里，人的自由问题是通过美学来实现的，康德以美学判断力来沟通纯粹理性与实践理性之间的界河，但他却并没有最终解决这种对立。康德的二律背反在黑格尔那里得到综合，在黑格尔哲学中，普鲁士国家就是最终自由的代表。但是和黑格尔同一个年代的贝多芬则做出了迥异的解释。在晚期的音乐中，他通过非传统手法的使用，放弃了曾经用来确定自己音乐总体性的展开中的变奏作曲技巧，用间离的手法与不和谐音，把部分与整体的综合碾得粉碎，奏鸣曲式在对

---

① 尽管《第九交响曲》《庄严弥撒》也属贝多芬晚期作品，但最能代表他晚期风格的是五首钢琴奏鸣曲（Op. 101、106、109、110、111）与六首弦乐四重奏（Op. 127、132、130、133、131、135）

② Adorno，*Gesammelte Werke*，Band 17，S. 14.

立的动态中得到综合之后又退回瓦解音乐总体性的逻辑。这就是晚期贝多芬，作品通过对现实世界的批判，呈现出主体与客体、个体自由与社会秩序的不可调解性。阿多诺认为：

> 理解晚期贝多芬的关键可能在于这个事实：在他这个阶段的音乐中，总体性作为已获得的某种东西，他的批判天赋所无法忍受的。贝多芬音乐中通过这种实现所采取的素材路线是收缩。先于晚期风格的那些作品的展开趋势与过渡原则相对立，过渡被认为是贫瘠的、"非本质的"，也就是说，与那种把它们捆在一起的总体根本不同的关系仅仅被视为一种规定的传统，不再可行。在某种意义上，晚期作品中出现这种分离是中期阶段"古典"作品中超越因素的结果。贝多芬晚期作品中的幽默因素很可能等同于他发现了中介的不足，而这正是它们的批判方面。①

也就是说，贝多芬晚期作品中甜美与整体性的缺失比中期作品来得更深刻、更接近哲学的深思性。

阿多诺以为，贝多芬晚期风格中主体以妥协方式呈现出来，晚期风格是对中期风格的陌生化，表现出一种风格断裂，因此"必须把传统与主体性自身的关系理解为晚期风格所自从出的形式法则，如果这些作品事实上所代表的不只是动人的遗物"②。由于音乐中主客体处于未调解

---

① Adorno，*Beethoven: the Philosophy of Music*，ed.，R. Tiedemann，trans.，E. Jephcott，Cambridge，pp. 14-15.

② Adorno，*Gesammelte Werke*，Band 17，S. 15.

状态，阿多诺甚至以为，这种状态"恰恰是在对死亡的反思中暴露出来的"①，它不只是贝多芬对个体死亡的反思，也同样暴露出人类在所有客观现实性面前的苍白无力，贝多芬对人类完整性的共存性瓦解的反思，是和外在现实结构一致，正如事实上社会不可能得到综合一样。也由此，阿多诺以为人作为一个"类"的实现在中期贝多芬音乐的总体性中诞生，而这种风格的总体性瓦解又预示了人性本身的死亡。这里，我们可以对比一下哲学家黑格尔，在他那里，一切都只是绝对精神中的一个环节，一切事物都在走向绝对精神的过程中被扬弃，"真理是全体"。但音乐家贝多芬不同于哲学家黑格尔之处是，他认识到人类似乎注定得不到综合，总体性终归是被侵蚀了。

实际上，阿多诺认为"优秀"艺术作品纪录了人类"伤痕"，这在晚期贝多芬音乐中表现为：拒绝直接交流，抵制中性化。这意味着贝多芬的晚期风格作品为了保持其真实性或真理本质，必须抛弃自己的表象对总体性的追求，

空洞的乐汇被竖立起来，作为曾经所是的纪念碑，标记主体性石化。然而，休止，晚期贝多芬的最大特征所在——突然中断，就是断裂的瞬间。就在这个瞬间。当它被遗弃时，作品陷入沉寂，把空洞向外翻转。这时，下一个碎片才加进来，被正在逃遁的主体性魔咒钉住，与先于它的碎片共存亡，因为神秘位于其中，只能通过它们共同建立起来的音型来唤起。这就解释了晚期贝多芬既被称为

---

① Adorno，*Gesammelte Werke*，Band 17，S. 16.

主体的又被称为客体的这种矛盾。碎片的图景是客观的，主体是照耀之光。①

贝多芬的晚期风格，显示出本真音乐的双重否定要求的全部含义：批判现存社会现实。作为"否定文化"，为了保存自己批判的完整性，它不得不体现美学总体的不可能性，"晚期风格可能是一种批判，对这种可能性的批判：使音乐靠纯粹精神维护自身，作为绝对生成，分裂与'格言'指向此。黑格尔清除的正是缺少矛盾的'格言'"②。阿多诺之所以推崇晚期贝多芬音乐风格，原因在于这种音乐风格含有一种更高级的批判，一种意味深长的真理的批判。它暗含着对总体优先性、对所有单一性的否定，这是过分自信的资产阶级社会正在倒退的证词。如果说早期贝多芬依附于贵族，并未获得作曲自由的话，交响曲是对大众言说，而晚期贝多芬的钢琴奏鸣曲、弦乐四重奏的破碎形式是对自己言说，这才是真正达到了黑格尔哲学中"绝对精神"的高度，但是比起黑格尔有过之而无不及的是，晚期贝多芬的音乐风格宣告了总体性的虚假。

从阿多诺对贝多芬晚期风格的解释中可以看出，他把艺术音乐的发展史看作音乐从依附走向自治的过程，也就是说，音乐从社会中产生并从社会中独立出来又批判社会的过程。如果贝多芬的晚期风格呈现出一

---

① Adorno，*Gesammelte Werke*，Band 17，S. 17.

② Adorno，*Beethoven：the Philosophy of Music*，ed.，R. Tiedemann，trans.，E. Jephcott，Cambridge，pp. 12-17.

种批判，即音乐的完整性不能与社会现实和谐共在，音乐只有从社会中分离出来，以内在化的方式才能保全作品的真实性，那么贝多芬的晚期风格则标志着这种音乐形式的开端，其中产生了雄辩的、有影响力的社会抗议，

> 他不再把遭人遗弃的、陌生的图景收集起来，凝结成意向。他用忠实于物力论观念的主体性撞击作品之墙碰出的火花所点燃的火来照亮它。他的晚期作品仍然是一种过程，但不是一种展开，而是在极端之间点火，这些极端不再容忍一切安全的中间立场或自发的和谐。①

纵观欧洲艺术发展史，在资产阶级社会发端之时，艺术家与社会之间处于共生状态，但是到了 19 世纪中期，艺术家则意识到自己的无力状况，因此他们的作品内容变得复杂、尖锐。阿多诺以为，贝多芬就是感受到了艺术交往的危险性，因此"他没有达成一种和谐的综合。像不和谐音的力量一样，可能是为了保持它们的永恒，在时间中他将它们撕裂了。在艺术历史中，晚期艺术是灾难"②。就是说，贝多芬的晚期音乐风格放弃了早、中期所追求的音乐的总体性，由早、中期音乐内容与社会交往走向内省。这样，晚期作品切断了与听众的交流，打破了听众的对音乐可理解性的期待，拒绝听众对作品的廉价接收。从审美上说，晚期作

---

① Adorno，*Gesammelte Werke*，Band 17，S. 16.
② Ibid.，S. 17.

品艰涩，听起来令人感到唐突、古怪，充满不安与惊恐，晚期风格难以通俗化、娱乐化、商品化，它们已经孕育了勋伯格作品抗拒社会的现实性内容。

第五章 | 音乐的极性

阿多诺的音乐哲学建构在《新音乐哲学》①中达到顶峰，这是通过将 20 世纪初两位欧洲音乐巨匠勋伯格与斯特拉文斯基放置于对立的两极，获得了巨大的批判张力来实现的。由于勋伯格与斯特拉文斯基的音乐从观念与处理音乐素材的方法与都迥然不同，而阿

① 《新音乐哲学》（*Philisopie der neuen Musik*），目前有两个英译本，第一个是 Anne G. Mitchell 与 Wesley. V. Blomster 于 1973 年的译本，题作《现代音乐哲学》（*Philosophy of Modern Music*），一个名词之差，却偏离了阿多诺的本意。此译本对英语学界阿多诺音乐哲学研究影响极大，大多数研究阿多诺音乐哲学的学者都是以此为基础的。另一个是 2006 年 Robert Hullot-Kentor 的英译本，题名恢复为 *Philosophy of New Music*。其实阿多诺根本没有建构所谓现代音乐哲学的意向。在他那里只有新音乐哲学。"新音乐"作为专有名词，狭义上专指以勋伯格为核心的新维也纳学派，广义上还包括 1945 年以后受马克斯·韦伯恩影响用十二音技巧作曲的先锋派音乐。阿多诺在谈及 20 世纪现代音乐时，常带有批判态度。在他看来，这些音乐并不能与时代发展相称，即不含有批判，不具有真理内容。

多诺更是以两个极端来标记它们，处理方法极具挑衅性。

一、勋伯格之进步

上文已经交代，勋伯格是阿多诺音乐哲学建构中最为核心的人物，阿多诺晚年的否定辩证法建构就是基于勋伯格的音乐基础之上的。[①] 如果说晚期贝多芬的音乐把巴赫音乐中的主客体二元论解放出来，勋伯格的音乐则进一步瓦解了晚期贝多芬，音乐风格使音乐中的不和谐音得到真正解放，呈现出主体匮乏的逻辑。

最后，革命的新音乐再一次走向体系化，重新走向失败。因此，勋伯格是一位辩证的作曲家。

(一)作为地震仪的新音乐

阿多诺之所以选择勋伯格学派的新音乐作为他的音乐哲学展开，是

---

① 马丁·杰伊正确看出了阿多诺否定辩证法的原型来自勋伯格的新音乐，这一点是对的。因为否定辩证法中的非同一性以及对同一性的批判均受益于勋伯格对传统调性的解构以及后来的体系化的十二音技巧，但是马丁·杰伊又把阿多诺的否定辩证法也说成是无调哲学，这颇为不妥。无调音乐的外延甚为广泛，它既包括勋伯格早期的自由无调性，也包括体系化的十二音技巧以及序列主义音乐，又包括所有调性含糊的先锋派音乐。在阿多诺的新音乐哲学建构中，他赞成勋伯格早期的自由无调性，而批判体系化的十二音技巧以及序列主义音乐。在他看来，新音乐革命的体系化正好等同于启蒙的自反性。因此，以无调哲学命名否定辩证法，阿多诺未必接受。在我看来，所谓"星丛"式的否定辩证法只能对应于早期的自由无调性以及阿多诺在 20 世纪 50 年代末提出的"自由的音乐风格""没有形式的音乐"(musique informelle)。学术界从未对此作仔细区分，所以未能准确理解新音乐与否定辩证法之间的微妙关系。

因为他看到了这个学派音乐主题的强烈的批判现实感以及这种音乐技法对以往音乐技术的扬弃，这也是贝多芬以后最具真理内容的典型音乐形式之一。"今天，音乐哲学只有作为新音乐哲学才是可能的"①，但他又明确指出：

> 是真理还是谬误，是勋伯格还是斯特拉文斯基，其是非功过，都不可能单凭一些范畴(诸如无调性、十二音技巧或新古典主义)便能做出决定的；只能根据这些范畴在音乐结构中的具体结晶化来判断。②

这是对问题处理方式以及避免文本被误解的说明。

我们常说贝多芬的音乐是法国大革命的回响，而阿多诺则更深刻地指出，从中期贝多芬音乐主题展开中总体性的形成到晚期贝多芬的音乐风格对总体性的剥蚀，实则与资产阶级上升时期要求自由进而走向专制相对应；新音乐的出现则是资产阶级社会工具理性与目的理性进一步两极化互相抵抗的结果。马克斯·韦伯在《音乐的理性与社会学基础》中，已经预见了西方音乐的调性解体，只不过他的论述是实证性的，而阿多诺由此发展出一种批判。

在《新音乐哲学》前言中，阿多诺说它是《启蒙辩证法》的附录。既然如此，我们不妨考察一下《启蒙辩证法》的主题，以便更好地进入《新音

---

① Adorno, *Gesammelte Werke*, Band 12, S. 19.
② Ibid., S. 14.

乐哲学》的文本语境。

在《启蒙辩证法》中，基于马克思政治经济学批判，阿多诺指出，自由资本主义市场发展到垄断资本主义经济，资本成为"普照的光"，

> 随着资产阶级商品经济的发展，神话昏暗的地平线被计算理性的阳光照亮了，而在这阴冷的光线背后，新的野蛮种子正在生根结果。在强制统治下，人类劳动已经摆脱了神话；然而，也正是在这种强制统治下，人类劳动却又总是不断地落入神话的魔力之中。①

由于整个社会追随资本组织的逻辑，

> 主体在取消意识之后将自我客体化的技术过程，彻底摆脱了模糊的神话思想以及一切意义，因为理性自身已经成为万能经济机器的辅助工具。理性成了用于制造一切其他工具的工具，它目标专一，与可精神计算的物质生活活动一样后果严重。而物质生活活动的结果对人类而言，却超出了一切计算所能达到的范围。它最终实现了其充当纯粹目的工具的凤愿。②

更进一步，"通过理性化的劳动方式，消除人的本质意义，把人变成单纯的功能的做法从科学领域进入经验世界"③。当整个社会以大工业社

---

① ［德］霍克海默、阿多诺：《启蒙辩证法》，29 页，上海，上海人民出版社，2003。

② 同上书，27 页。

③ 同上书，33 页。

会机器生产的方式来组织，作为个体存在的人被资本整合为社会这个大机器的一个配件，人的存在仅仅成为一种手段而不是目的时，人就彻底异化了，启蒙理性走向了自身的反面。与这种启蒙理性的自反性相应，20世纪初的音乐，当和谐音不足以揭示人的异化状态时，被压制的不和谐音就被解放了出来，以表现人们的生存状态。这就是勋伯格表现主义新音乐革命的实质。

在阿多诺看来，新音乐革命是对资本主义市场经济幻化的同一性的反抗。① 市场对艺术的控制，具体表现为文化以资本大工业的方式进行垄断生产，体现人类精神的艺术也成为市场上变卖的物，从而用抽象的交换价值取代使用价值，追求利润成为生产的唯一目的，艺术品沦落为一种与普通商品毫无二致的商品。因此，

> 新音乐就其起源便是针对传统音乐的商业堕落的反应，它是对凌驾于自己领域之上的文化工业传播的对立。将音乐作为大批生产的商品、进行计划生产的转化，可能比文学或造型艺术的类似过程更长。它的无概念性、非对象的因素——自叔本华以来它就被诉诸非理性主义哲学的因素——使它面对销售时变得脆弱。只有在有声电影、广播和歌唱广告节目时代，它的非理性才被商业理性全盘没收。②

---

① 勋伯格即使在流亡美国时期，也拒绝写作通俗音乐，他曾多次谢绝为好莱坞电影工业写作。1948年他退休的时候，月工资仅仅为48美元。

② Adorno, *Gesammelte Werke*, Band 12, S. 15.

如果说音乐源于集体舞蹈和祭仪，即初民时代音乐的社会功能也是音乐原初的使用价值的话，那么在资本主义社会中，音乐商品的使用价值已经被交换价值所取代，

> 尽管从作为经验性的集体中分离出来的观念集体，它仍然带着它不可避免的社会孤立及其在矛盾中确立的表现特征。被众人听见构成了自身客观化的基础，当这种感知受到妨碍，客观化必然堕落，接近虚构——成为审美主体的骄横：明明只有"我"，他却称"我们"，而这个"我"若无"我们"作为假定，便无话可说。①

事实上，音乐中言说的"我们"，是一种幻象，是大写的资本逻辑这个"理性的狡计"得逞之后个体性的石化，

> 艺术作品释放出来的张力，是主体与客体、内在与外在的张力。今天，在经济彻底组织的压力下，两者被整合为虚假的同一性，整合为大众与统治机构的默许，这种张力不仅消解了作曲家的生产冲动，而且消解了作品的重力，这个重力曾经落在作曲家身上，现在已经不再能得到历史趋势的支持。②

新音乐言说不是以"我们"，而是以个体的我的名义言说着"我"，它是无

---

① Adorno, *Gesammelte Werke*，Band 12，S. 26.

② Ibid.，S. 30.

力的个体在强大的社会同一性控制之下歇斯底里的吼叫、一种灵魂扭曲状态的呐喊。如果说巴赫的复调音乐是启蒙精神时代的产物，中期贝多芬的音乐也以集体性的名义言说，晚期贝多芬通过碎片的形式重建，预示了资产阶级社会总体性的幻象，那么，直承贝多芬的不是理查·施特劳斯，更不是以纯粹客观性标榜的斯特拉文斯基，而是摧毁了调性的勋伯格。是勋伯格通过解放不和谐音，表现了他所面对的垄断资本主义社会现实。勋伯格音乐的难解性不是别的，而是"仅仅执行了自己的写作意图，尽管这种意图与自己格格不入"。

20 世纪初出现的音乐的调性解体，不能归因于单纯的个体现象，

> 而是对外在社会的抗争。结构的严格性——音乐仅就这一点来说，与企业的无处不在相抗衡——已经使它在自身中如此硬化，以至于外部真实的东西不再影响它们，正是那些东西曾经带来内容，使绝对音乐真正成为绝对。[1]

勋伯格的音乐作品以其不和谐音切断了与社会的交往，而不屈服于那自封的人道主义，因为他已经看破，这种人道主义无论如何装扮都不能掩饰其真实面目。先进音乐与其灌入积极内容，还不如通过被管控社会的拒绝，来保证自己的真实性。因此，阿多诺认为，勋伯格的音乐"在目前这种状况下，它采取限定的否定（bestimmten Negation）态度"[2]。限

---

① Adorno，*Gesammelte Werke*，Band，S. 27.

② Ibid.，S. 28.

定的否定当然是黑格尔的术语，它不是纯粹否定。阿多诺看到了勋伯格音乐的辩证实质，尽管这对种说法对于勋伯格本人来说显得相当陌生。

面对被管理的世界、和谐幻象中的极度不和谐，勋伯格音乐内容的激烈程度是整个 20 世纪绝无仅有的。作品的深刻主题，来自心理、心灵深处的紧张，更来自人们对世界的恐惧。这种音乐引起人们强烈的不适感，本质上是人的灵魂在作品中的投射，是艺术对社会现实的批判，

> 他的真正革命环节是表现的功能转变：激情不再是伪造出来的，相反，是在音乐媒介中记录下来的、无意识、无掩饰的身体冲动、震惊、心理创伤。它们攻击了形式的禁忌，因为这些禁忌使情感屈从于审查，使它们合理化并把它们在图像中进行转化。勋伯格的形式革新与表现内容的变化密切相关。它们有益于其现实性的突破。①

这里，我们有必要分析勋伯格的有关作品，以免落入空谈。

上文多次提及，阿多诺之所以赞同勋伯格，是因为后者激进的音乐内容描绘了个体以及人类真实的受难。它不像传统音乐那样以慰藉的方式给人提供任何避难所，而呈现出一种人的潜意识世界，这是音乐第一次对人进行"心理分析"。例如，独角戏《期待》中女主角在夜里寻找她的情人。剧情在刺耳的不和谐音乐中展开：森林的入口，月光下的田野和道路，笼罩在一片黑暗中的高大森林，主角被恐怖所支配，她鼓起勇气

---

① Adorno，*Philosophie der neuen Musik*，Suhrkamp，1997，S. 44.

进入森林，结果无意中发现了她所寻找的男人的尸体。勋伯格对主角的心理刻画，

> 就像分析患者一样托付给音乐。仇恨与欲望、嫉妒与宽恕，以及除此之外——整个无意识的象征性都被她表现了出来，而音乐只有在女主角疯狂的情况下才使人想起它的令人慰藉的申诉权，在女主角精神错乱的瞬间唤起慰藉的权利。①

然而与此同时，创伤性震惊的地震仪记录成为音乐的技巧法则，音乐语言根据其极端而两极化："趋于震惊姿态，身体抽搐一段；并且吓得呆若木鸡。"②因此，在勋伯格那里，音乐的形式表现与内容的现实性合流。阿多诺认为，勋伯格的音乐话语比交流话语更能充分揭示社会状况，因为它是孤独的社会特征，"艺术的形式比文献本身更正确地记录了人类历史"③。这是阿多诺对勋伯格音乐最好的认可。

如果说《期待》是个体的心理刻画，那么《幸运之手》（1910—1911年）则表现出主角对总体性之梦追求的破灭，对劳动分工所造成的人的异化状态的批判。戏剧第三幕发生在一个车间，这是一个工人在机器边劳动的场景，是对工业社会中人与劳动永远处于一种矛盾对立的我他关系的描写。透过焦虑恐惧的交往的主题，阿多诺看到剧中，

---

① Adorno, *Philosophie der neuen Musik*, Suhrkamp, 1997, S. 47.

② Ibid. , S. 47.

③ Adorno, *Gesammelte Werke*, Band 12, S. 47.

他（工人）与社会中真实的生产过程相异化，不再能辨别劳动与经济形式之间的关联。对他来说劳动现实似乎是绝对的。工人栩栩如生地出现在风格化的戏剧中，与他面对的物质生产所分开的恐惧相一致。它是对必须觉醒的恐惧，因为它完全控制了梦境舞台与现实之间的表现主义冲突。[①]

尽管勋伯格音乐文本中的批判针对的是劳动分工，不是指向生产的社会关系，他也反对对他的音乐作品附加任何音乐之外的政治、美学解释，但是阿多诺却看出了勋伯格作品所描写的人类劳动关系中的无政府状态，源头不在别处，而在资本主义社会制度本身。是社会把自己产生罪恶的负担（资本）施加于牺牲者（工人）身上。资本主义社会工人心理恐惧不是他们自己的过错，而是对自己生存状态的抗议。这倒是让人想起卓别林的电影《摩登时代》。阿多诺把勋伯格这部作品内容在哲学上向更纵深处推进，

混乱规定了根据交换，社会盲目地再生产，无视个体的法则。这个法则与生俱来的是不断增长的控制所有他者的力量，在市场价值法则以及工业集中的牺牲者看来，这个世界的确混乱。但这个世界"本质上"并不混乱，只是被世界的冷酷无情原则所压迫的个体才认为如此。在个体看来，使世界变得混乱的力量最后为混乱的再组织承当了责任感，因为世界处于这种力量的支配之下。混乱是宇宙

---

① Adorno, *Gesammelte Werke*，Band 12，S. 49.

的功能——有序之前的无序。混乱与体系归入社会，同样也归入哲学。①

正因为如此，勋伯格完全瓦解了瓦格纳音乐中的"伪总体性"逻辑，资本主义现实中，人总是表现为碎片。用勋伯格自己的话来说，"音乐不是装饰的，而是真实的"，"艺术不来自'能够'，而来自'必须'"②。

　　阿多诺对勋伯格音乐进行哲学分析后得出的结论是，勋伯格音乐的伟大之处就在于它以不和谐这个内核揭露了被管理世界的"伪总体性"，以其极端的表现手法再现了人类在市场同一性控制下的受难，其真实性也在于，它否定了这种观念，

　　　　自资产阶级时代以来，所有伟大的音乐都假装不间断地实现这种统一性，并从自身的个体化中证明它所受到的传统普遍性，从而找到它们的满足感。新音乐对此加以否认。③

通过对个体命运的描述，勋伯格的音乐作品抵制与现实的调解，正是这种不和谐音乐说出了"总体总是不真的"。用阿多诺哲学行话来说，不和谐音，与和谐音比较起来，不但更为不同，而且更进一步。勋伯格学派的音乐清除了任何对于总体性的要求。

---

　　① Adorno，*Gesammelte Werke*，Band 12，S. 49.

　　② A. Schoenberg，*Probleme des kunstunterrichts*，in *Musikalisches Taschenbuch*，1911，2. Jg.，Wien 1911.

　　③ Adorno，*Gesammelte Werke*，Band 12，S. 44.

(二)音乐素材的辩证法

《新音乐哲学》中，一个重要主题是阿多诺关于音乐素材[①]的讨论，这涉及音乐内容的历史性问题，同时也涉及音乐哲学的社会批判内容，其实质是批判把资产阶级社会看成是永恒的思想观念。在他看来，如果音乐素材是一定社会历史中的产物，那么资本的法则也不是支配社会的永恒逻辑。实际上，阿多诺透过对音乐素材的历史分析，其矛头指向的是资本主义社会发生、发展史，只有对其理论作深入透彻的理解才能领会这种内核。

从通常的实证观念出发，音乐素材只不过是一种可以根据物理声响心理学来界定纯粹自然的物理现象，作曲家就是运用这种不同的声音进行创作的。但阿多诺则不以为然，他认为，与对音乐素材进行实证规定的做法相反，

> 作曲素材与此不同，正如语言不同于不同声响库存。它不只是随着历史过程缩小与扩大，其所有具体特征还是历史过程的标志。它们所携带的历史必然性越完美，越不能以直接的方式作为历史特征来阅读。[②]

---

① 音乐素材(Material der Musik)是阿多诺音乐哲学的关键性概念之一，一般指调式与调性。阿多诺早期音乐哲学文本中就有音乐素材概念的意向，但详细论述则是在《新音乐哲学》中。阿多诺对音乐素材的思考主要集中于其历史性的问题，借以反对资产阶级自然法的观念。《美学理论》中艺术素材是此概念的延伸。

② Adorno, *Gesammelte Werke*, Band 12, S. 38.

阿多诺进而以反论的形式展开了他的音乐素材观念，

> 有人认为，近 350 年来的调性乐汇都是自然的，越出这些既定的理论原则，便是叛经离道。实际上，这些僵化的原则本身恰恰就是社会压力的明证。调性体系的第二自然是历史起源的幻象。它的尊严归功于交换社会封闭的、排他性的体系，它自身的运动旨在实现总体性，连同它的可替代性。所有调性元素高度一致。然而，新的音乐是从旧的方法中内在运动产生的，同时它以一种质的飞跃使自己与它们分离开来。有人觉得，意义的新音乐与传统音乐相比，更多臆想成分，更缺乏感言想象，只是误解的投射。①

第二自然之说，是阿多诺对马克思主义哲学学派的继承与改造。政治经济学中的第二自然批判固然广为人知，但音乐中此说则从何说起？对此问题的分析，必须从西方音乐中大小调体系图示的确立来阐释。

欧洲音乐自巴赫起，大小调体系逐渐取代教会调式获得统治权，音乐创作也逐渐纳入这种调性图式。大小调中最基本的关系是横向音阶与纵向和声，而和声关系又表现为最基本的三和弦。调性音乐中无论横向音阶与纵向和弦都存在着主属关系，这就是所谓的音乐等级制。音乐创作必须符合这种等级制，才适合这个在一定历史阶段所确立的音乐逻辑：基于一种声音的排列秩序以满足人的听觉需要。这就是支配了近现代西方音乐史 350 年的体系。调式图式流行的社会基础，与欧洲社会发展对

---

① Adorno，*Philosophie der neuen Musik*，Suhrkamp，1997，S. 20.

一种新秩序——逐渐出现的资产阶级社会制度——的追求密不可分。

巴赫开启古典主义之后，中期贝多芬音乐中通过展开中的变奏发展出具有强大总体性的乌托邦逻辑，而晚期贝多芬在意识到这种乌托邦之后，以碎片的形式打破了这种音乐总体性。[①] 作为伟大结构作曲家巴赫、贝多芬的追随者，勋伯格则以一种完全不同的形式展开了音乐发展的逻辑。勋伯格之前，瓦格纳通过半音阶的使用使音乐服从于其意志，从而打开了调性解构的大门，勋伯格更进一步彻底打破了调性音乐的纵向与横向、音的主属关系，把不和谐音解放出来，瓦解了音乐的调性关系，

> 结果，每一种声音变得自治，所有声音都享有同等权，推翻了调式三和弦的统治。音乐的内在张力撕碎了调性的外壳，以及与它共生的许多东西。没有这个外壳的抵抗力，他们很难实现他们现在所呈现出来的力与集中。[②]

早在《和声学》中，勋伯格就已经明确声明：音乐不承认自然法则。1932 年，阿多诺通过自然历史观念的表述，也宣称音乐具有内在历史性，调性已经是第二自然。这是对勋伯格的直接继承。《新音乐哲学》中，他进一步指出，

---

① Adorno, *Essays on Music*, California, 2002, p. 634.
② Adorno, *Gesammelte Werke*, Band 18, S. 439.

将一切时代的音乐带进建立不变"理解"中的努力，是以音乐主体的恒定性为前提的。这种假设与自然素材的恒定性的关系比心理学差异所做的答复更为密切，后者不充分且不承担义务地描述的东西可以在素材的运动规律的认知中去寻找。根据它们，并不是一切事情在任何时代都是可能的。①

音乐素材的发展历史涉及审美法则本身的发展历史，事实上并不存在资产阶级理论家所说的普遍必然性的静态法则。"素材本身是沉淀的精神，一种社会的、通过人的意识预先形成的精神"②，从本质上说，它是历史过程中沉淀下来的，只是在这种形成过程中，人们遗忘了它的起源，因而其呈现出一种先验性，使人们误以为它是一种自然物。新音乐革命的实质之一就是它必然会出现一定的历史发展阶段，这是一种音乐内部发生的逻辑，它使传统音乐素材压制下的因素获得解放，从而释放出"另一种逻辑"，一旦音乐被剥去了以往历史外壳的束缚，就打开了音乐的自由领域。因此，阿多诺评价，"勋伯格音乐的音乐素材的运动如此辩证"③。

阿多诺的解释显得迂回曲折，这关系到勋伯格新音乐革命的实质。说得通俗些，即传统音乐素材是通过调性语言这种等级制度来获得同一性统治的，和谐音本质上说是通过对不和谐音的压制而获得的，新音乐革命的实质是通过对"同一性"（传统调性）实行"内部爆破"，使"非同一

---

① Adorno，*Gesammelte Werke*，Band 12，S. 39.

② Ibid.，S. 39.

③ Ibid.，S. 42.

性"（不和谐音）释放出来。不和谐音不是来自音乐外部，而是隐藏于音乐自身，只是在过去的社会历史发展中被人为总结起来，

> 随着素材解放的同时，技术上控制它的可能性也在增加。仿佛音乐已经摆脱了它的材料所施加的最后所谓的自然强制，现在能够自由、有意识、透明地对这些材料进行处理。用这些声响作曲家解放了他们自己。[①]

如果把这种谜一般的特征转换成阿多诺的说法，那就是，只要同一性存在之处，就存在着非同一性，它们是一体两面，实际上是一种支配与被支配的主奴关系。既然现在世界仍然受制于资本幻化出来的"一"，那么反抗这个"一"就成为一种"逻辑必然性"。这种反抗不是从外部强加的，而是来自被抑制的事物内部。这后来被阿多诺表述为反对一切外来暴力的逻辑。正是在这种新音乐革命的基础上，阿多诺展开了非同一性的否定辩证法的"哥白尼式革命"。

(三)体系化：新音乐革命的自反性

勋伯格早期的自由无调性，并没有彻底贯彻功能性的无调性观念，因此早期的音乐实践与体系化了的十二音技法有着质的区别。[②] 直到

---

① Adorno, *Gesammelte Werke*，Band 12，S. 66.

② 由于受专业性遮蔽，哲学界未能严格区分勋伯格新音乐革命的阶段性。因此，尽管学界指出了阿多诺否定辩证法与勋伯格的音乐革命之间的联系，但始终未能深入探讨二者的深层次关系。

1923 年，勋伯格由"用所有的音作曲"转到提出"用十二个音作曲"，最终宣告了十二音作曲体系的完成。十二音技巧中，原形对音乐作品来说呈现出一种先验性，作品的好坏取决于原形的选择；这种作曲技法规定，必须用十二个音作曲，一个也不能少，一个音列中一个音只能出现一次。但依阿多诺的看法，这种技巧本质上说是人对音秩序（外在自然）进行强暴，而对音符（外在自然）的控制逆转为对作曲家主体的控制，即作曲家始终留心于那个呈现为先验性原形的选择。也由此，严格的十二音技巧使自由无调性凝固化了，因为它排除了从调性到无调性之间的游移，当然也包括对隐蔽调性的清除。于是，"一种音乐中自然控制的体系由此产生。它满足了来源于资产阶级史前时代的一种渴望：'把握'并把所有的声音按顺序排列，把音乐神奇本质渗入人的理性"①。从本质上说它是一种封闭的体系，因为在这种音乐中没有艺术"观念"，作曲家要求的不是音乐组织如何变得有意义，追求的是近乎迷信的精确与正确。这引起阿多诺的强烈反感，

> 从音乐动态向静态的突变，而不仅仅是纯粹的力度变化……解释了勋伯格的作品在他的晚期阶段由于十二音技巧而呈现出的奇特的固定的体系特征，作曲动态工具——变奏变得彻底。因此，它废除了服务的动态。音乐现象不再作为展开中的自身而呈现自我。主题工作成为趋向于作曲家的单纯的试作（Vorarbeit）。因此，变奏不再以这种方式出现。然而，全体与无都是变奏，变奏被招回到素材

---

① Adorno，*Philosophie der neuen Musik*，Suhrkamp，1997，S. 62.

中，在真正的作曲开始之前就使它预先形成了。勋伯格将他晚期作品的十二音结构称为私人的事务，正暗示了这一点。音乐成为程序的结果，它屈从于特定的素材，不允许自己变得不可见。因此它成为静态的。①

这是勋伯格新音乐革命的最终结果。

勋伯格的新音乐革命在阿多诺的眼里正好等同于启蒙的自反性：新音乐把音乐从传统的调性音乐——第二自然中解放出来，这无疑是一个巨大的进步，新音乐的内容是表现人类受难，因此它是具有历史现实性与批判性的伟大艺术；但是由于其本身的逻辑发展，新音乐的进步重新退化为一种强制的新秩序，从而重新回到"被管理的世界"，因此相对于早期音乐革命而言，十二音技巧则表现为倒退。由于十二音技巧更接近于作为控制霸权的观念状态，新音乐革命本身释放出来的非同一性（星丛式的自由的无调性）在它自身发展时被扼杀在序列技巧之中。"十二音的一贯性就像一种幻觉，它放弃任何音乐自身中存在的意义，它根据命运图式来处理音乐。"②十二音音乐把声响还原为纯粹抽象（音列）的控制，它摧毁了调性尺度但是建立起序列的控制，因此体系化的十二音的结果对音乐的解放来说是一种失败。

也因此，阿多诺指出，

---

① Adorno，*Gesammelte Werke*，Band 12，S. 62-63.

② Ibid.，S. 68.

> 落入历史辩证法的音乐，也参与其中。十二音技巧实际上是它的命运，它通过解放音乐给音乐戴上镣铐，主体通过合理的体系而控制音乐，以便使自身屈从于合理的体系。正如十二音技巧中一样真实的作曲变奏的生产力——被推回到音乐素材，作为一个整体作曲家的自由也是如此……因此技巧成为使自己与主体格格不入并最终通过自己的力量征服了主体的素材的规定。①

如果说传统音乐屈从于调式音乐技巧，新音乐革命的初期则是把音乐从这种束缚中解放出来，从而使声响获得自由，而十二音技巧实际上把已经获得的自由从音乐中清除掉了，其结果是，如果"作曲家的想象力曾经使这素材完全顺从于结构的意志，那么这种结构素材使想象力瘫痪了"，进步新音乐重新蜕变成一种纯客观性的音乐，进而，

> 从打破这种调性素材的盲目的控制的操作中，通过这种规则体系，发展出第二个盲目的自然。主体服从于它，并寻求在它对自己实现音乐的可能性感到绝望时表现出来的保护与安全。②

阿多诺因此认为，十二音技巧是一种失败，由于勋伯格十二音体系结构排除对立，讲究明晰性，因而与斯特拉文斯基的客观性音乐显示出一种微妙的相似性。阿多诺惊人地预示了终有一日勋伯格与斯特拉文斯基会

---

① Adorno, *Gesammelte Werke*, Band 12, S. 64.
② Ibid., S. 65.

走到一起。但是，音乐不只是一种客观社会存在，它的功能正在于超越这种存在。也就是说，伟大的音乐总是批判现实的，如果说勋伯格的早期新音乐革命具有现实批判性，那么，十二音技巧恰恰是新音乐革命走向保守的结果。因此，"作为艺术家，重新为人们赢得了艺术自由。但同样是这位辩证的作曲家自己终止了辩证法"。

阿多诺的新音乐哲学批判，说十二音体系代表了文化专制，解放了的音乐主体再一次遭到奴役①，这引起勋伯格的极度不满，因为他反对任何把他的音乐做纯艺术以外阐释的可能性。这里必须指出的是，作为文化的音乐是否能与极权世界联系起来，其中存有很大的商讨余地。因为，文化与经济基础以及作为上层建筑与政治的关系错综复杂，远非阿多诺所说的那样明晰，更何况他把新音乐的再体系化当作一种政治极权的征兆来看待。也无怪乎勋伯格对《新音乐哲学》大为恼火。

但是，如果说音乐家对音响（自然）的控制对应于人对外在自然的控制，这的确是令人深思的影射。按照阿多诺在《启蒙辩证法》中的说法，如果人对自然的统治的确逆转为人对人的控制，而历史却正是在这种统治中发展出来的，这一点阿多诺自己也承认。发展社会生产力，人类在更高的历史阶段进一步受到奴役，这的确是一个悖论，如何解决它，阿多诺本人也从未清晰说过。在这个层面上，阿多诺开了后马克思主义的先河。

---

① 托马斯·曼在《浮士德博士》中以小说的形式叙述了这个主题，当然，观念是阿多诺的。詹姆逊在《马克思主义与形式》中也谈到了这个问题，不无灼见。参见［美］詹姆逊：《马克思主义与形式》，27 页，天津，百花文艺出版社，1995。

　　我对《新音乐哲学》的看法是，它本身就是带有强烈批判性的哲学理论，必须把它置于19—20世纪世界复杂的政治、经济与文化的背景中去理解，不能抽象地阅读。读者还必须重新把它置于阿多诺的所有文本群中去理解，且不能脱离马克思的政治经济学批判理论。另外，了解第二次世界大战时阿多诺的流亡经历，尤其是移居美国的经历也不可或缺。这部著作中贯穿着阿多诺流亡异国他乡的体验，尤其是阿多诺看到在号称自由国度的美国，大工业垄断统治之下生产方式，一切以市场为导向，服从于交换价值这个唯一目的，人完全被整合到社会，安逸地生活着，而文化只是一种社会的黏合剂，毫无批判功能可言。从这一点出发来阐释《新音乐哲学》似乎要合理些。

　　此外，我们还应该看到，阿多诺对勋伯格的批判，在新音乐的革命中看出了来自体系内部反对自身的非同一性，但正是这种非同一性本身再一次走向反面，重新成为一种新的同一性统治的可能。这不过是一种新的主奴关系的再一次颠倒。值得留意的是，阿多诺并没有认为新音乐可以救赎人类，而认为新音乐只是浮瓶传信，这个瓶子并不能拯救这次航行。尽管受难的人类飘摇在无垠的大海上，黯淡的前景却并非人类的永恒命运。

二、斯特拉文斯基之反动

　　20世纪的西方音乐界围绕勋伯格和斯特拉文斯基有着太多的话题，这二人之间的对立也是音乐界公认的对立。斯特拉文斯基一生的音乐创作风格多变。一般说来，其音乐创作可分为三个阶段：俄罗斯时期（1908—1923 年）、新古典主义时期（1923—1951 年）、序列主义时期（1952—1968 年）。第一阶段的代表作为芭蕾音乐《火鸟》《彼得鲁什卡》《春之祭》《士兵的故事》，而以为纪念德彪西而创作的《管乐交响乐》结束。这一时期斯特拉文斯基创作的音乐题材多为俄罗斯神话传说，音乐风格上以俄罗斯民族乐派为主，兼受德彪西的印象派影响。作曲技法上不解决和弦造成和声紧张。1923 年进入新古典主义阶段，作曲家试图把巴洛克风格融入现代音乐构架，这一阶段的音乐题材多采用希腊、罗马神话传说。作品如《俄狄浦斯王》《阿波罗》《奥菲斯》，音乐创作所具有的冷静、简洁、单纯、清晰的特点更进一步表现在《诗篇交响曲》《木管协奏曲》中，新古典主义阶段结束于《浪子的历程》。1952 年后进入序列主义时期。

斯特拉文斯基也有自己独立的音乐观，他反对把音乐看作人类特定情感的表现说，关心的是捕捉音乐形式的轮廓，因为他认为音乐的形式就是一切，

据我看来，音乐从它的本质来说，根本不能表现任何东西，不管是一种情感、一种精神状态、一种心理情绪、一种自然现象。……表现从来不是音乐的本性。表现绝不是音乐存在的目的。即使音乐看起来像是在表现什么东西（情况几乎总是如此），那只是一种幻象，而不是事实。那仅仅是由于长期形成的默契，作为一种标签、一种惯例、我们所给予、所强加于音乐的一种附加的属性——总之，是我们不自觉地或由于习惯势力对音乐的本质所误解

的一面。①

当然，阿多诺批评斯特拉文斯基的主要问题还在于他的音乐作品。

(一)《春之祭》复活了神话

20 世纪 20 年代中期，在论述有关音乐的形式问题时，阿多诺就已经把勋伯格和斯特拉文斯基看成现代音乐的两极。因为这两位作曲家都涉及一个同样的问题，那就是如何处理音乐素材问题。在阿多诺看来，勋伯格的十二音技巧通过强迫素材屈服于自己的技法，因而是从"素材内部"来处理问题，而斯特拉文斯基则通过过时的俄罗斯民间音乐形式，从"素材外部"来处理问题。在 1928 年的一篇论文《静态化的音乐》中，阿多诺给新古典主义和民间音乐学派贴上了"静态化音乐"的标签。② 依他看来，现代社会中，新古典主义不能发现新的音乐形式而求助于古老的音乐形式，而斯特拉文斯基是这种新古典主义最典型的代表。新古典主义音乐本质上不过是新瓶装旧酒而已，没有发展，因而是"静态"的。当然，这里阿多诺更多客观地分析了斯特拉文斯基的音乐素材及其音乐的基本特征，对待斯特拉文斯基的态度也比较温和，他同时也指出，在某种程度上，斯特拉文斯基的音乐也反映了社会的异化状态，如《士兵

---

① 斯特拉文斯基：《我的生活纪事》，转引自于润洋：《现代西方音乐哲学导论》，83 页，长沙，湖南教育出版社，2000。

② Adorno，*Gesammelte Schriften*，Band 18. Herausgegben von Rolf Tiedemann unter Mtiwirkung von Gretel Adorno，Susan Buck-Morss und Klaus Schultz (Suhrkamp Verlag Frankfurt am Main，1984)，pp. 721-728.

的故事》通过讽刺和碎片的素材来表现异化。

在 1932 年的《论音乐的社会状况》中，阿多诺评价斯特拉文斯基的客观主义音乐时说：它们认识到作为自我孤立和"个人主义"的异化事实，并更深入一步提出意识层面的事实；然而，这只是在音乐自身内部、以一种审美的形式来进行的。客观主义音乐对现实采取漠不关心的态度而无视真实社会。大部分客观主义音乐体裁陈旧，如神话内容、民间音乐题材的采用，再如新古典音乐无视变化了的时代，用古典时代的音乐语汇重建一种"新"的音乐语言，如此等等。这些类型的音乐都不具有现实批判性，因而不是好的音乐、完全变化了的音乐。在 1949 年的《新音乐哲学》中，阿多诺加深了对斯特拉文斯基客观主义音乐的否定。要理解这个问题，这里必须重新回到上文的音乐素材问题。在阿多诺看来，

> 音乐创作中所用的声响并非纯粹物理的、自然的，尽管它们包含着这些因素，也不能根据心理学来界定。从哲学上说，音乐声响是社会现象的产物，不同历史时期的声响是社会现实的产物，因此音乐的发展谱系中隐藏着历史的发展内涵，它是社会历史变迁的镜子。尽管这些特征内部所呈现的历史必要性的程度越高级，它们越间接地成为历史的标志。①

也就是说，音乐素材是历史地生成的，在已经变化了的时代，音乐创作只能立足于现时代，而不能求助于古老的形式。在这个极其重要的问题

---

① Adorno, *Philosophie der neuen Musik*, Suhrkamp, 1997, S. 38.

上，斯特拉文斯基的俄罗斯民间音乐风格与新古典主义的音乐被阿多诺
看成是倒退的重要原因之一。

一般看来，斯特拉文斯基俄罗斯时代的音乐是对瓦格纳浪漫主义有
意识的反动，斯特拉文斯基自己也作如是观。如在《春之祭》这部嘈杂而
极具挑衅意味的作品中，斯特拉文斯基引用古老的俄罗斯异教徒的民间
传说，从本质上说是对传统音乐的造反，为音乐输血，让它新生。但是
阿多诺并不认同这一点，在他看来，如果"瓦格纳是以德国多神教方式
实现的，那么斯特拉文斯基则是回到图腾部落"①，而"这个前历史被构
造得越现代，那么它就越倒退到更早的时代"②。应该承认，斯特拉文
斯基在俄罗斯时期的创造力是非凡的，在俄罗斯音乐史乃至西方音乐史
上也属少有：极为复杂的音乐织体与节奏，强大的音乐冲击力，足以颠
覆西方整个音乐传统。但是其音乐内容却采用远古民间传说与民间音
乐，这引起了阿多诺的异议。这类题材类似于神话，是未经过中介的。
斯特拉文斯基转向新古典主义阶段以后，虽然在他自己看来是对于欧洲
音乐传统的重新认识，但是音乐远远失去了同时代人的丰富的想象力，
激情的火花不再闪烁。在新古典主义时期的几部有代表性的作品中，很
难发现早期斯特拉文斯基的影子，1930 年的《诗篇交响曲》第二乐章的
赋格真的使人回到了遥远的巴洛克时代。那是戴着假发触摸着管风琴的
巴赫，而不是斯特拉文斯基。当然，对于斯特拉文斯基转向新古典主
义，批评家的态度褒贬不一。而持否定态度的也非阿多诺一人。但如果

---

① Adorno, *Philosophie der neuen Musik*, Suhrkamp, 1997, S. 154.
② Ibid., S. 154.

从阿多诺的音乐素材的历史性上看，通过古典风格获得的斯特拉文斯基音乐的现代性，音乐与文明的交织被撕裂了，借用本雅明的一句话，斯特拉文斯基的音乐语言是"现代的原始历史"①。在音乐的嘈杂声中，见不到现代社会的影子，而是充斥着人类的原始崇拜。

(二)《彼得鲁什卡》：主体之死

主体表现是艺术的一个本质要素，这是阿多诺美学理论的观念之一：当一种主体沉思客观特性，如忧伤、力量或怀念，想要大声表白时，艺术就得表现。《静态化的音乐》中，阿多诺批判斯特拉文斯基拒绝表现并强调作为音乐特征的游戏，批判个人主义而赞同集体性，求助于冷酷的快乐，回避现实社会发展冲突、现代主义的危机。而音乐中主体的表现在斯特拉文斯基那里被赋予一种客观性，阿多诺把它解释为反主体的客观性，反个体的集体认同。当然，阿多诺对于斯特拉文斯基的批判只有放置在勋伯格-斯特拉文斯基的"力-场"中才能得到充分阐述。

1909 年勋伯格的单人剧《期待》中充满了幻觉中的暴力，一种出自潜意识的爆发，乐曲着重心理描写，令人情绪紧张。而他完成于 1913 年的《幸运之手》，则表现了艺术家为使自己摆脱女人和社会而进行的斗争。两首作品的内容都是表现主义的。从创作的背景上看，当时整个西方社会的现代化进程中，在现代工业文明的冲击下，固有的政治经济秩序产生了剧烈震荡，表现主义的新音乐就是这个特殊时代背景中的产物，它所要表现的内容是这个时代所特有的。斯特拉文斯基对表现主义

---

① Adorno，*Philosophie der neuen Musik*，Suhrkamp，1997，S. 183.

的音乐美学观念持坚决的否定态度，反对将主体内心的情感体验当作音乐创作的前提。在具体创作实践中，斯特拉文斯基有意识地突出其音乐作品的客观性，始终坚持把自我放到一个客观、冷静的位置上，尽量避免主观情感因素的直接介入。

《彼得鲁什卡》是斯特拉文斯基最著名的芭蕾舞作品之一。其内容是，在圣彼得堡的露天市场上，一群农民、吉普赛人、士兵、小贩围成一圈，一个魔术师表演木偶戏，其主角是三个木偶——小丑彼得鲁什卡、心地险恶但相貌英俊的摩尔人和芭蕾舞女演员。魔术师对三个木偶实施魔法，它们令人吃惊地获得了生命，随音乐跳起舞来。不料小丑爱上了芭蕾舞女演员，而女演员却对他冷若冰霜，小丑只好向魔术师诉说自己的苦恼。女演员喜欢上摩尔人，极尽引诱之能事。小丑对此非常嫉妒，破坏了他们的好事，摩尔人大为恼火，举刀杀死了小丑。众人大惊，魔术师赶来，说这是一场误会，彼得鲁什卡只不过是个没有生命的木偶。围观者散开，天黑下来，小丑的鬼魂在空中向不相信他真实生命的人发狂地挥舞着拳头。全剧结束。

与《春之祭》的狂野、躁动不安不同，《彼得鲁什卡》的音乐诙谐、活泼，充满典型的俄罗斯东方情调。人们对此提出异议并不多见，而阿多诺则不然，他说，斯特拉文斯基的《彼得鲁什卡》，

可能并不缺乏主体主义特征，但是音乐并不站在嘲笑被虐待者的人那一边，而是站在被虐待者那一边，结果，小丑的不死并没有成为集体的和解，而像是邪恶的威胁，主体性在斯特拉文斯基那里呈现出牺牲特征。但音乐并不认同受害者，而是认同毁灭的实情，

通过对牺牲的清算，它剥夺了自己的意向与自己的主体性。①

勋伯格作品《月光下的皮埃罗》描写的也是一个小丑形象，但他对小丑的处理方式与斯特拉文斯基迥异，在勋伯格的作品中，"一切都以退回到自身的孤独的主体性为中心，整个第三部分在一个玻璃般的无人区设计了一个'返乡之行'，这个仿佛超验的主体摆脱了经验的纠缠，在想象的层面上重新发现了自己"②。阿多诺更以海难者得到营救而存活下来为例，说明勋伯格的音乐为绝望者提供了希望，这真的是救赎，难怪这两位作曲家的两部作曲在内容与表现形式上格格不入。由此观之，阿多诺不仅从"自己的"音乐学派观点出发，而更为主要的是，他是作为一个哲学家，经历了两次世界大战，从流浪到美国的欧洲人的视角来看待两位音乐家之间的区别。因此，阿多诺对任何对个体的虐待感到"义愤填膺"。

在《春之祭》中，斯特拉文斯基的集体主义观念达到顶点。《春之祭》描写的是俄罗斯异教徒祭奠仪礼的场景。年长的智者围坐一圈注视着一年轻少女舞蹈至死，然后把她作为牺牲品祭献给春之神，祈求大地复苏。这种祭祀场面在古老的部落民族中是常见现象。然而，斯特拉文斯基对于音乐的态度是静观的，对于这样的血腥场面无动于衷。在阿多诺看来，在斯特拉文斯基的集体主义世界中，个体是衰弱的；屈服于集体力量的压制，表现和自我发展处于无能的状态，他所强烈反对的主体的

① Adorno，*Gesammelte Werke*，Band 12，S. 133.

② Ibid.，S. 133.

退化直接被斯特拉文斯基解释为音乐的更高形式：

> 被选中者跳舞至死，也许就像人类学家告知的那样，无意中冒犯了一个禁忌的野蛮人之后真的死去。作为一个个体，她显露出的只是对痛苦的无意识。她的独舞——就像所有其他的独舞一样，根据内在组织，也是一个集体舞，一个圆舞——没有任何普遍和特殊的辩证法。本真性是通过否认主体来获得的。①

更重要的是，在音乐中，群众担任了主角，大众意识决定了个体的命运。阿多诺在分析《春之祭》时，是把它和法西斯集权联系起来的。《春之祭》是斯特拉文斯基最著名的作品，也是他最具现代风格精心构思的杰作，喧嚣的芭蕾在风格上和《彼得鲁什卡》有所不同，但是这两部作品有着共同点：归属于集体主义的反人道主义的牺牲——没有悲剧的牺牲。也由此，斯特拉文斯基的音乐是集权文化的同谋。

斯特拉文斯基的一生创作，题材极为广泛。从神话到童话、仪典、仪礼直至无情节舞曲。和 20 世纪初的视觉艺术家一样，他在创作中也运用众多原始社会与古代风格题材，给现代艺术输入新的血液。但是，由于斯特拉文斯基客观性的音乐创作，只作客观描写，不作任何价值判断，从而音乐中的主体性受到极大压制。尤其是像《彼得鲁什卡》《春之祭》之类作品，个体被强大的集体主义轧得粉碎，面对他们的只有死亡。阿多诺甚至认为：斯特拉文斯基这段时期的音乐始终贯穿着施虐-受虐

---

① Adorno，*Gesammelte Werke*，Band 12，S. 147.

狂的因素。听众在欣赏《春之祭》的受害者(献身少女)时，他们也是集体的受害者，或许也在考虑加入到这个集体的权力中去，在面对这种疯狂的、神经错乱的凶杀仪式时，观众有的只是对嘈杂音响的震惊，而没有显露出对音乐中杀戮主体的恐惧或表现出丝毫痛苦。观众由此变成了同谋。

(三)音乐中的时间问题

一般说来，音乐是时间的艺术。音乐中的时间问题也是至今尚未解决的哲学问题之一。由于斯特拉文斯基反对把音乐看成一种主体描述，而是认为，"音乐现象不是别的什么现象，而是一种思考现象……这种思考所必须针对的要素就是时间与声音。离开这两个要素，音乐就是不可想象的"[①]。依他看来，音乐的创作过程只不过是对音乐材料进行控制和组织的过程，控制声音和时间，其结果是建立了一个真正的有说服力的结构，

一种音乐涉及平行于本体时间的过程，包容并渗透着它，在听众中诱发一种愉悦的感觉，即所谓"有生气的平静"。另一种音乐则跑在此过程之前，或与之背道而驰。它在各个瞬间的音调单位中并不自我包容，它脱离了引力和中心，把自己建立在不稳定之上。这一事实使它特别适于传达作曲家的情绪冲动，所有表达意愿的音乐显然都属于第二种。

[①] Stravinsky, *Poetics of Music*, Cambridge, Mass: Harvard University Press, 1970, p. 27.

也就是说，只能在摆脱了情感冲击的、稳定的、平静流淌的物理时间范畴中，讨论他的音乐时间概念。① 从哲学的角度说，斯特拉文斯基的时间观念相当于阿多诺在《自然的观念》中描述的"石化"自然。从而，阿多诺认为，斯特拉文斯基的音乐在时间上缺乏辩证法。

> 对于斯特拉文斯基，非常严格地说，音乐也是时间的问题，这也是他的伟大之处。但是客观上说，他的音乐对通过表达、通过黑格尔主义上的规定和否定来扬弃时间自身的可能性感到绝望……这就是为何，在他与他自己的新客观性纲领公然矛盾的情况下，他满足于为他所有的虚构事件和胡闹提供真实原因的虚构。不是与时间的流逝及其惊恐交战以便给予他应得之物，同时凭借其中出现的内容来抵御它，而是操纵它，仿佛时间的连续可以直接固定在一个并列中，仿佛动机是一个可互换的立体与平面。②

因此阿多诺与以节奏著称的斯特拉文斯基的音乐正好处于节奏的对立面。因为在这里没有时间的发展，只有机械的切割，这是阿多诺对音乐时间最深刻的哲学洞见。

---

① 斯特拉文斯基自己曾有这样的叙述："当我在听到那种以不同于我自己的音乐速度展开时间的音乐时，我感到很不舒服：例如，布鲁克纳《第八交响曲》里的慢板乐章对我的气质来说过慢，勋伯格的歌剧《期待》的速度又觉得太快。"参见［俄］德鲁斯基：《斯特拉文斯基传》，122 页，东方出版社，2002。

② Adorno，*Gesammelte Werke*，Band 16，S. 222.

斯特拉文斯基最动人的音乐都是为芭蕾而写的。音乐和舞蹈戏剧的联姻是他作品的意义所在。阿多诺相信音乐作为表现和进步工具的可能性是和它的基本形式相关的。他把舞曲形式的时间看成本质上是静止的，一种"节奏-空间"，一种没有发展的运动。相比之下，他把歌曲形式和维也纳作曲家所选择的奏鸣曲式看成"表现-动态"型音乐，主体发展的工具。"和成熟的音乐比较起来，真实的舞蹈是一种静态的时间艺术，一个种在圆圈内旋转、没有发展的运动。意识到这一点，奏鸣曲式就扬弃了舞曲形式。"①

阿多诺在评价《彼得鲁什卡》时说：

> 风格上属于新印象主义的《彼得鲁什卡》，是由无数的艺术片断拼起来的：从集市的瞬间嗡嗡声到被官方文化拒绝的所有音乐嘲弄的模仿，它来自文学-工艺歌舞场的气氛。②

由于音乐不是从它的内在动力中发展出来的，而是碎片的并置，因而产生了电影蒙太奇般的效果，音乐中的时间在空间化中延续，直至音乐时间的连续性分裂。而《春之祭》中节奏的暴力通过把时间歪曲为精确的推进力而约束了时间，只留下舞蹈者的身体和自身永远的不一致，预示了斯特拉文斯基音乐的反动性，风格的面具限制了他的现代性。这种音乐仅仅是一连串的节奏分割以及听众对空间感受的次序排

---

① Adorno，*Gesammelte Werke*，Band 12，S. 179.
② Ibid.，S. 132.

列，如同毕加索的立体主义绘画。时间的空间化，它对应于体验的同时性，事实上是通过对表现的主体性的悬置而获得的。

当然，阿多诺论述斯特拉文斯基的音乐时间问题的坐标是德-奥音乐系统，尤其是在作为其西方音乐核心形式的奏鸣曲形式的背景中来讨论的，也就是说在时间作为一种纯粹自然与时间作为一种经验这二者之间的张力中对其进行阐释的。伟大的音乐作品，如贝多芬奏鸣曲，通过主题-动机的变奏、展开而具有强大的辩证因素，音乐时间呈现出生成性、暂时性。而斯特拉文斯基的作品对时间的处理则迥异于德-奥系统。从听觉上说，斯特拉文斯基的作品强调的是节奏，他的音乐的确以非凡的节奏处理而著称，但是他的音乐作品中的时间并没有展开过程，有的只是对时间的似物理的切割。因此，尽管他的音乐中有时间，但是这种时间是静态的时间，与奏鸣曲主体对时间的干预不同，斯特拉文斯基音乐中的时间仅仅是在静静地流逝，无论其节奏如何复杂。因此阿多诺说：

> 确切地说，时间内在于每一种音乐，即它的内在历史性，作为表象反思的，是真实的历史时间。人们可能猜测，他的占有绝对的尝试，正是由这类真实时间的精神沉淀构成的。完全不能把它设想为与此无关。展开这一点是音乐哲学的任务，我们将在贝多芬的作品中发现它的模式，如同它根据音乐逻辑与真实历史过程存在着一样，与作品一起发生无异于与社会一起发生。[1]

---

[1] Adorno, *Gesammelte Werke*, Band 12, S. 159-160.

在《新音乐哲学》发表后的十多年后，阿多诺没有集中批判斯特拉文斯基的音乐，直到 1962 年的《斯特拉文斯基：一幅辩证的画像》中，阿多诺再次旧话重提。与其说阿多诺重新捡起斯特拉文斯基这个话题，倒不如说是为了澄清人们对于《新音乐哲学》的误解，在定位斯特拉文斯基的俄罗斯时期和新古典主义的问题上，阿多诺的评价与《新音乐哲学》并无二致，他声称不打算撤回"1947 年所写的任何东西"，甚至有些东西还要在批判的自我反思中进一步加深。只是在文章的结尾处，阿多诺才勉强提及斯特拉文斯基音乐的辩证因素，"他赋予打击乐以情感"，即在一种情景中运用声响的敏锐的洞察力，《士兵的故事》中关于主体异化的洞见。[①]

阿多诺对斯特拉文斯基音乐作品的批判评价一直是令人棘手的问题。这里，我们首先必须把阿多诺对斯特拉文斯基本人的态度与对他的作品的批判分离开来。对于作曲家其人，阿多诺甚至说：

> 我从来没有想过要把斯特拉文斯基这个人作为病理学案例来对待，用任何一种冒尖的心理学来损害他。斯特拉文斯基这个人，在勋伯格去世的时候，甚至在美国麦卡锡时代，都表现得如此高尚，如勇敢而富于人情。如果把诸多作品的某些历史哲学含义怪罪于他或他的品质，那是纯粹卑鄙的，把一种艺术的客观形式与产生它的人的灵魂混为一谈，这正如斯特文斯基尽可能抹去作品中的心灵的

---

① 阿多诺对《士兵的故事》并非持绝对否定的态度：20 世纪 20 年代中期，阿多诺分析了其中表现异化的事实。1944 年在《最低限度的道德》中阿多诺写到，《士兵的故事》是斯特拉文斯基最好的音乐，"仅有的超现实主义宣言，它的痉挛性的、梦一般的冲动赋予音乐否定的真理的暗示"（Adorno, *Minima Moralia*, p. 50）。

痕迹一样是庸俗的。①

我们必须看到阿多诺音乐观的根基是勋伯格学派，作品中渗透着现实批判性的新音乐与冷静旁观的斯特拉文斯基的客观性（包括新客观主义）从来就是对立的两极。这是对于阿多诺《新音乐哲学》关于斯特拉文斯基批判的一个极其重要的定位。另外，阿多诺少年时期持批判的否定哲学立场，他当时沉浸于康德哲学，后来受到黑格尔、非正统马克思主义批判理论的影响。在他看来，风格是历史的范畴，斯特拉文斯基虽然认识到风格的历史性，但是他忽视了这种历史。因此，他使用风格不是将其作为在历史中的音乐的分界线，而是作为一种装饰的回响；在斯特拉文斯基的音乐中历史反转为单纯的引用，事实上，历史已经被忘却，当下只是被客观化中性化了。当然，在对于斯特拉文斯基的批判中，不能忽视阿多诺对集权主义的敌视。另外，斯特拉文斯基的音乐观念与当时欧洲科学主义的兴起有着重大关联，由于他坚持客观主义的美学观念，以形式统率一切，纯粹以结构来处理音乐，本质上是"音乐结构主义"②。结构无主体——主体之死，结构无时间——静态绵延。

---

① Adorno，*Gesammelte Werke*，Band 16，S. 384-385.

② "音乐结构主义"是我对斯特拉文斯基音乐作品的称呼，在阿多诺的文本中并没有出现。阿多诺在写作《新音乐哲学》时并未预料到 20 世纪 20 世纪五六十年代出现的结构主义，但是他极其敏锐地看到了音乐中结构形式的兴起与科学主义思潮之间的关系。斯特拉文斯基的音乐客观主义观念比俄国形式主义稍早。雅各布森曾论述过斯特拉文斯基音乐观念与语言结构的的关系，参见 Roman Jakobson，*Language in Literture*，Harvard，1987，pp. 451-452.

音乐哲学言说了什么

行文至此，人们可能要问，阿多诺的音乐哲学究竟要说什么？艺术何以与实践发生关系？在何种程度上发生？这些问题关系到对阿多诺音乐哲学的理解。初看起来，阿多诺的全部批判文本都没有提出建设性的实践模式，而一般的研究以为，阿多诺在哲学上的失败必然走入救赎幻象。这里，以阿多诺在1953年写下的重要文本《音乐与哲学的当代关系》与1956年的《新音乐的标准》为中心，结合其音乐哲学的发展轨迹，对这个问题作一梳理。

《音乐与哲学的当代关系》是阿多诺对当代音乐危机进行纯哲学阐述的并不多见的文本之一，也是阿多诺结束流亡生活，从美国返回德国，面临新的世界格局时对音乐的新处境做出的思考：第二次世界大战结束，"冷战"开始，两大阵营对垒，在政治、经济、文化各个方面均趋于势不两立，新音乐本身也在面对体系化等一系列前所未有的形势。这种情况下，阿多诺有必要对音乐的生存状态做出分析。

"音乐的危机，并不仅仅涉及一致性与有意义的赋形，不仅仅涉及与日渐增长的音乐生活的商业硬化以及夷平，不仅仅涉及自治的音乐生产和听众之间的分裂等问题。"①一致性与有意义的赋形，指的是作曲家对音乐材料的处理、音乐所呈现的内容与形式。商业硬化与夷平是阿多诺始终关注的音乐哲学的核心问题，在商业化社会，音乐生产主要依附于经济生产，成为商业生活的一部分，无可救药的是严肃音乐与流行音乐之间的界限消失，音乐商品与普通商品之间已无壁垒可言，"所有这一切都在增长，直到质突变为量"②。问题变得集中，质向量的转变，主要针对现代工业社会中发达商业文化背景下的音乐生产，人们已经不再关心音乐是什么，而只关心其舒适度。这里把《论音乐的拜物特征与听的退化》中曾讨论过的问题又重新提了出来。阿多诺的这种分析还是以马克思政治经济学批判为基点的。另外，自治的音乐生产与听众的分离则涉及音乐的政治性方面，阿多诺对服务性音乐极为反感，早在 1932 年的《论音乐的社会状况》中，阿多诺关于音乐生产的 4 种类型已经界定了这种集体主义的生产方式，至此时，政治音乐已经划入他讨论的范围。

阿多诺的音乐哲学中，理论逻辑主题之一是对马克斯·韦伯合理化

① Adorno, *Gesammelte Werke*，Band 18，S. 149.

② Ibid.，S. 149.

理论的进一步延续与批判。音乐作为非理性艺术进入社会合理化过程，从而参与启蒙精神。这表现为，前合理化时代的音乐具有直接性，多少是对内、外在自然的直接模仿，随着音乐调式、和声、记谱法的固定，欧洲音乐作曲法发展成为一种稳定的体系，这个过程就是对外在自然（音乐素材）与内在自然（人自身）的双重控制。"名为纯粹语言惯用语'音乐的'中的东西，涉及这种乐汇特征、音乐素材，其客观化的力已经成为趋于第二自然的音乐主体的音乐关系。"①随着社会合理化的过程，音乐中的直接性消失，

　　　　与其早期的、姿态-模仿的冲动相比，它是一种经过主体中介与反思的模仿，一种人类内部发生的模仿。音乐的语言表达过程同时意味着它转变为传统与表现。但是，只要这种辩证的启蒙过程本质上存在于这两个环节的不可通约性，这双重特征就置所有西方音乐于对立。

在这个过程中，音乐呈现出一种谜的特征。

　　音乐发展与社会发展的同构性分析是阿多诺诸多音乐哲学文本中的核心主题，他论述的主要对象是资产阶级时代的音乐，其中的重中之重是随资产阶级时代发展而导致的曾在音乐中占主要地位的大小调的出现与瓦解，资产阶级时代的核心音乐形式——奏鸣曲图式的产生与崩溃。调性图式与奏鸣曲图式从前资产阶级时代的模仿状态逐渐稳定下来，并

---

① Adorno，*Gesammelte Werke*，Band 18，S. 161.

在资产阶级时代发展到巅峰。稍微对照一下，这段时期是欧洲社会摆脱中世纪神学，从前资本主义社会过渡到资本垄断资本主义社会的时期，这个社会被资产阶级理论家判定为人类历史的永恒状态。哲学中笛卡尔以"我思"开启近代哲学之门，到康德哲学的哥白尼革命，经黑格尔发展到"绝对精神"状态；音乐中大抵对应于以巴赫为开端，经海顿到贝多芬逐渐发展到极致并摆脱这种图式，即阿多诺所说的，

> 音乐真正的动态展开时间，维也纳古典学派所具体化出来的这种观念——在这种存在本身被转变为一个过程同时以及结果的那个时间，并不只是起源学的，毋宁说它根据相同的、解放出来的节奏的实质，把自己的权力游戏解释为资产阶级社会稳定性。①

这是一个非常深刻的理论透视，只有从历史发展的角度才能真正理解阿多诺的音乐与哲学的当代关系。"音乐逻辑与真实历史过程，随作品发生正如随社会发生，这并没有什么不同。"②正是在这种理论视域中，阿多诺的音乐哲学成为深刻的社会批判理论。

　　阿多诺从历史辩证法出发，认为任何音乐都是"一个主题的历史"，因而，

> 对貌似纯粹副现象、隐匿的附属品、从中提炼本质的偶性这类

---

① Adorno，*Gesammelte Werke*，Band 18，S. 160.
② Ibid.，S. 160.

东西的追问，恰恰是音乐生活的展开，在其中它拥有它的真理，而且在其中它的本质首先被规定下来。借助于其历史特征独特的力，音乐赢得了与遥不可及的关系。没有历史的调解，作为一种纯粹原则或原现象，它是完全贫瘠的、抽象的，在最真实的理解中空洞无物。①

从巴赫到贝多芬的音乐也是暂时的范畴，新音乐也不例外，所以音乐讨论也必须放置在一种历史语境中展开，即评价音乐进步与反动的标准也是一定历史状态中的产物，而不是某种现成的、实在的（Dinghaftes）的东西，它本身就处于不断生成之中，而不是以先验的抽象概念对客体施暴。

辩证的考察方式对于一般思维方式的要求，正是要它们拒绝这种现成的、实在的东西。审美客观性自身是一个进程，任何将艺术作品把握为力场的人都会意识到这一点。②

那么，当代资本主义社会也是人类历史发展的一个暂时阶段，这是阿多诺音乐哲学成为一种社会批判理论的核心所在。

欧洲乃至世界音乐发展到第二次世界大战后，出现的一个新问题是新音乐体系化正走向极致，阿多诺不得不对这种现象做出哲学分析，认

---

① Adorno，*Gesammelte Werke*，Band 18，S. 155.
② Ibid.，S. 174.

为序列主义对主体的驱除以及表现的每一种形式都使艺术迷失了方向，如果说音乐是通过时间的展开变化来表现动态过程，那么，

> 序列主义的基础是一种静态音乐观：这种彻底总体化过的精确对应与均等基于音乐中出现的同一性因素的预设：在一种图式空间中呈现出来。只要音乐在时间中发生，它就是动态的。在音乐过程中，同一性成为非同一性。①

我们可以这样来理解从勋伯格的新音乐革命直到整体序列主义兴起这个自反过程。勋伯格的新音乐革命通过不和谐音的解放，打破了一切体系的束缚，非同一性被解放了出来。作为另一种逻辑，无调性非同一性始终处于调性这种同一性的对面。对应于现实世界，正如资产阶级世界是神学祛魅、世界理性化的结果，推翻了神权统治而代之以资本统治。资本最终一统天下，登上无所不能的宝座，这是一种新的神话。阿多诺对晚期勋伯格的十二音体系化直到反对序列主义，不独是反对艺术中的体系统治，实际上是针对一切同一性对非同一性的压制。但是，问题在于当这种非同一性成为一种绝对时，又重新与同一性握手言和了。

阿多诺的音乐哲学始终寻求一种变动不居的、尚未被体系化的东西，针对体系化提出了拯救新音乐的主张，即"自由的音乐风格""无形式的音乐"（musique informelle）②，核心主题是"打破法则的魔咒"："自

---

① Adorno, *Gesammelte Werke*, Band 14, S. 152.

② Adorno, *Quasi una Fantasia*, trans., Rodney Livingstone, New York, 1992, p. 269.

由本身对音乐的必然性来说是一种内在性，那是它的辩证本质。"①换成哲学语言，这种无形式是同一性的他者，但是它又始终不走到同一性的前台，也因此音乐哲学始终是一种批判的张力。作为一种批判理论，其主题不能固化，正如不和谐音的解放不能体系化一样。序列技巧把勋伯格的无调性革命推向极端，在阿多诺看来，这又是一种新的强暴，革命最终走向了反革命。换成大白话，哪里有压迫，哪里就有反抗，但反抗者不能实施新的压制。正如主奴关系不能理解为简单的转换一样。

这样，他的音乐哲学最终指向人的生活世界，他既不愿意接受成为过去的历史的统治，也不愿意简单承认当下状况，

> 艺术的义务则代表一种比倾向性艺术还要更高级的反思阶段，因为后者只想缓解令人厌烦的社会弊病。无论如何，义务通常旨在改变社会弊病赖以存在的条件，而不是弊病本身。②

的确，阿多诺的眼光过于敏锐了，他看到在垄断占统治地位的资本主义社会，当反对资本的要素被资本吸收并被同化成资本的一部分时，又看到现代社会中的人被看不见的"敌人"包围，而自甘投入罗网时，他陷入了极大的恐惧之中。从他一生的理论努力来看，我们可以把阿多诺的音乐哲学理解为对现实世界状态的重新思考：从生产上说，现实生产力的无限增长造成对人的内、外在自然的控制；资本生产所造成的同一

---

① Adorno，*Gesammelte Werke*，Band 16，S. 387.
② Ibid.，S. 420.

性，商品生产所产生的拜物教、理性成为碎片，时代的精神状况处于病态；而理论对实践的作用，必须经过复杂的中介关系。如果社会生产的实践流入恐怖，那么这种实践必须重行审视。因此，在诊断人类理性之病之前，现在开出药方，恐怕还为时过早。鉴于此，理论作用的确如他所说，

　　一百五十年前哲学所预示的东西同样在艺术，尤其是在作为独立展开的真理，其本质与哲学本质的关系尤为密切的音乐中受到批判：唯一批判之路今天依然敞开。然而，这种批判，并不是由外在于它趋于作品的意识的批判立场构成的，毋宁说批判把自己作为曾经秘密地所是之物，作品自身的形式法则由此显示出来。①

---

① Adorno, *Gesammelte Werke*, Band 18, S. 176.

附录一 | # 舒伯特[*]

[德]阿多诺

"透明蔓延到整个无用的身躯。躯体逐渐变得光亮，血在发光。四肢在不可思议的姿态中凝结。人在星丛之间，只是一点符号。"

——路易斯·阿拉贡

任何跨过贝多芬和舒伯特两人卒年之间这道门槛的人都会感到一阵震颤，这种震颤就像他从翻滚的、沸腾的、正在冷却的火山口中走出来，进入痛苦的、纤细的、美妙的光明世界，在裸露的、向远处伸展的山顶的熔岩景象前，看到高高地徐徐散开的黑色烟雾，以便最终认出近在山边、高悬头顶的永恒流云。

他从深渊中出来，走进深渊四周的风景。这风景，其在深渊周围划出的沉寂的线条和先前被灼热的岩石烧灼的光，使得这个深渊的无底深处遽然可见。也许舒伯特的音乐自身可能并不总是包含居于贝多芬的本性中心的积极意志的力量：但它开掘出来的那些深穴和井道，也通向了与贝多芬的活跃意志的起源处一样的地狱深处，并且揭示了实践理性的行为总是能够不断战胜的恶魔形象；但是在他面前闪耀的星星，也是热切的手抓不到其光亮的同样的星星。

因而，我们必须从严格意义上谈论舒伯特的风景。由于不能像贝多芬那样从人格的自发统一出发来理解他，将其作为人格——一个规整且互不相称的虚拟中心——来设计，就彻底歪曲了他的音乐内容。确切地说，舒伯特音乐的特征距离这种人内在的基点越远，就越有利于证明自身作为一个意向符号，它能渗透到——构成自我规定的精神——迷惑人的总体性碎片之中。解除了一切观念论概要类似如轻率的"意义统一"的现象学研究，再也没有封闭的体系适于合目的地生长的花朵，舒伯特的音乐为我们提供了真理特征共生的地点：它不是产生，而是接受，而且只能见证着人的接受。

显然，不要设想舒伯特音乐完全缺乏作品的个人风格，正如流行的观念——舒伯特本人是抒情诗人，他不厌其烦、没有休止地表达着，作为心理学规定的本质碰巧感知的东西——是对现实的误解。这种观念也是错误的：将舒伯特其人从他的音乐中删掉，从而按照布鲁克纳成语的样式，将他装扮成神的感召或完全是启示录的容器，正如从生产过程更坏的心理学解释与制作产物的盲目的形而上学混杂起来谈论艺术直觉，自始至终只是阻塞了艺术洞见一样。这两种观点本是一丘之貉，尽管表面上对立鲜明，但取消了其中一个，另一个也随之消失。这二者都基于一种虚假的抒情概念，即与 19 世纪对艺术亵渎般的拔高——视其为现实，视其为现实或超越现实的碎片的一部分——一致，然而作为艺术，抒情诗仍然是现实的形象，只不过与其他形象的区别在于，它的显现与在可能性中现实自身的浸入连接在一起，因而构成舒伯特风景的抒情的主体与客体部分被重新规定下来。

抒情内容不是产生出来的：它们是存在着的客观性的最小细胞，在独裁权中客观存在的伟大形式早已衰落后，它仍然是形象。然而这个形象并没有像阳光洒落到植物组织一样启奏抒情诗般敞开的人的心扉：艺术作品从来不是创造物。其实是，人们像打靶子一样击打它们：如果击中对的数，一切就发生了改变并且让现实凸显出来。击打它的力，是人的，而不是艺术家的：人的情感触动了它。在抒情形象中领悟到的只不过是主体与客体的冷漠无情。在形象中，抒情诗人并不直接塑造他的情感，毋宁说，他的情感是一种将他无比细微结晶中的真理吸收到形象中的手段。

真理不涉及形象，而是置身其中，其形象仍然是人的作品的揭露。雕塑者揭开了形象。但是真理的形象总存在于历史之中。形象的历史是它的瓦解：所有内容的真理假象的瓦解——形象意指着真理——以及与它一起被意指的仅仅在形象的瓦解中才显现的真理内容透明性的阐明。因为抒情形象的瓦解正是它的主体内容的瓦解。抒情艺术作品的主体内容仅仅是由它的材料内容组成的。它们只是触及了被描述的真理内容，二者之间，统一性属于历史时刻并自行消解。因而保存在抒情形象中的东西并不是——像笃信自然的静力学那样——一成不变的人的内在情感，而是艺术作品的起源中那种短暂情感所触动的客观特性；然而主观臆测与再生产的内容遭受了同样的命运，这种命运仅仅如时间使之软化的伟大的素材规定的形式一样。两者辩证碰撞——在虚假的永生中从星星读出的形式以及全然作为无可置疑的事实而设定的意识内在性的材料——把两者以及与之相随的作品的暂时统一碾得粉碎：它打开了作品作为它们暂时性的舞台，最终使真理形象升格为艺术作品的易脆表层之物解放出来。今天，舒伯特音乐的风景特性才变得显明，正如今天只有才能估量贝多芬动力学的魔鬼铅垂线一样。舒伯特真实内容的辩证解放出现在浪漫主义之后，显然，我们从来不能把他归入浪漫主义。

有人将他的作品解读为主观臆测的符号语言，将他的形式问题抑制在陈腐的批判中；理解时引申出来的心理学信息被动态夸大得如此淋漓尽致，正如允许对坏的无限进行详尽阐发一样。但是它遗落了作品优秀部分的剩余，突发的主体性空缺、诗的表面的裂隙中显然填充了先前包裹在灵魂生命的可理解的陈述之下的金属。作品的真理特征中动人主体性毁灭的证明，见证了舒伯特其人转变为可憎的小市民的多愁善感对象——虽然能在巴尔施的蘑菇形象中找到其文学形式，但是，今天秘密地完全控制了奥地利的舒伯特文献，终于成为《三女之家》中所有浪漫舒伯特想象毁灭的尾章。

因为人们必然变得如此微不足道，以至于不再妨碍他们已经打开的视觉——它们从来没有彻底消除其魔力，而是必然作为花边新闻来激活；再一次，那个不相符的舒伯特形象——女店员的一个笑柄，而且他自己也是其中之一，唠叨着性无能——比三月革命前时期经常坐在小溪边听潺潺流水声的梦想家真的更符合他的音乐的真正形象。《三女之家》中用舒伯特，而不是莫扎特或者贝多芬，同样极为贴切，而以社会地位决定的毕德麦耶尔派，助长了每一个把舒伯特变得粗制滥造的冲动——把作品自身中的自我视为单个的，占领了舒伯特风景同一特性的连续性。

舒伯特的形式持续可能已经终结，而莫扎特和贝多芬的形式则依旧牢不可破、缄默无声——对此，确定无疑的是，只有对这一形式进行认真追问之后才可以做出决定——混乱、平庸、杂乱以及，根据既存的社会秩序，极不相称的混成曲世界，确保了他的主题获得第二次生命。

混成曲把随着主体统一性的衰落而分散于其中的作品风格浓缩起来形成一个新的整体，虽然它不能使自身合法化，但是通过直接面对，它们却证实了这些特性无可比拟的本质。混成曲保证了主题作为主题的连续性，主题与主题结合，无须通过变化来对它们做出应答。没有主题——一旦成为过去——能忍受与另一主题的邻近关系；可怕的僵尸出没于 19 世纪歌剧混成曲中。而在舒伯特这里，主题催逼着，并没有凝结成美杜莎的形象。但是，主题的盲目收集为回到起源铺平了通道，同时也能退向通往舒伯特形式的入口。因为，作为音乐的拼盘游戏，混成曲试图碰运气重新找到艺术作品失去的统一。只有这样它们才获得机会：如果统一不是本身作为一种主体产生，绝非运气游戏所能实现的，而是产生于被击中的图像的赋形。

当然，这样谈论舒伯特观念显得迂腐，在传统以及抒情意义上都是错误的：把舒伯特的音乐看作植物般展开的本质，完全从自身生长起来，或可能完全不顾令人神清气爽地生长与绽开的形式。可是，混成曲的结构恰恰严格否定了器官学理论。这种组织起来的统一必然是合目的论的：每一细胞使最近的细胞成为必然，把它聚拢起来的力量是主体意向的活跃生命——消失了，它的复苏某种程度上并不与混成曲的意义相称。根据组织起来的形象创作的瓦格纳音乐，本质上杜绝了混成曲；但马克斯·韦伯和比才也许可以，事实上他们与舒伯特意气相投。

叠成混成曲的细胞必须根据不同于活的统一的另类法则彼此交织。相对而言，甚至人们承认舒伯特的音乐更多是生长起来的，而且是人为的：其体格——残缺不全而且从未自足——不是植物性的，而是结晶质的。通过对舒伯特音乐特征的原初赋形的分离，以及对他音乐的本质性碎片特征的认可，向混成曲的保护性转变使整体舒伯特风景一目了然。19世纪，混成曲发展成为音乐形式的替代物，同时小风景画成为布尔乔亚的使用物，在风景明信片中风靡一时，并非偶然。所有风景意向都集中于这个突然从历史中跳出来的主题。它们的命运仍在历史中，但仅仅作为其舞台：历史绝不是它们的对象。其中，一个无时间的、神秘的现实观念被魔鬼般蜕变地塑造出来。这样，混成曲自身也是无时间的。一切主题个别的完全可交换性表明一切事件的同时性，这些事件无历史地彼此并列着。从这种同时性中可以理解恶魔般反射出来的舒伯特的风景轮廓。

审美内容的任何确实合法的蜕变都是从艺术作品开始的，在这里，艺术作品如此成功地揭示了形象，因此真理的透视力不安于形象而是渗透到现实之中。艺术作品用其生命所付出的透明性是舒伯特风景的结晶状态所特有的。那里，命运和调解彼此相安，混成曲打碎了它们暧昧的永恒，因此这个风景才能为人们所识。

因为，其面对的是死亡风景。正如历史在一个舒伯特的主题与其后的主题之间并不起决定作用那样，生命几乎不是他音乐的意向目标。舒伯特无可辩驳地提出的解释学问题，迄今为止还只是处于反浪漫心理学争论中，并没有在所要求的准确性中进行探讨。所有音乐解释学的批判正确地销毁了把音乐视为精神内容的诗意再生产的一切解释。但是，清除与所遭遇的客观真理特征的关系，并用信仰盲目内在性取代对艺术的主观主义研究是不合法的。艺术自身并没有对象；而仅仅是与其素材具体的抽象不可分离的符号意图。它与它的起源有着千丝万缕的联系，只是由于历史才与它分离开来。在历史中产生出变化的作品内容，只有沉寂的作品自为地存在着。

如果舒伯特的作品——在贬值中，今天比在它诞生的那个时代更有说服力——不需要石化，恰恰是因为它的生命并不基于亦步亦趋的短暂主体活力。它的起源已经化为石头的无机、跳跃式、易碎的生命，而且死亡已经沉入其中，因为它已经不再敬畏死亡。这与对死亡经历进行思考的心理学反思毫无关系，关于舒伯特其人死亡直觉的无数逸事的报道，只不过是一文不值的标记。更为重要的是文本选择，因为这种力量使舒伯特的风景运动起来，尽管它迅速淹没于堆积如山的文本。

尤其值得一提的是，两部伟大组曲以诗歌为出发点，其中死亡形象一再返回浪迹其间的人，正如《三女之家》中卑微的舒伯特。小溪、磨坊、黑色的冬天荒野，在幻日的黄昏下宛如在梦幻中一般无时间地延伸开来，这是舒伯特的风景标志，干枯的花朵是它惨淡的装饰；客观的死亡符号触发了它，而它的情感反过来回到客观的死亡符号。它类似于舒伯特的辩证法：它用主体内在性之力摄取存在客观性的褪色图像，以便在音乐具体化的最小细胞中找到它。

《死神与少女》的隐喻形象淹没其中；但并非融入个人情感，而是在毁灭之后从悲伤的音乐形态中振作起来。这的确发生了质的变化。但这种变化只获得了最小的成功，在大的方面则弥漫着死亡。可是，这两组系列歌曲编排的循环特征可能表明：歌曲的成组巡行在生死之间不受时代限制，正如盲目自然支配着它。穿过它的，是流浪者。从未根据舒伯特的作品结构在它规定的尊严中讨论流浪者范畴；然而，它如此深刻地开启了舒伯特的神话内容的洞见，迥异于瓦格纳的明确象征意义，而且它已经包含了在瓦格纳那里仅仅被引用的真正形式。

如果心理分析由于客观死亡符号把旅行与流浪作为古风残余而没收的话，那么，我们有理由在死亡风景中寻找二者。风景的中心结构——每一点与中心等距——向绕它而行但没有前进的流浪者敞开着：所有展开都是它的彻底反作用，第一步和最后一步离死亡一样远，风景的每一散落点被依次逡巡但没有遭到抛弃。舒伯特的主题流浪正是磨坊主或冬天里被爱抛弃的人。它对历史一无所知，只有视角的迂回：其一切变化只是光的变换。

这就解释了舒伯特为何倾向于在不同作品中两次或三次以不同的方式阐述同一主题；最著名的例子也许是一直出现的旋律重复，这个旋律作为钢琴变奏的主题，作为主题变奏出现在 a 小调四重奏以及《罗莎蒙德》的音乐中。把这种重复理解为音乐家的贪得无厌——他能在他没完没了地鼓吹的旋律财富中找到成千上万的不同主题——显得愚蠢。流浪者独自遭遇不变，然而这只是不同光——呈现为无时间、分离、孤立——的同一部分。

这种图式不仅包含不同段落中同一主题的重复使用，事实上也包括舒伯特的形式构成自身。这里，主题仍然没有辩证的历史；如果舒伯特的变奏从来不似贝多芬那样侵蚀主题结构，而只是在它周围嬉戏、出现，那么这里迂回的流浪就是舒伯特的形式，这里它没有被给出一个表面上可到达的中心——不，而是这个中心仅仅在把一切都指向自身的力中才显现出来。这就是《即兴曲》与《音乐瞬间》的创作，而且奏鸣曲式作品也是以这种方式创作的。不但所有主题与辩证展开的基本否定使它们与贝多芬的奏鸣曲分道扬镳，而且没有变化的特征的重复性也同样如此。

在第一 a 小调奏鸣曲中，两个闪念建立的乐章，不仅第一、第二主题彼此并不存在对立，而且更确切地说两者都包含在第一与第二主题群中，这并不是出于为了统一而处理素材的一种动机经济，而是在展开的多样性中等同性的返回。这里，人们可能探访适用于 19 世纪艺术尤其是风景画的心境概念的起源：心境是永远一如既往中的变化，而这种变化对之并无什么影响。在这种情况下，所需要的只是放松，接着心境立即转变为幻象。舒伯特透视心境的真实性与它们围绕的同一内容的真实性不可分割；如果它摆脱了心境艺术没落的话，这是因为被它们当作靶子来打的特征自身。重复的是自在的个体，主体造物从不如此，它必然消逝于时间。不是重复本身，而是不可重复——它的存在仅仅在出自内时间的主体动力的形式中得到确认——的重复危害了舒曼与瓦格纳的形式。

舒伯特不是这样。他的主题是真理特征的显现，艺术家满足于用感情捕获它的形象，一旦出现，便反复引用。然而，引用并不出现于同一时间，因此心境产生了变化。舒伯特的形式是曾经显现的召唤形式，而不是虚构的变化。这种基本的先验彻底支配了奏鸣曲。这里，我们发现，尖锐的和声移位替代了展开的调解部分，正如光的变换把我们带向新的风景，其中自身与前面部分并没有什么两样。这里，展开部放弃了把主题解析成动机，或是用最小部分撞击力度火花，而是不容改变的主题被进一步揭开；音乐回过头去，再一次捡起彻底打量但尚未消失的主题。

所有这一切被一层薄薄、沙沙作响的外壳包裹着，这个外壳就是奏鸣曲，在即将打碎之前它把自己覆盖在增长的结晶体之上。对舒伯特真正的形式分析——迄今尚未开始，但是纲要性上却十分清晰——应该探究支配前设奏鸣曲图式与舒伯特第二个、结晶形式之间的辩证法，只有通过这种辩证法——只有当闪念必须接管奏鸣曲的欺骗活力时——才产生了最初形式。再也没有什么东西比加强一种实际上令它们不快的主题形式的内在强制更能控制主题了。闪念与虚构之间的基本差异——并不是归咎于仁慈与意志的界限，而是将二者从中间截断——通过舒伯特被示范性固定下来。也就是说，二者与形式客观性之间的关系同样是辩证的。虚构充满着来自主体存在并且消融于人的命题的结构力——这种形式再次自由产生于人自身。闪念经由其根本尊严，通过瓦解——很大程度上消亡了，在最小的残余中与主题意向交往着——而炸毁了形式。

虚构潜心于无限的使命维度，致力于建立总体性；闪念描绘了真理的形象并最终获得最小成功的回报。只有在那时，被击中形象的话语才变得彻底清晰。它在既像射手的靶子，又像摹写的实物的双重意义上被打中；如果一幅照片与人相似，人们就会说其"完全捕捉"了这个人的特征，根据它们的不变形式，这完全捕捉了舒伯特的启奏，其永恒迹象被完好保存下来，仿佛只是揭开已经存在在那里的某种东西而已；然而同时，它们能使流浪者像目光锐利的射手一样大步走进真理领域。

在这两种情况下，打击都发生在瞬间，如被闪电照亮一般，不在展开的时间中；它的最小部分充当了他扬弃自身的符号。目标被击中的标志是被当作靶子的形式前场中的孔眼，以及同时投射舒伯特无法实现的真实形式，舒伯特主题是不对称的，一种调性建筑的早期嘲弄。在它们的不规则性中，被击中形象的自律把抽象的意志凌驾于纯粹形式内在性之上，但是在我们主体意向的结构及其历史规定的风格相关之间正确地敷设了裂隙；因此，作品总是碎片。

在舒伯特终曲中，音乐的碎片性特征在素材中得到了证实。一旦它们力求接近奏鸣曲的展开时间，歌群的圆周运动就掩盖了在任何无时间性细胞的时间序列中一定会变得显而易见的东西：《B小调交响曲》的终曲没能写完与《流浪者幻想曲》终曲的不足有关；不是满怀热情的业余爱好者放弃补入结尾，而是塔塔罗斯之问——"尚未完成？"——遥远地控制与迷住了舒伯特的领域，使他的音乐陷入沉寂。因此舒伯特成功的终曲恰恰是他的作品中最强有力的希望的记号。

当然，在《流浪者幻想曲》中我们尚未发现这一点。在引用的慢板中，它明亮的森林绿甚至把人一起带到黑暗的冥河河谷。在舒伯特的音乐中渗透的诸多形象触及了客观特征但死亡解释学并没有对之进行详细阐明。死亡冲动——在舒伯特的风景中被仿制的死亡冲动，对人类的悲悼，而不是其中的痛楚——是唯一通往舒伯特的引领的下界之门。刚才还能沿着死亡通道前进的解释学语词，在他面前束手无措。比喻不再能开辟一条穿过冰花森林的道路，这个陡峭的晶体，宛如倒下死去的巨龙；通往这个王国由以开始的明亮上界，不过是打开第一和第二维度通向第三维度的透视媒介；如覆盖于舒伯特的第二形式的奏鸣曲之上的植物覆盖物一样稀薄。他的盲目倾向，在文本选择中跟随神话诗歌，还是未在歌德与迈尔霍费尔之间做出区分，标记了那样的深层空间中词语最戏剧性的拒绝，其中词语仅仅摆脱了材料，但无力对它进行真正阐明。流浪者沿着空洞降临的词语，而不是它们阐明的意向走进深渊，甚至他这个人的热情成为一种并不通向心灵深处，而是通向它命运穹窿的手段。

"我想亲吻雪地，用我滚烫的泪水，穿过冰雪，直到我看到大地。"和声把我们下拉到那里，音乐的自然深渊的正义原则：但是，自然不是人内在的自然感觉的意义对象，毋宁说自然形象是地府深渊空间自身的比喻，如此不足正如以往的诗意语言一样。舒伯特的心境——不仅循环，而且也跌落——与和声的唐突、听任从变换的深渊将光照射到同一对象的转调概观联系在一起，这并非徒然。眼花缭乱一般，那些突如其来、没有展开、从不调解的转调挡住了顶光；了不起的《降 B 大调奏鸣曲》的第一乐章第二主题群的引子，如《降 E 大调三重奏》粗暴的半音阶进行，《C 大调交响曲》的副部主题开端的结尾，把奏鸣曲模式中的过渡彻底转变为和声深度中的透视侵入，这三部大调模式的第二主题趋于小调作品，根据适用于舒伯特的调性符号，意味着真的走进了黑暗。

深渊恶魔般的功能充满了舒伯特的变和弦。在这幅分成大小调的双重风景中，它们一如神秘的自然，既上指又下指一样模棱两可。其光泽苍白，由舒伯特转调的赋形而加载的表现是焦虑：对尘世的致命辨认以及由赤裸裸的人类自身毁灭辨认的焦虑：这因此成为他基于悲伤对人性进行审判这个面貌相似的镜子。这仅仅因为转调与变和弦已经渗透到在它们的历史时刻呈现出力量的调性秩序的语汇中。作为自然尘世的对立面，它们掏空了它；在它崩溃之后，转调和变和弦渗透到主体动力学的无质之河，只是后来，随着勋伯格对基本步骤的断然规定，才重新获得了舒伯特的和声原则之力，为了最终清除它。舒伯特的和声，尾随作为旋律的可塑性影子的对位，在悲伤的纯粹小调中抵达其最深处。如果死亡冲动是下行之门，那么我们最后到达的地球本身就是死亡栩栩如生的现象，在它面前，下沉的灵魂把自己看作女人，无可逃脱地陷入自然关联。

在用德语写作的伟大隐喻诗歌——马缇斯·克罗多斯的《死神与少女》中，流浪者抵达他的风景中心。在那里，小调的本质是显而易见的。但正如对抓住的孩子进行惩罚一样，悲伤之后总伴随着慰藉。拯救出现在最小步伐中，在小三度向大三度的转换中。二者如影随形，一旦出现小三度，大三度就像它的幽灵一样出现。因此，如果悲哀与抚慰之间质的差异——其具体形式中含有舒伯特的真实答案——通过调节的处理方法而被省略，或者 19 世纪指的是用放弃这个概念发现一个囊括舒伯特基本态度的公式，也不足为奇。但是顺从而产生的和解假象与舒伯特式的抚慰之间毫无关系，其中，我们清楚地意识到这个希望：无论如何，纠缠于自然的强制有着局限性。无论舒伯特的悲怆如何使我们感到沮丧，或者绝望的流浪者出生时就溺水而死，抚慰却坚定不移地看护着死者并在那里作担保。希望依旧，他不会永远落入堕落的自然魔圈。

这里，时间在舒伯特的音乐中燃烧，成功的终曲来自死亡的异界。当然，同样也来自贝多芬的必须的异界。因为与贝多芬的威胁要求的、窄迫的、范畴上可理解然而物质上无法达到的快乐相比，舒伯特的欢欣是可听到的、混乱的，但终究是确定、直接给定的回音。只是它酿成一种巨大的动力：在《C 大调交响曲》终曲的发展中，仿佛用真声吟唱的木管旋律闯入音乐图像并炸开了它，几乎再也没有其他音乐从其真实基础中被炸开。

然而，通常情况下，在舒伯特那里，欢乐的获得是以另外、奇特的刺激方式出现的。在 A 大调非凡的四手连弹的回旋曲中丰满健康的吟唱，如此栩栩如生、经久不衰，正如美食完全不同于实践理性中假设的不朽一样迥异于贝多芬的最崇高感。舒伯特乐章的广度也常常得到推崇，神圣音长一说一如既往备受欢迎。如果主题在死亡风景中无时间地并立着，那么音乐用预期的永恒的抗性，抚慰地填充了重新发现的、远离死亡终结的时间。舒伯特个人的重复性来源于它的无时间性，但是在时间中转变为素材的实现。然而，这种实现始终不需要大乐章，甚至是一种大型激情。它更愿意停留在资产阶级音乐练习的认可形式中的深层领域。因为舒伯特真实的欢乐世界——舞曲和进行曲、贫乏的四手联弹、浮荡的平庸与微醉世界——就社会而言不太适合于资产阶级，同样也不太适合小资产阶级演奏，正如它远离对存在自身的天真确证。

任何坚持把舒伯特归为音乐家的人，至少应该谨记，我们谈论的这类音乐家社会地位低下，更符合游民、杂耍、魔术师及其同类，而不是手艺人的隐喻性。因为舒伯特进行曲的欢乐是放肆的，它所包含的时间不是心灵的展开，而是人群的运动。在毫无防备的告知中，舒伯特的快乐对形式一无所知，而是接近低等的经验现实，几乎允许通过逃离艺术领域的方式而利用它。发现音乐中无政府欢乐的人想必是半吊子，但是这种半吊子是一种再次开始的半吊子，其身上打上了来自开始的自主组织起来的印记。在舒伯特那里，这种组织仍然是一种作曲技巧，然而形象颤抖着。

没有什么地方比舒伯特的民俗更接近真理了——在完全不同于他的追随者的意义上。舒伯特从未打算通过遥不可及的远方来纠正无望的近处，对他来说，超验的远方唾手可得。它像匈牙利人一样近在咫尺，同时又像令人费解的语言一样遥不可及。这个秘密不仅存在于匈牙利嬉游曲、f 小调狂想曲以及 A 大调回旋曲的第二主题，而且事实上贯穿全部舒伯特作品的细小分支，近乎可触，然后在 a 小调四重奏终曲的降 c 小调主题中幽灵般消失了。舒伯特的语言是方言：但它是一种没有泥土的方言。他有着故乡的具体化；但这里不是故乡而是一种回忆。

舒伯特从未远离他引用的世界。在死亡图画中它敞开自身：但是在最近的外观中，自然扬弃了自身。因此在舒伯特那里没有道路通向流派或乡土艺术，而只有通向极度堕落之路以及通往变化了的人的自由音乐的现实性之路。在不规则的线条中，类似一个地震仪，舒伯特的音乐记录了人类质变的消息。它适合的反应是流泪：《三女之家》中最不幸的伤感的眼泪正是从深受感动的身体中流出的眼泪。面对舒伯特的音乐，眼泪夺眶而出，没有任何心灵的追问：如此非形象地、真实地打动着我们。我们流泪，情不自禁地，因为我们还没有达到音乐所许诺的状态，在无以名状的幸福中，我们所需的只是它保证我们终将如此。我们不能理解它；但是它把最终和解的密码摆在我们黯淡、充满泪水的眼前。

（本文写于 1928 年，选自《阿多诺全集》第 17 卷，18—33 页）

论音乐的社会状况

[德]阿多诺

一、概览 生产

今天，无论音乐何时响起，都以最明确的线条摹绘出当今社会的诸多矛盾和断裂，同时又以最深的断裂与这个社会分离开来，它把自身连同它的断裂一起生产出来，却不能容纳比音乐的残渣瓦砾更多的东西。在社会过程中，音乐的角色完全是商品的角色；它的价值是市场的价值。它不再为直接需求和使用服务，而是与所有其他商品一起顺从于围绕着抽象统一的交换的强制并听命于交换价值。无论何处，它都受制于交换强制。一个19世纪尚能容忍的前资本主义时期的"音乐演奏"的岛屿已经被淹没了；从属于强大的垄断，而且由整个资本主义宣传机构无限制利用的无线电和有声电影技术，甚至已经占据了家庭音乐训练最内部的细胞，家庭音乐演奏，只形成一个社会躯干的背面，私人资本生产则构成了它的正面。资本主义发展的辩证法已经把这种最后的直接性——自身是一种纯粹的幻象，其中个体生产和社会理解力之间的平衡总是受到威胁和干扰——彻底扬弃了。当音乐生产资本主义过程使音乐生产与消费无休止地纠缠在一起，音乐与人之间的异化就变得彻底。也许，音乐的客观化与合理化，脱离了纯粹的使用价值，把它锻造成了艺术：赋予它延续性以取代转瞬即逝的响声；它被赋予深远的升华本能的力量、人类有约束力的交谈。但是今天，合理化音乐正如合理化社会一样，会使人陷入同样的危险，其中，一旦它违背阶级关系自身，阶级利益就会阻止其合理化。

现在，这使人处于一种一旦他辩证的深入发展的可能性受到阻碍，人就会被他的悬而未决的矛盾碾得粉碎的状态。把音乐物化，使其成为纯粹直接性，如果人们不想把艺术反转到前劳动分工的阶段的话——今天，这种同样物化的力量已经从人那里带走了音乐而仅仅留给他幻象。但是，只要音乐不屈服于商品生产的戒律，它的社会附着力就会遭到剥夺，被放逐到真空中，而它的内容被掏空了。这是今天一切不愿陷入控制讨论的欺骗而对音乐的社会状况进行研究的出发点——很大程度上为了掩盖真实状况，也是为受经济恐吓的音乐作调解辩护。欺骗源于这里，即在垄断资本主义音乐企业的优势力量之下，音乐自身形成它自己的物化及其与人的异化的意识。

然而，在一种对同样是由社会产生并得到保持的社会过程的无知中，它没有把这种过失归咎于社会，而是归咎于它自身并停留于这种幻觉，音乐的孤立是被孤立的，只能通过音乐来矫正。相反，我们有必要认识到，音乐的社会异化，所有这一切，一种更草率而且合理未开化的音乐改良主义的斥责，如个人主义、杂要以及技巧，自身是社会事实，自身是由社会产生的。因此，不能以内在音乐的方式来矫正，而只能以社会方式来矫正：通过社会变革。

何种辩证的音乐可以促成这种变革还悬而未决；但是，如果它寻求建立一种直接性，这种直接性不仅被今天的社会所禁止，而且在任何情况下都完全不可修复甚至也不如其所愿，它的贡献将是微不足道的；从而助长对这种状态的掩饰。接下来的问题是，正如音乐应该干预社会过程一样，它在多大程度上能够作为艺术干预这种状况。无论情况如何，现在在这里，音乐只能在自身结构中描述社会二律背反，这也对它们的孤立负有责任。

音乐越好，越深刻地在它的形式中塑造这些矛盾的力量以及社会克服的必然性，它就越纯粹地在它独特的形式语言的二律背反中表达社会状态的匮乏，用受难的符码文字号召变革。在不知所措的恐慌中凝视着社会并不是虔诚：当它根据它自己的形式法则，使它的技术自身最内在细胞中所包含的社会问题呈现出来时，它就更准确地履行了它的社会功能。因此，音乐作为艺术的任务与社会理论的任务具有某种相似性。

如果人们想把音乐的内在发展设立为绝对的，作为社会过程的纯粹镜像反映，那么这正好是人们对音乐拜物特征的认可，这是今天它的困境而且也是它阐述的基本问题。另外，它不能根据现存的社会标准来衡量，因为这个标准是这个社会产生的，而且同时又疏远了它，这一点是显而易见的。它不应该被看成尽善尽美的、抽象的、远离真实社会关系的，看成它的图像可以预示任何独立于经验现实的社会变革的渴望的

"精神"现象，这是一切历史唯物主义的前提而不只是"精神历史"方法的前提。

由此，当代音乐和社会的关系在所有方面都同样存在着问题。它与社会理论一起分担了疑难；但是同时，它也面对或应该面对这些疑难的行为方式。在某种意义上，今天试图证明其生存权的音乐都要求具有**认知特征**。在它的素材中，它必须赋予它所提出的这种自身从来不是纯粹自然物质，而是社会-历史产物的素材产生的问题以形式；在这里它获得的解决方法与理论相仿：当然，它们包含社会假设，这种假设与实践的关系是经过中介的而且可能难以解决，在任何情况下都不能轻易得到实现，但最终决定了它们是否以及如何才能成为社会现实的一部分。

简言之，这种音乐是不可理解的，是私密的，因此是反动的，必须坚决加以抵制：它是由一种原始音乐直接性的浪漫主义表象产生的，同时基于这种观念，这种在狭隘与不开化的情况下被提升到神经质的愚蠢地步的当代社会的经验意识，可以不再被看作异化，而是属于自由人的积极标准。既不应该把政治从以这种社会意识为核心的社会辩证法中抽象出来，也不应该对这种由阶级统治产生的、作为无产阶级的意识也带有被阶级机制弄残的印记的意识的认识设立界限。正如理论超出当代大众意识一样，音乐也必须超越它。

但是，正如理论辩证地取决于与实践，它不仅根据实践提出要求，还同样从实践中接受要求；因此，即使已经获得其社会功能的自我意识的音乐也辩证地取决于实践。现在在这里，它不是通过商品在直接性的幻象中顺从"应用"；但是，它可能是在自身中，在与社会理论状态相一致的过程中，产生了全部要素，其客观意向是克服阶级统治，即使它的构成是在阶级统治期间孤立地发生的。如果现在最先进的作曲生产仅仅屈从于其问题的内在展开的压力，把资产阶级的基本范畴，如创造性人格及其心灵表述、私人情感世界以及美化的内在性从行动中剔除，而代之以高度合理化的、透明的结构原则，那么，这种受资产阶级生产过程束缚的音乐，当然不能视为"无阶级的"或真正的空想，但是可以被视为最准确地履行了它的辩证认识功能的音乐。当今，正是这种音乐遭到强烈抵抗，这种抵制超出了对所有应用音乐和集体音乐的抵抗，不管其在文学或政治上多么准确清晰。但是，尽管如此，这种抵制似乎表明，在实践中的这种音乐的"毁灭"辩证功能，虽然仅仅是否定地，已经变得触手可及。

从社会角度出发，当今的音乐训练、生产和消费可以毫不掩饰地作这种划分，无条件承认商品特性而且放弃任何辩证的干预，以市场需求为准或原则上不以市场为准。换另外的说法：第一类，在与社会的异化中站在社会一边；第二类，站在音乐一边。资产阶级的音乐文化所认可的"轻"音乐和"严肃"音乐之间传统方式的划分，似乎与此吻合。当然这只是表面上的。因为很大一部分所谓"严肃"音乐正如轻音乐作曲家一样以市场需求为导向，它也是在一种经济上不透明的"时尚"的庇护下，或起码将市场需求考虑在内进行生产的；用人格、朴素、"生活"的概念对这类音乐的市场功能进行掩盖，只会有助于美化它从而间接提高它的市场价值。并且，正是"轻"音乐，和卖淫一样被当代社会所容忍、蔑视和利用，把它与"轻轻地撩起"作对比并非徒劳，它包含了也许能使当今社会本能满足，但是却与官方要求产生冲突的要素，并因此在某种意义上超越了它所服务的社会。在轻音乐和严肃音乐之间的划分中，人和音乐的异化只是以扭曲的方式被反映出来，也就是说，以向资产阶级呈现自身的方式反映出来。斯特拉文斯基的《圣歌交响曲》和罗伯特·斯托尔兹最近的畅销歌曲分担了试图把"严肃音乐"排除在异化之外的努力，并以"媚俗"为名，把异化的责任仅仅归咎于这些音乐，作为对社会冲动星丛的精确反作用，这是唯一与之相称的音乐，但是正是它的相称性否认了社会。这就是为何轻音乐和严肃音乐这样的划分必须被另一种划分所取代，这种划分同样将音乐世界的两个部分视为异化的标记：一个整体，绝不可能通过另外两半相加而得以重建。

狭义上，音乐**生产并**不无条件地受制于市场法则，也就是说，"严肃"音乐除了在数量上占优势外，同样以伪装的形式为市场效力，形成异化的音乐生产。粗略地说明，第一类是，它没有对它的社会位置的意识或对其漠然置之，只是内在地结晶出它的问题与解决方案。并且在某种程度上，正如莱布尼茨的无窗的单子，它当然并不代表着一种预定和谐，而是在某种程度上代表了历史地产生的不和谐，即"意味着"社会二律背反。这第一种类型，作为令人非常震惊的"现代"音乐，主要以**阿德诺·勋伯格**和他的学派为代表。第二种类型的音乐，把异化的事实作为"个人主义"，而且将其提升到意识中；但是，它试图在它自身、形式内在地以及纯粹审美上扬弃后者，也就是说无视现实社会；大多数通过追溯一种过去的风格形式——它认为这种风格形式解除了异化——而无视这种风格无法在一个彻底变化了的社会中而且通过彻底变化了的音乐素材来重建。

就此而言，这种音乐不参与一种社会辩证法，在非存在的"客观"社会的图形中，或者根据它所可能引用的"集体"意向，我们大致上可把它称为**客观主义**。高度资本主义工业化的国家，把客观主义称为**新古典主义**；不发达的农业国家，把客观主义称为**民俗学**。最高效的客观主义作曲家是斯特拉文斯基，顺便提及，他的两个主要方面前后相继。

第三种类型是介于前两种之间的形式。紧跟客观主义，他们以对异化的认识为出发点。但是与此同时，他们认识到，他们比那些人更开明，而且那些人的解决方法是幻象。他们放弃了积极的解决方法，而满足于让社会的诸多断裂通过破碎的方式、将自身设置为幻象而显示出来，没有更多地通过审美的总体来统领它们。为了揭示它们，他们一部分使用了19世纪资产阶级文化音乐的形式语言，另一部分使用了今天的消费音乐语言。随着对审美内在形式的炸毁，这种类型超越了文学。与法国超现实主义的广泛的事实一致，我们有资格谈及第三种类型的超现实主义音乐。它以斯特拉文斯基的中期阶段，尤其是《士兵的故事》为出发点。最一贯地发展出来的是库尔特·维尔和布莱希特合作的作品，尤其是《三毛钱歌剧》和《马哈冈尼》。

第四种类型的音乐试图从内部真实地打破异化，即便以其内在化形式为代价。它们通常被称为**"应用音乐"**（Gebrauchsmusik），然而，无线电和剧院订单唤起的这种应用音乐，已经表明其明显依赖于市场，这里的讨论暂不提及。需要关注的是生产"集体音乐"的努力，这个方向是从新古典主义发展而来的，以欣德米特与汉斯·艾斯勒的无产阶级合唱作品为代表。

阿诺德·勋伯格，被唾弃为理智论的、破坏的、抽象的、密教的，他的每一部新作品都遭遇到抵抗，这种抵抗与对精神分析的抗拒并无不同。事实上，也就是说并非由于他的现在剥离了心理学关系的音乐的具体内容，而是在其社会结构中，他显示出自己与弗洛伊德有着深远的一致性。与弗洛伊德以及卡尔·克劳斯相似，勋伯格对音乐素材的纯化是对语言批判的努力的一个方面。可以把这个维也纳人勋伯格看作资产阶级个人主义的辩证现象——完全笼统地使用这个词，是由于他投身于他的所谓"专业"问题域而无暇顾及一种预设的社会总体性。然而，在他那里获得了不知不觉地与个人主义背道而驰的解决方法；这些解决方法，正如原则上遭到否决的以社会为导向的资产阶级改良主义，必须对其面向总体性，然而没有达到基础的洞察力，用"调解"从而也遮蔽的解决方法来支付代价。

如果弗洛伊德为了获得历史中的客观象征并且最终获得人的意识的客观辩证法，就必须对个体意识和潜意识进行分析；如果克劳斯为了在"上层建筑"领域中第二次实现社会主义概念，只能以自己的正确个体规范面对资产阶级的生活，并向个体揭开他们的规范，那么，根据同样的图式，勋伯格废止了私人资产阶级个人主义的、仅仅追求自己结果的表现音乐，而代之以一种另外的音乐，虽然他没有走近直接的社会功能，实际上这切断了与听众的最后的交往。

但是，在内在的音乐特性上，另外在音乐素材的辩证阐释上，他把同时代所有其他音乐抛得远远的，并显示出一种完美的合理性的结构，这种做法与当代社会状态水火不容，它也在其批判的表征中无意识地采取了抵抗，并呼吁天性借以援助它在勋伯格那里遭受的意识的攻击。随着他，也许是第一次，在音乐历史上，意识抓住了音乐的自然素材并控制了它。

但是，在他那里，意识的突破不是观念上的：不能把它理解为出自纯粹精神的音乐生产。更确切地说，这可以说是最严格意义上的辩证法。因为勋伯格完成的运动是以提出问题，即如何把这个运动置于素材自身之中为出发点的，而产生这个运动的生产力是一种本能现实性，即对心理特别是对无意识不加掩饰并且不受抑制地加以表现的渴望，正如勋伯格的中期作品那样，他将他的作品置于与精神分析的直接关系中。但是，这种渴望所面临的客观问题是：如何使技巧上最发达的素材——勋伯格从瓦格纳那里以及从勃拉姆斯那里继承的——听命于激进的心理表现？只有改弦更张才能做到这一点，即他必须放弃全部预先给定的联系，这种联系——资产阶级社会"赞同"现在被个体受难所解除的个体心理的一种反映——妨碍了个体表现的放任。

出于一切考虑，这些都是以某种重复的技巧为基础的传统音乐的对称关系，而它的批判作为对所有装饰的批判出现，这再次与卡尔·克劳斯相一致，但也近似于阿道尔夫·卢斯的建筑学意图。鉴于所有音乐要素的交叠，这种批判并不局限于音乐**建筑**，它否定了其对称性与装饰，还同样也涉及构造的对称关系的和声关联，即**调性**，它同时与作为激进表现原则载体的不合谐音相遭遇；随着调式图式的瓦解，迄今为止一直受三和弦限制的对位被解放了出来，并且产生了众所周知的名为"线性"的复调形式；最后，传统管弦乐队弦乐合奏的本质所承载的全部、同质**音**受到了削弱。

顺便提及，勋伯格的真正的主要成就从未获得传统观念视域的真正称赞，这就是，自他最早期的作品以来，他从未"表现主义地"对预先给定的素材及其形式进行表现的批判，通过独断专横与无情地将主题表现意向嵌入异质素材中，他干预素材结构的每一种姿态，同时素材也以其自身的问题形式向他提出的问题做出准确解答。

勋伯格的每一个主体-表现的成就同时也是一个客观-素材矛盾的解决方法，正如它们在瓦格纳式的半音阶序列技巧中和勃拉姆斯的全音阶变奏技巧中继续存在那样。如果密教的勋伯格不是一位作为精神历史而被预定的专业化的、与社会无关的音乐史家，而是可以从他的音乐素材辩证法投射到社会辩证法，那么事实证明，在他继承、接受并进一步推动的素材问题的形式中出现了产生这种素材并且将其矛盾作为技巧问题而表达出来的社会问题。勋伯格对技巧的问题的解决方法尽管孤立，但有重要的社会意义，这一事实表明，尽管由于他自己的富于表现力的起源，在他所有这些起源中用客观规律性取代了人们可能轻易称为一种无政府音乐生产的私人偶然性，但这种规律不是从外部强加到素材上去的，而是从它自身提炼出来的，并使它在历史过程中更加合理。这是从技术上"十二音作曲"所扮演的突变的意义。

正是在全部音乐素材受制于表现力的同一瞬间，表现不复存在——仿佛它由外在于主体的、自身"异化的"素材的阻力引燃了一样。装饰和重复环节的主体批判产生了一种客观的、非表现的结构，它用细胞中的重复的排除来取代对称与重复，即在重复音阶中每一个音符之前使用音阶的全部十二个音符，同时禁止任何音符"自由"、随心所欲、结构上无拘无束地被使用。相应地，一个富有表现力的连接的导音和声技巧被一个补足音符所取代。

内在结构的极端严格被列入所有从外部设立的音乐规范的彻底自由，所以它至少在自身上扬弃了作为主体形式和客观素材之一的异化，并力争实现优美、表现"自由"的音乐风格。当然，它只有通过外部的完美才能克服内在的异化。如果图式设想对这些难题进行内在克服，这不只是对高超技能的浪漫式美化，也是对勋伯格的音乐，最伟大的当代音乐的美化，对今天音乐解不开的疑难的误解。

因为就他最近的歌剧《今天到明天》脚本的选择，一种对资产阶级婚姻的美化来说，与自由、"爱"与"时尚"不假思索地进行对比，勋伯格本人总还是把他的音乐归属于它的客观特征所攻击的资产阶级私人领域。在宏大形式建筑中的某些古典主义倾向，正如在勋伯格的最新作品中可以发现的那样，可能是殊途同归的。但是，最重要的问题是，勋伯格从古典主义那里继承并恪守的那种自成一体的、静止艺术作品的观念，是否仍然与他所结晶的手段彼此融洽；其作为总体性和宇宙（kosmos）是否可以在根本上得到坚持。

在最深层面上，勋伯格的作品很可能与这种观念背道而驰；幻象缺失性环节证明了这一点，这在他与装饰的斗争中被表达出来，在他目前的音乐措辞，包括文本措辞的实事求是中得到了更多表达。即使他的作品可能存在于对艺术敌意的秘密之中：根据他的明确主张，他试图用历史上彻底合理化的手段再次迫使贝多芬式的、自治的、自足的而且象征强烈的艺术作品出现，而这种重建的可能性，正如克劳斯式纯粹语言的重建一样，是值得商榷的。这里，只是在这里而不是在他的作品的非通俗性中，勋伯格的社会洞察力碰撞到了界限；不仅是他的天赋的界限，而且更确切地说是他的天赋功能的界限，它再也不能在音乐上被超越了。

勋伯格的学生阿尔本·贝尔格居于这个界限。某种程度上，他的作品技巧代表了勋伯格最高级的作品与前一代作曲家瓦格纳、马勒，某些方面也包括德彪西之间的后向连接谱系。但是，这个谱系是从勋伯格的高度勾勒出来的，其技巧成就是极度变奏和通谱，还有被用于更老的色彩-导音素材的十二音方法，包括声部处理，而不是，如勋伯格作品中出现的那样，"扬弃"它：表现的功能被保存了下来。

因此，贝尔格比勋伯格更多地黏附于资产阶级-个人主义音乐——在风格批判的传统范畴中，是新德国学派。在其他方面他和勋伯格一样，彻底摆脱了它。他的辩证法发生在音乐**表现**领域，那种辩证法不能像一种空洞-集体主义的新现实派（Neusachlishkeit）不断宣称的那样，不假思索地将其作为"个人主义"加以拒绝。相反，表现的问题只能具体地，只能根据表现的基础、被表现的方式以及表现自身的准确性加以解答。如果在资产阶级-个人主义表现音乐的范围内严肃地提出这个问题，那么就会表明，这种表现音乐不仅作为音乐值得商榷，而且作为表现也同样值得商榷：与19世纪的"心理"小说的众多章节相似，它们根本不是关系主体的心理现实性，而是虚构的、风格化的，而且在许多方面都是被虚假表现出来的。

在音乐中，心理表现和浪漫主义风格概念的交织表明了这种实情。如果音乐成功地突破了虚构的心理基质，即从一开始就冲破瓦格纳式的英雄人物形象并侵入真实基质的话，那么与资产阶级个体相对立的音乐的功能就会发生变化。音乐不想再美化个体并将其作为一种规范而树立起来，而是揭露痛苦与受难，这些痛苦被惯例所掩盖——音乐惯例与心理惯例在这一点上并没有什么两样——通过对个体的痛苦或卑鄙的倾诉，不是把它孤立起来，而是使它客观化，最终违背了事实的秩序，在这种秩序中它的确以音乐的形式出现，正如个体以个体的形式出现一样，但在这种秩序中音乐达到了它自身及其绝望的意识。

一旦这种音乐自身在内容上与心理分析有充足的亲缘关系，而非徒劳地定居于梦和精神错乱的领域，它就清除了传统的表现心理学，同时它也与这种心理学相对应的音乐传统形式语言背道而驰，瓦解它的表面关联，并从音乐表现的质点中建构出音乐——内在的一种新语言。尽管路径完全不同，但还是与建设性的勋伯格的语言趋同。这种辩证法在贝尔格的作品中得到了体现。

如果允许把它与造型艺术作一个比较的话，那么，贝尔格与19世纪末以及20世纪初的表现主义音乐的关系，正如考斯卡的肖像画与印象主义的关系。个体心理、资产阶级，以及通过资产阶级产生的无产阶级心理的真实描写，随着《沃采克》突然转变为一种社会批判的意向，当然没有挣脱审美内在性的框架。这是贝尔格的深刻悖论，其中社会二律背反是作品内在地呈现出来的，这种批判的转折在一种与过去的而且现在通过他的批判变得一目了然的素材的关系中成为可能。因此，它出现在《沃采克》最重要的部分之一——大酒店场景中，这里，他的处理方法与超现实主义方法交织在一起。同时这种关系保护了贝尔格的作品，至少使这部戏剧免于彻底孤立并引起资产阶级观众的某种共鸣，这种共鸣可能是基于观众把《沃采克》误解为瓦格纳式出处的最后的"音乐剧"，通过误解的渠道，听任《沃采克》出现的一些来自无意识洞穴的更黑暗、更危险的溪流渗透到占统治的意识。

最后，在这种关联中，必须简要提及勋伯格学派的第三位代表人物——韦伯恩。对其进行社会解释，无论其卓越的音乐品质如何毋庸置疑，目前仍然是最大难题，甚至在这里不能作讨论。在勋伯格的作品中，由作品的形式结构所决定的面对社会的孤独和异化成为他的主题和内容：他的音乐的每一个声响都是对无以言表的言表，也就是对彻底异化的言表。如果有人想用构成勋伯格学派基础的内在辩证法的基本概念来解释韦伯恩的话，那么，他就必须用与韦伯恩足够接近的克尔凯郭尔作品的一个副标题，谈及"辩证的抒情诗"。

因为这里，最极端的个体差异，一种预先给定的素材的解决方法，在音乐上甚至超出勋伯格，在表现上甚至超出贝尔格——其目的无非是：一种音乐的自然语言、纯粹声音的释放必然拒绝求助于一种自然**素材**，即调性、"自然"的泛音关系。在历史辩证法中产生这种自然图景，这就是他的音乐的意图及其产生的谜；作为谜，它与任何积极的自然-浪漫主义答案完全相反。很久以后它才会被破译。

与勋伯格及其学派的高超技能正相对立的是斯特拉文斯基及其追随者们的精湛技艺；这里游戏与幻象缺失相对立；诱人、任意变化的面具，它的佩带者是同一个人然而无足轻重，与在突如其来的改变中发生转换的、基础的、有约束力的辩证法相对立；从社会方面来说，客观主义音乐比勋伯格学派的音乐要透明得多，因为在技巧上它并不那么严重地故步自封。这就是为何客观主义的社会阐释恰恰出自客观主义的技巧方法。从技巧上说，任何客观主义音乐的企图都是从内部来校正异化，而无视社会现实性；但并没有对作为个人主义-过度差异化的内在辩证法进行深入探究，斯特拉文斯基曾经足够荒谬地把勋伯格和奥斯卡·王尔德相提并论，并因此被斥为唯智论——抽象的、异于自然的。

但是，通过一种更古老的、彻头彻尾前资产阶级的音乐形式，人们希望对音乐进行内在的矫正，并希望维持音乐的原始自然状态，人们可以称其为一种属于人的本质及其身体结构的音乐人类学。因此所有客观主义都倾向于舞蹈形式以及起源于舞蹈的节奏，其脱离了历史变化，适用于任何时代。

客观主义把自己与在舒曼那里以一种极端的准则被界定为"传奇音符"的浪漫主义风格史的概念，作了如此重要的区分，它并没有把过去的音乐状态与否定的当今状态进行比较并渴望修复后者，而是在过去中建立了一副绝对有效的、今天在这里可以随时实现的形象。这就是为何客观主义在其理论表述中对浪漫主义发起了猛烈攻击。

然而，在实际的音乐角度来看，这只意味着客观主义向它的历史模式的倒退，无论是真实的还是虚假的乡村的民间音乐，中世纪复调音乐还是"前古典的"音乐会风格，目的不只在于这些模式的复位；只有在特殊情况下，作为风格复制，客观主义才致力于实现这种复位。然而，在其生产的广度上，客观主义作为"新客观性"，刻意凸显其发迹合理性与合乎时代性，力求将旧的、臆想的永恒模式应用于当前的素材。这种前劳动分工、静态自然般的形式高度差异化，自身上就呈现出物质劳动分工的全部印记的素材：这就是音乐客观主义的观念。

因此也会产生不可否认的当前社会的类比，一种高度工业化经济关联的不动产-法人结构：在客观主义音乐中它似乎被描绘为顺从，正如一个"领袖"凌驾于社会"有机体"之上，而这实际上是由垄断资本主义控制的，因此霸权作曲家自由地控制着所谓的音乐有机体。何时引入一个不和谐音，何时悬留音（Vorhalt）得到解决，这既不是由被当前素材所否决的一种预设的图式来决定，也不是由合理的强制性借自然之名所否定的结构的内在性来决定，而是作曲家的愿望，也就是说，由"趣味"来决定。

但是，尽管这种类比如此诱人并且揭示了诸多真实情况，认识也绝不能毫无抵抗地听凭于它。虽然在斯特拉文斯基本人或者甚至一个有艺术政治野心的新古典主义者，比如卡瑟拉那里，与法西斯主义的关联是毫无疑问的。但是，对音乐进行社会阐释，与作者的个人意识无关，而是与他们作品的功能有关。这就出现了难题。

首先，如果要真正理解客观主义与法西斯主义之间的关系，就必须找到中介范畴并对中介进行解释。然而，这种中介机制仍然不为人所知。通过对时尚事实进行分析而可以立刻把它推断出来——正如在斯特拉文斯基这件事情上某种他的普遍流行的依赖性所阐述的那样——不允许新古典主义的本质形式要素不通过对内在-技巧的问题的提出而显示出来，而是从外部投进去的，直到它们被转化为艺术作品的技巧内在性。但是，时尚自身敏感地回指社会经济事实。然而，它并没有给出中介问题的解决方法，确切地说，只是更准确地描述了这个问题的位置。可是，关于法西斯主义的客观主义的社会解释也进一步出现了内容上的难题。这个难题是相同的异化事实，那种客观主义的内在-美学的清除或遮蔽，是作为自己的任务而提出来的。

也就是说，根据其意向与客观结构，它的确是最高级垄断资本主义阶层的音乐，然而这个阶层仍然不能消费它也不能理解它。只要客观主义仅仅寻求在情景中消除异化，就会让它原封不动地存在于现实。音乐技巧的专业化已经发展到如此地步，以至于大众不再能充分理解一种音乐，即使客观上它是自己的意识形态。另外，其他类型的意识形态力量，如作为过去的精神商品而积累的"教养"概念，在音乐中对大众的影响远远超过音乐中其社会观念的直接形式。斯特拉文斯基的音乐远比理查·施特劳斯的音乐更准确地反映了上一代大资产阶级的意识形态，它已经与音乐格格不入，无法将核心价值归之于这种形式。尽管斯特拉文斯基的音乐可能比作为上一代大资产阶级作曲家的理查·施特劳斯的音乐更准确地反映了大资产阶级的意识形态；但大资产阶级仍然对作为"摧毁者"的斯特拉文斯基存有疑问，而更喜欢施特劳斯，甚至更愿意听贝多芬的第七交响曲。

因此，异化使社会方程式变得复杂。但是，它也以内在美学的方式出现，这可能是大资产阶级对"他们的"音乐产生不信任感的真正由来。也就是说，作曲家能够随意处置其材料而无须对之进行客观、强制性的预制，音乐形象的内在结构自身也无须对音乐的合法与非法进行明确判断——这种坏的愿望与形象自身的不一致相称，其中，被唤起的形式意向与实际的素材状况之间的矛盾依然悬而未决。

正确对待素材的作曲家，如重要的匈牙利作曲家、民歌研究者贝拉·巴托克，他放弃形式客观性的虚构而代之以可追溯到前客观的、真正的古典素材，但是，这种素材在他的特殊解决中恰恰与当前素材具有极为密切的关系。因此，在特定的素材合理的通谱中，一种激进的民俗学与勋伯格学派手法惊人地相似。但是，在客观主义领域中，巴托克是一个特例；在他早期的合作者科达伊那里，真实的民俗学已经被扭曲为通过把更原始的旋律和感官柔和、后印象主义的和声加以对比，从而非难自身的一种完整的民间生活的浪漫理想。

斯特拉文斯基的面具游戏以他最精确与最谨慎的艺术理解力而不受这种揭穿的影响。他的音乐利用了其强制二律背反的知识，通过它而表现为一种游戏，这是他的了不起与危险之处，甚至对他自己来说同样也是危险的成就；但其从未仅仅作为游戏，从未作为开放的工艺美术，而是在游戏和严肃之间如同在风格之间不断浮游，这就使得几乎不可能通过命名来称呼它，其中，反讽妨碍了任何客观主义意识形态的透明度，但这是一个允许一切表达的绝望的背景，因为没有一个表达明确适合于将面具游戏从其黑暗背景的深渊中衬托出来。

这种摇摆不定，其中游戏随时都会变得严肃，变成撒旦的大笑，用一种非异化的音乐的可能性讥讽社会，这就为什么人们不可能把斯特拉文斯基作为一个自命不凡的，同时也抬高了他的音乐的时尚的作曲家而接受下来。正是由于这种艺术安全性，他承认不可能用它来积极地、美学地解决受社会制约的二律背反，但是也因此，这种社会二律背反自身使他对大资产阶级产生了怀疑，在他最好而且最令人瞩目的作品《士兵的故事》中挑起了矛盾。斯特拉文斯基在这一行业相对于其他所有客观主义作家的优越性危及他的风格的颠扑不破的意识形态的实证性，正如社会对他提出的要求：因此，在他那里，艺术的连贯性成为社会的、辩证的连贯性。他似乎只有用《赞美诗交响乐》的暴力神学才阻挡了统治权力对大都市"工作室"艺术、颓废和瓦解的嫌疑。

欣德米特音乐的基本社会功能是采用斯特拉文斯基的天真对斯特拉文斯基的客观主义进行解毒。他的客观主义提供了不折不扣的严肃性；人为的安全性变成了工匠的诚实，据此作为一位"音乐家"的手艺人的观念再一次适应于非劳动分工的生产状态，这种观念并没有认识到音乐中生产与再生产的差异；对"健康的幽默"的撒旦式讽刺，其健康显示出客观主义中自然的非反思状态，被斯特拉文斯基的面具的狞笑扰乱，而他面对挑衅的幽默，无论是先锋派还是势利的讽刺，两者都承认与社会关系的原则的抚慰。

但是，斯特拉文斯基的绝望，是一种非常历史的绝望，在《士兵的故事》中被追逐到精神分裂症的边缘的绝望，作为一种只有通过过去的客观音乐语言碎片和幽灵才能实现出来的主体性的表达——这种绝望在欣德米特那里缓和为一种纯自然的、未解决的但也非辩证的忧郁，它像当代哲学的某些意向一样，把死亡视为一种永恒的事实，作为"实存的"回避具体的社会矛盾，从而甘于顺应客观主义的人类学与外在历史观念。

斯特拉文斯基把社会矛盾纳入艺术二律背反并对它们赋形；欣德米特把它们掩盖起来，因此对他来说盲目形式陷入重重矛盾。能穿透天衣无缝、环环相扣的表面以及准确无误的配器保障声响织体的更加锐利的技巧眼力，成为欣德米特处理方法中固有的无处不在的脆弱性：偶然的动机素材与所谓形式合法性之间的差异；要素上的不可重复性与外部联合的重复形式之间的差异；基于大规模的平台建筑与随机性之间的差异，连同详细布局的与必须布局的平台。这正是因为"客观"建筑并不先验地包含一种预先给定的单个生产环节，而是被作曲家的任意性附着的，**新客观性**标记下虚假的外表。

这里，正像在斯特拉文斯基以及某些追随者们那里一样，客观主义内容仍然是偶然的；这就是，偶然性可以根据不断变化的意识形态的需要进行互换，而不是由一种社会状态勾勒出来的，无论如何它都不是音乐想见证的秩序，而是音乐在人性标记下应该掩盖的一种阶级秩序。时而，毫无内容的纯形式客观性，在它的空洞中作为内容、为客观性而客观性地被提出来，正如在斯特拉文斯基那里时常发生的那样，与此同时，黑暗的空洞被颂扬为非理性的自然力；时而，正如在欣德米特那里，它被引用为一种集体性的证据，尽管可能发展成为小资产阶级反抗资本主义的机械化形式或青年运动会对生产产生影响，但这只是避开了资本主义的生产过程而已。

时而，音乐应该成为一种为人们提供消遣或促进其集体性的游戏；时而为他们提供膜拜或实存的严肃性，正如当评论界仍然要求当时还好斗的欣德米特"深化"那个时刻，对此他以根据里尔克的组诗《圣母生平》的创作来回应。音乐客观主义的内容正如社会控制权力的利益一样存在着如此分歧，正如大小资产阶级之间存在一种差异那样——这个概念使用得很含糊，正如目前社会认识的状况仍然对它进行指定那样——在客观主义生产中再一次清晰地反映出来。

这里，也必须提出"中介"问题。客观主义音乐只有一个共同点：从社会状态产生方向偏转的意向。它使单个人认为他并不孤独，而是与他人处于由音乐为他所带到的、没有规定其社会功能的一种亲密关系中；它试图将总体转变为声音媒介，从而使其成为积极实现个体命运的一种有意义的组织。但是，这种联系状态的基础和意义是可互换的。只要认为消遣的意向是真实的，而并不只是孤立的美学领域中愿望的反映，它就被允许看作是失败的。被客观主义用歌唱团体和演奏团体、"音乐家协会"和劳动集体努力讨好的小资产阶级，在销路上彻底失败了。资本主义危机的困境把客观主义及其大众化所意指的阶层放逐到其他更易于管理的意识形态，而不是内容相当不明确的、复杂调节的客观主义的意识形态。他们很难将"密教的"勋伯格与"音乐家"欣德米特区别开来，而是将二者与爵士乐一起作为文化布尔什维克主义加以拒绝。他们坚持复活军队进行曲。

因此，这已经预示着这些类型的社会问题的本质：他们不再在审美图像中克服异化的事实，而是希望将真实的社会意识纳入作曲处理方式，以此来克服异化；通过把音乐的起点转变为社会终点来克服异化。在较低层面上，客观主义已经明显倾向于这种处理方式；对美学内在的集体音乐的要求随即转变为一种对于在美学上提得更高的应用音乐的要求。如果说库特·维尔作为音乐超现实主义的表征远比这种处理方法以及上流社会的坏的观念慎重，那是因为他对社会状态有着更好的认识。他既不认为可以通过音乐对社会进行积极变革，也不接受其启示。他没有为人们提供一种原始艺术，而是在他的艺术处理方法的变形镜中向人们展示他自己的"应用音乐"并把它作为商品显示出来。

《三毛钱歌剧》和《马哈冈尼》的风格比欣德米特更接近《士兵的故事》：一种蒙太奇风格，它扬弃了新古典主义"有机的"表面形式，把碎石和碎片彼此聚集起来，或者今天在19世纪和声中透露出的谬误与谎言，通过伪音的添加得以真实地构建出来。维尔的作曲手法过度暴露了常见的作曲手法、呈现出幽灵所带来的震撼，对它所发源的这个社会表现出惊恐，同时成为对一种肯定的集体音乐的可能性的否定，这种音乐在真正的应用音乐的恶魔般庸俗笑声中坍塌了。用过去的幻象手段，当代作曲的处理方法承认了自身的幻象性，在华丽的幻象中，一种社会状态的符码文字变得清晰可辨，它不仅禁止了美学形象中的一切安抚，带着它的矛盾返回其中，而且使人如此亲近肉体，以至于他不再允许对自治艺术作品进行质疑与尝试。

令人佩服的是，维尔和布莱希特从这个星丛中发展出如此丰富的质的成果，歌剧院革新就是在同时辩证地反对歌剧院的可能性的瞬间的闪光灯下开辟出来的。毫无疑问，维尔的音乐是今天唯一真正更具社会冲击力的音乐，只要他处于否定性的前端，他也承认这一点并把自己归入此类。他的问题是由这一点造成的，即他不可能停留在这个前列；音乐家维尔必须努力避开一种劳动方式的责任，从音乐的观点来看，这种方式正如超现实主义图画一样不可避免地看起来像"文学"。像消费畅销曲一样宁静地消费《三毛钱歌剧》中歌曲的观众误认为，这些歌曲既对自身又对听众怀有敌意，也许被合法化为辩证交往的工具。但是，事情进一步发展的模棱两可性被视为危险：先前暴露出来的幻象在伪实证性中嬉戏，毁灭在现存框架那边的集体艺术中嬉戏，在这种嘲讽的原始性背后，在其苦难诱惑下，自然信仰的原始主义不再求助于古老的复调，但显然可能求助于亨德尔式的齐奏。不过，正是实验者维尔如此彻底地远离无意识有机体的一切信仰，因此可以认为，他不会屈从于无危险的危险。

在最广泛的意义中，集体音乐和应用音乐已经衰落。由于它们的活动性从错处着手，在音乐中而不是在社会中，因此它错过了二者。因为在资本主义社会中，它们作为出发点的人类的休戚与共是虚构的，那里某些东西可能是真实的，但面对资本主义的生产过程时却无能为力。音乐中"集体性"的虚构掩盖了它却没有改变它。同时，用内在音乐的说法，集体音乐是反动的：与客观主义是一丘之貉，只是它粗鲁地拒绝了音乐素材的辩证的深入运动，认为它们是"个人主义"或"智力的"，其目的是直接恢复一种坏的、静态的自然概念——"音乐家"。这不是对个人主义进行辩证的批判（这样的批判无疑是合理的），而是用它的内在矛盾的矫正来矫正它，但是承认它是人类音乐解放的必然阶段，这里处处求助于原始的、前个人主义阶段，甚至没有提出任何素材转型的新古典主义问题。

根本错误在于与公众相对的音乐功能的见解。这种意识被绝对化了——在小资产阶级集体音乐那里被绝对化为"自然"，然而正如在汉斯·艾斯勒所代表的阶级意识-无产阶级音乐中那样，眼下其已经被积极视为无产阶级意识。此外，人们没有认识到，这里，生产针对的要求，即可歌唱性、朴素性、集体效用性，诸如此类——必然与一种被统治阶级压迫与束缚的意识状态联系在一起。没有人比马克思本人更激进地阐明了这一点——如果生产片面地以此为导向，就会成为生产力发展的桎梏，如果无产阶级的艺术理论与实践不想在艺术中使阶级统治造成的状况永恒化的话，那么对资产阶级历史的内在美学效果，包括近50年的美学结果，就不能置之不顾，而在社会中废除这种状况是无产阶级展开的阶级斗争坚定不移的目标。

与此同时，面对当代意识，集体音乐的顺从受到这种意识自身谎言的惩罚，因为它更喜欢与小资产阶级有关的有声电影，而不是一首通俗地构思的颂扬无产阶级的集体音乐。像艾斯勒的合唱这种无产阶级集体音乐的鼓动价值以及由此产生的政治权力是毋庸置疑的，只有乌托邦式的理想主义思想才要求用一种内在地适合于无产阶级的功能，对无产阶级来说却无法理解的音乐来取代它们。但是，一旦这种音乐撤离直接的行动阵线，并在那里变得有所反思并确立为一种艺术形式，那么并不显而易见的是，产生的结构不能与先进的资产阶级生产相抗衡，而将自己展现为内在于资产阶级的过时风格，甚至是小资产阶级男子合唱文学的可疑的混合物，以及来自先进的"新"音乐的残渣，由于这些混杂物，其丧失了抨击的尖锐性以及一切技巧表达的简洁性。可以设想，与其采取这种中间解决方法，还不如在资产阶级庸俗音乐现有旋律中循环地配以新文本，用这种方法辩证地"改变职能"。尽管如此，值得注意的是，在迄今为止最坚定的无产阶级作曲家——出自勋伯格学派的艾斯勒的形象中，我们似乎可以接触到与之相反的愿望。为了使这种接触富有成效，这种应用必须找到它的辩证法：音乐必须不被动地、片面地以消费者意识的状态，也包括无产阶级意识的状态为导向，也就是以它的形式自身积极地干预意识。

二、再生产、消费

音乐与社会之间的异化在音乐生产的二律背反中反映出来：作为一种真正的社会事实，它在生产与**消费**的关系中变得具体。音乐**再生产**中介着这两个领域，它服务于生产，只有通过再生产，生产才能直接在场，否则它只能是无生命的文本。它是所有音乐消费的形式，因为社会只能从再生产而不是从纯文本中获得份额。生产的要求——作为对真实性的要求，以及消费——作为对可理解性的要求，同样针对再生产并与之交织在一起：对作品进行"更清晰"演绎的假设既可以针对有意义的文本阐述，也可以针对听众再生产的可理解性。因此，当生产和消费在再生产的最内在细胞遭遇时，再生产为彼此一决胜负的冲突提供了最精确的舞台。作为异化音乐的再生产，它就不再能达到社会；作为社会的再生产，它未切中作品。因为具体的再生产——正如通常的艺术批评总是想使人们忘却那样——既与一件永恒的作品自身无关，也与一种受恒量的自然条件约束的听者无关，而与历史条件有关。听者的意识不仅取决于社会条件的变化；音乐总体状态的水平不仅取决于再生产，而且作品自身拥有自己的历史，并在其中发生着变化。这就是说，它们的文本只是一种并不确保清晰的纯符码文字，其中内容随着音乐辩证法的发展——它再次包含着社会环节——出现了变化的内容。作品自身中的变化在再生产中被阐述出来。也就是说，在彻底异化的迹象下，作为再生产**自由**的消失。

前资本主义的再生产受传统统治：音乐行会的传统，通常也是单个家庭的传统。这种传统的环节确保了在演绎的连续性中音乐及其听众之间存在一种持续不断的关联；作品并不孤立地面对社会，而是通过再生产坚持对生产施加影响，直到 18 世纪末，即直到维也纳古典主义革除通奏低音，生产、再生产和即兴演奏之间仍然没有明确界限，而是彼此交织；即使巴赫的赋格曲这样严格的作曲形式类型，作为对中世纪复调音乐的继承，也并没有屈从于通奏低音实践，在速度和力度上听任解释（Interpretation）作充分发挥的自由，而这些在文本中只是略加规定，并赋予规则一种传统，这种传统在平均律调律引入之后的几百年中仍然是非理性的。

所有这一切随着资产阶级的胜利发生了变化。作品自身确立了自己的独立，并在与社会相关的合理的符号体系中被规定为商品；演奏者及其行会之间的传统随着自由竞争的渗透而发生中断；"学派"成为学习与思想的集体，而不受教学内容的约束。传统音乐训练的残余，正如马勒在维也纳遇到的那样，用他的话来说，显然是"草率的"。演奏者介入作品，在作品最终物化之前的时代总是可能的，而且是出于自身的需要，成为坏的任意，这种任意不得不使合理地表明的作品的本真性远离自己。在 19 世纪，音乐再生产的历史摧毁了再生产的自由。演奏者只能在两个合理种类的要求之间做出选择：要么必须严格地将自己限制在音乐符号的精确语言解码的实现上；要么必须顺应市场的社会导向，以及作品的形式中已经消失的愿望。

19 世纪，"解释者人格"在资本主义过程中，作为非理性再生产最后的音乐避难所，在两种要求之间进行了调解。它与自由竞争的形式关系清晰，并且包含着与后者一样多的非理性。在说明性文本及其符号框架中，作品本身重新生产出它的内容，以此来为作品服务；这由于作者与演奏者的结构具有同质性而成为可能，出于同样的方式，此二者既是资产阶级的"个体"，又是实现资产阶级个体性的"表现"：李斯特和鲁宾斯坦，两个"富有表现力"的作曲家、"后创造者"的演奏家，是这种解释的原型。他们奉献出音乐的社会，正如他们自身一样是个人主义地构成的，这样的社会从中再一次认识自身，并通过他们获得作品，在它为技艺名家准备的、远远比作曲家受到的赞美隆重的凯旋中，它赞美了自己。

与 19 世纪相比，当代音乐再生产所经历的决定性变化是，个人主义社会和个人主义生产之间的平衡已经遭到根除，再生产的自由随之变得高度可疑，音乐现象最为清楚地表现出了从竞争向垄断资本主义的转变。虽然"解释者人格"在音乐生活中继续存在，而且比以往任何时候发挥着更大的社会效应；但是，它的功能已经发生了彻底变化。它用来统率作品和听众的霸权以独裁的形式掩盖了自由演奏者和作品之间的裂缝。但是，音乐生产，就它坚持独立于市场而言，要求演奏者彻底从属于文本，这种从属不受当前生产的制约，而是它同样成为过去生产的必要前提，除非根本不可能根据先进生产对旧作品进行演绎，而过去的这些作品在严格演奏者面前处于透明与沉默状态。

作为作曲家，勋伯格根除了调性的终止乐段，以及由此产生的所有形式方法，也就取消了自明地归入他的而且尚未表明的阐述方法，这种自明性恰恰保证了早期解释者的自由。现在，文本被注解到最后一个音符、最难以觉察的节奏的细微差别，解释者只能成为明确的作者意志的执行者。如果这种严格性在勋伯格那里辩证地产生于一种作曲方法的严格性，根据这种方法，没有任何预先给定的与受社会保证的材料，音乐是完全"构成的"；那么，在斯特拉文斯基的描述不太精确的音符文本中，尽管非辩证，但是结果相似，演奏者的自由被一种客观主义的风格与"趣味"排除在外，虽然这种客观主义并不纯粹是设计出来的，但还是要求解释者完全服从它的客观态度，而这种服从，如果不是在作品以及评注中被规定的话，至少要以一种非感情、类似于朗诵方法的机械式乐器演奏来表述。机械式乐器领域中的改良与革新，使得比平庸、无节制的"自由"解释者产生的一种更为准确的演绎成为可能，因此可能共同形成了再生产观念，无论如何，它加强了对音乐再生产关系的社会阐释的要求，即与其内在性问题所产生的再生产自由的同样限制，走向机械化与合理化的同样趋势，这些趋势都与外部，与社会、经济发展密切相关：通过机器的完美以及通过机械劳动力取代人在音乐上变得有现实意义。

这些趋势并不局限于当代音乐的演绎。在它的模糊文本框架中，作品的历史变化并不是任意发生的，而是严格服从于音乐生产领域中获得的认知。经过更细致的研究，更古老的音乐，尤其是"古典的"德国音乐，为了如同它的结构呈现给今天的鉴别力那样实现出来，就需要和最新的音乐同样，进行严格的演绎，禁止解释者任何即兴的自由。对作品进行中肯、适宜的演绎的要求完全从作者意志中解放了自己——无论如何，这难以控制——正是在这种解放中，再生产的历史特征才清晰地显露出来。例如，如果有人想如此"自由地"、用如此随心所欲的即兴变化，尤其是改变单个乐章的基本时值演奏一首早期贝多芬的钢琴奏鸣曲，根据当今的说法，这是贝多芬本人在弹奏——面对那些通过后来的生产只有今天才得到彻底辨识的乐章的建设性统一性，听者感到表面上真实的解释方式有悖于作品的意义。

但是现在，在与作品发生的内在争辩中，以生产的真实状态为导向的最先进的解释获得了自我扬弃的观念；不可避免地，恰恰在作品纯粹浓缩的演绎的最好表征中，产生了与社会的公开冲突，并进一步发展为与公众的公开冲突，公众感觉自己在作品中被解释者代表了，现在通过作品的牺牲而遭到了驱逐。社会在理性化方面的矛盾心理在再生产方面比在生产方面更为尖锐地暴露了出来。随着以节省劳动力为目的的技巧手段的完善，随着音乐作为一种抽象统一性的交换商品的逐步独立，它最终脱离了社会，资产阶级社会不仅促进了音乐的合理化过程，而且首先使之成为可能。但是，合理化的一致性在其范畴中侵蚀了资产阶级秩序的存在，在它们面前，它退却到一个概念世界，这个概念不仅把内在-音乐世界的实在性抛在脑后，而且也把内在-资产阶级的实在性抛在脑后。但是，这又证明它尤其适合在意识形态上掩盖垄断资本主义的发展。音乐生产和再生产的合理化，社会合理化的结果，作为"去心灵化"而遭到反对，似乎有人担心，尽管所有的"合理化"都坚持自己的观念，但其在激进的艺术合理性之光中会变得一目了然。因此，"心灵"被悄然无声地等同于资产阶级-独立的私人，越是有人试图更确切地在意识形态上确定他们的权利，他们就越受到经济-社会上的质疑。最乏味的对立为消费者意识辩护，为了根据当今再生产保护自己免受它的认识特征的影响，并为一种音乐演奏（Musizieren）提供保障，其主要功能是通过梦、痴迷以及被遗忘来藏匿现实，在美学图形中为资产阶级谋得现实所禁止的本能满足；但是，艺术品不得不为此付出整合形式的代价。机体与机械对阵、内在性与空虚对阵、人格与匿名性对阵。

在其更温和的德国形式中，客观主义试图通过将失去的再生产自由或至少将其幻象作为"音乐才能"纳入文本，并因此从乐器的演奏风格中发展出文本，仿佛再生产的自由可能性首先使生产本身成为可能。这种中介尝试的幻象特征因此显示出来，本该由再生产履行的功能被托付给生产，因此"文本"以及为"音乐演奏"的物的谱曲仍然是最后情势，音乐才能仅仅是作品的纯装饰佐料。对公众而言，仅仅为音乐演奏，而音乐已经无效。

同一个"解释者人格"在 19 世纪有助于音乐中个人表现的突破，而现在它的功能发生了戏剧性变化，成为其意志的执行者。它必须执行双重任务。从前，它必须用它"观点"的霸权，通过一种放大的或过度的塑造突出作品的形式，在作品和大众之间确立起失去的交往，尽管它可能与作品不相称，但它确保了对大众的影响效果。但是，此外，它必须进一步用魔法使作品成为现在已经不再存在的个体的动力与生气；最重要的能力，在它们早已不再拥有，也许从未拥有的一种形式中使作品呈现出来，这也是使"杰出的"指挥家出类拔萃的特性。生机的充盈与自由的活力，活生生的有机物与直接、非物化的内在性的理想都是由他亲自给予那些被资本主义经济拒绝实现所有愿望的人；同时他在信念中加强了他们自己的实质，正是这种实质产生了不朽的，也就是说，产生了永恒的作品，这些作品是他用魔法呼唤来的，他们凭借着他们的教养力量占有它们，并同时尊之为拜物。与 19 世纪的典范形成鲜明对比，他们与当代生产格格不入或不屑一顾，曾经把一部现代作品作为威慑的例子来展示，或最多允许新音乐成为复辟古老心灵艺术的过渡，但在其他方面，则忠于英雄-资产阶级式的往昔——贝多芬——或像布鲁克纳这样的作家，把社会活动的盛况与杰出演奏家对生气与内在性的相同诉求结合起来。贪婪地沉醉于布鲁克纳第八交响柔板庆典乐章的同一指挥家类型，正如一位旨在把众多组织、机构和管弦乐队掌握在手中的康拜恩总裁，是一位与个人特性有着确切社会关系的人物，在资本主义中他必须将音乐托拉斯和音乐内在性带入这个公分母。

在当代杰出解释者的类型历史中，指挥不受制约、毫无争议地控制着管弦乐队机制，从而抑制了器乐与声乐大师的自由竞争。他恰恰是一个**个体**，正好是一种"人格"，他同样支配着大众与音乐，并以大众的名义，但没有大众的意愿而是以命令的姿态援引过去。最后，他的成功恰恰是以他与公众遭遇时的命令姿态作为支撑的，所有这一切充分表明，所谓克服了机械化的个体，作为垄断寡头，将合理的机械装置从个人的洞察力中抽走，以便在自己的利益中对此进行支配。他的意识形态控制是由社会中一次又一次再生产他的修复-再生产的成就的名望来支撑的。阶级意识如此准确地与合适的解释者观念相一致，把与之不相符的解释者清除掉，无论他的事实特性以及自身的启发力量多么无可争辩，在战前的维也纳和今天的米兰与柏林并没有什么不同。

当今社会要求音乐，作为它的意识形态，在它的愿望的满足中服务于社会，如同其在"解释者人格"的形象再生产的问题域中辩证地显示出来的那样，正是这些要求控制了全部资产阶级官方音乐**消费**，并进一步得到教养情势的认可。在他们的"音乐生活"中，由于它暂时仍然保持着在歌剧院和音乐厅中的传统地位，资产阶级社会与异化音乐已经休战，并反过来以谨慎而且调节精确的形式与它联合起来。当然，这种休战可能随时终止："音乐生活"对资产阶级社会关系的一切变化都会做出迅速而准确的反应。例如，通过通货膨胀和危机来剥夺中产阶级，已经把这个阶级赶出了歌剧院和音乐厅，把他们放逐到无线电设备前，其心不在焉再次充分表现了资产阶级的原子化，资产阶级私人被排除在公共事务之外：在扬声器前，资产阶级在经济与音乐上，甚至根据"合营经济企业"的说法，都屈从于垄断。

由于音乐生活这样直接地记录了内在资产阶级结构的变化，这种分析有义务考虑到资产阶级的内在差异与矛盾。在一个其中孤立艺术作品的自治要求已经被打破并被市场需求所取代的领域，数据统计可以为社会阐释取得基本材料。然而，这种材料是不存在的。尽管如此，但是观察至少可以提供一些发现。就**歌剧**而言，它实际上已经丧失作为一种消费手段的现实性。它在 19 世纪的主要的表征功能，无论如何目前已经被剥夺了：被废黜的中间阶层既没有经济实力来支撑这种表征，也没有形成一个能够如歌剧院那样进行崇高表征的文化统一体；充其量他们只能在《名歌手》中追忆他们的快乐年华。

但是，能够并且乐于表征的大资产阶级，避免过于公开把自己描绘成统治阶层和有经济能力的阶层；目前，他们把自己的表征保留在更上流的圈子中而不是每个观剧望远镜都看得见舞台的包厢。此外，他们对歌剧剧目缺乏兴趣，更热衷于在大型音乐协会中获得他们的音乐领地，他们在经济上以及节目单政治上进行控制，而不过于抛头露面。至少人们可以认为，随着垄断资本主义统治形式政治教养的发展，歌剧将重新获得昔日的社会辉煌。目前，它部分订户来自"有教养的"中产阶级老一代的光顾，他们在其中重温旧梦，尤其援引瓦格纳的凯旋而归的资产阶级醉意。同时，他们通过坚持一种在其生产的宽度上几乎不受社会变化影响的艺术形式，抗议艺术革新以及整体的社会意向。在某种程度上，歌剧成员也由这种阶级圈子组成，这些成员，诸如一些小商人以及仍然保持着一定经济标准的工匠，由于他们的出身与教育而被排除在"教养"之外。这类歌剧观众很高兴再一次听到《阿依达》中的进行曲以及《蝴蝶夫人》中的咏叹调，这些都是他们在电影院、咖啡馆里熟悉的，而且适合他们的音乐训练；但同时，他们认为，这归功于他们实际的经济地位以及社会发展的可能性，在一个被旧的资产阶级教养观念奉为神圣之处接受这些消费品，并亲身出现在这个地方，至少在他们看来，在某种意义上赋予观众教养的尊严。

这部分——当然需要作重大修正——在歌剧观众中所占的份额被认为相当大。其特征是完全缺少年轻大资产阶级一代、整个知识分子阶层以及雇员。拟定的结构首先是地方歌剧院的观众。在大都市中心，比如柏林，还有维也纳，一方面，发达的娱乐机构进一步分散了资产阶级对歌剧院的注意力，所以中间阶层比地方上的阶层更少光顾歌剧院。另一方面，歌剧以真实在手的或虚构"局外人"的名义被授予一种表征性尊严，这种尊严将它与大资产阶级更紧密地联系一起，并偶尔使作为"社会事件"的歌剧上演成为可能。

在资产阶级的财政预算中，**音乐会的**功能更为重要。音乐会中缺少歌剧中粗制滥造的题材性。它是巴洛克遗产，几百年来，由于内在-音乐的发展重心从声乐方面转移到器乐方面，它在很大程度上未受影响。歌剧在资产阶级人文主义和理想主义中所占的份额仅仅是间接的，只有在最伟大的类型作品中、在莫扎特那里、在《费德里奥》中、在《自由射手》中才无可置疑。正是这些题材把中下层阶层与歌剧捆在一起，在那里他们寻找一种类似于向前资产阶级状态退化的东西。但是，同样的主题，如"天真""原始"或"粗野"使上流社会望而却步。他们可能在那种总是在政治上刺激自身的前资产阶级以及歌剧院的非资产阶级题材的冲击力中预感到了危险；他们旨在去遮蔽作为一个纯粹的事件世界的现实性特征，正如歌剧带着无忧无虑的发现的欣喜所呈现出来的那样，正是因为其始终还是具有资产阶级现实的特征。

上流社会在一种"内在性"中回避这一点，他们越乐于接受它们，就越远离社会关系以及对这个矛盾的洞见；这种洞见甚至音乐地表征出来并被掩盖在直接的集体性的幻象中。大资产阶级热衷于音乐会，他们在音乐厅维护人文主义-理想主义的、有教养的意识形态——他们甚至连自己都没有看出——这里同时也吸引着为数众多的有教养阶层，也包括贫穷的以及小资产阶级代理人。在音乐厅被意识形态地调解的"教养和财产"二元性，在许多城市的管弦乐队的两面性中得到清楚的体现。

当"爱乐乐团"在昂贵的音乐会上演奏时，其专有性是由家族预定系统来保证的，和久负盛名的外来的明星一起演奏以及非常有限的认可，似乎成为大资产阶级的礼仪性作品，只要经济状况许可，交响乐在传统节目中谨慎地配制新奇性，在本地的、"土生土长"人士的参与下，以低廉的价格为中产阶级提供服务。由于音乐会卖方所面临的风险，独奏音乐会数量正在收缩，已经风光不再；由于其数量减少，它们越来越从公众的意识中消失，越来越局限于垄断明星的圈子内。正如国际新音乐协会事件那样，音乐会引人注目地代表了当代的独立生产，用经济上的赤裸来表明它的孤立。不论他们宣传的现代派路线如何，几乎只有不买门票的音乐家出席。因此，它们没有走出音乐生产领域，在经济上完全是非生产性的：补助金与赤字交易。不再参与或不再直接参与经济生产过程的少数支持他们的爱好者，大多数资产阶级，已经被经济危机淘汰掉了。根本不存在新音乐的"消费"这回事。就它仍然够得着再生产而言，这是由艺术家彼此之间在经济上勉强可行的组织或带有政治色彩的国际会议——这些会议被证实是虚构的，无论是对当前音乐生产的各个国家的立场还是对"精神交换"的旨趣来说，都不再受到长期预测——使之成为可能。出于经济考虑，这些会议自由地坚持消费与"交换"的虚构，它们也通过其节目政策的妥协，甚至从音乐上内在地丧失了任何义务。

官方音乐生活的消费意识不能简单地归结为公式。资产阶级音乐消费的意识形态特征需要解释。这不应该被理解为音乐消费并非基于音乐消费的真实需求，不能被理解为全部音乐生活不过是资产阶级社会为了掩盖它的真实意图而建立起来的一种响亮的文化背景，而其实际的经济和政治生活则发生在幕后。无论音乐生活在多大程度上接管了这种功能，无论特殊"社会"表征的份额如何重大，即对音乐生活来说，脱离目的的音乐需求一定会受到冲击：这还不够。确切地说，音乐消费的意识形态力量越大，它作为纯粹幻象的稀薄表层就越不明晰，它与实际需求的交往就越确切，但是，一种"伪意识"也随之而生，对于消费者，真实的社会状况会被遮蔽起来。对音乐的需求在资产阶级社会中是现成在手的，并随着社会关系的问题而增长，这迫使个人在否认了他们的直接社会现实之外寻找满足。这种满足是由音乐生活通过接收辩证产生出来的社会现实，并通过为他们勾勒出来的社会现实从未拥有或早已失去的内容而重新得到解释的社会资产阶级趋势，从而"意识形态地"给予他们的，对这些内容的固守涉及会阻挠揭开这些内容真实面目的社会变革的客观意图。

正是这种音乐生活充分满足了资产阶级的需要——但是，它在满足的形式中承认并巩固现存的意识，而不是在它自己的形式中揭露社会矛盾，去赋型并把它转变为关于社会特性的认识：这构成了音乐生活的意识形态本质。

当尼采把音乐唤起的"陶醉"，一种徒劳的、难以激活的陶醉当作不纯与危险的陶醉加以拒绝时，尽管他的范畴以及无条件以瓦格纳作品形象为导向的可疑性，无论如何，他正确认识到需求的满足与意识形态雾化之间的关联（那种关联构成了资产阶级音乐训练的法则）而且把无意识视为那些关联的舞台。

资产阶级和音乐的交往是在无意识的保护之下进行的——与"音乐

生活"的"合法"交往，甚至是与"轻音乐"的"非法"交往。同时，这种关系的无意识为音乐的拜物特征提供了保障；敬畏，从神学领域投射到美学领域，禁止任何涉及音乐的、有意识的"分析"研究，它的观念被留给"感觉"：资产阶级反作用方式的不可控性与音乐形式自身似拜物教的孤立互相对立。任何可以用音乐结构阐明社会功能的技术性沉思，都以感觉的名义遭到禁止，但却以教养之名要求对普遍和无约束力的风格概念进行认识。敬畏和感觉依附于昔日名士，在他们面前批判与质疑归于沉寂，同时，在他们那里，资产阶级社会热衷于坚持他们自己的起源是英雄的起源。

今天，在合理化的社会中，由于辩解责任首先是由官方音乐文化来承担的，它同样利用了资产阶级革命的客观性——"古典主义"，以及放弃了资产阶级的主体性——"浪漫主义"；对资产阶级理性胜利的赞美以及受其专制压迫的个体的苦难都是资产阶级音乐生活的对象，并在它们典范的作品中被表达出来；在古典主义和浪漫主义中同样感到满足的一种矛盾心理就是资产阶级自己的理性所面对的矛盾心理。

在理性构成的客观性和非理性地强调的、私人内在性之间张力的彼岸，资产阶级在"音乐生活"中还记录了它的高级资本主义上升阶段。《民歌手》，作为最富有启发性的而且并非没有理由地最受社会受欢迎的作品之一，成为一种资产阶级企业主崛起并与封建制度达成"民族-自由"调解的梦的置换的主题作品。经济上发迹的企业主的梦想并没有让他被封建主接收，而是封建主被富裕的资产阶级接收，做梦者不是资产阶级，而是容克，同时，他的梦之歌与前资产阶级的"雇主"合理性的规则体系形成鲜明对比。

资产阶级个人在自己与异化的现实中遭受的苦难，即与《民歌手》相对的《泰伊斯坦》，在对小资产阶级贝克梅瑟的仇恨中，与旨在世界范围内进行经济扩张的企业主意识联合起来，他们将现存生产关系视为生产力的束缚，也许已经在封建主的浪漫形象中渴望用垄断取代自由竞争。事实上，节日草地上不再有竞争，而只出现了容克和贝克梅瑟之间分配共同财产的滑稽模仿。在萨克森和容克的美学式凯旋中，钩心斗角的私掠者与出口商的观念之间还是获得了平衡。在最后的重要资产阶级作曲家理查·施特劳斯那里，他的音乐被资产阶级消费，正如恩斯特·布洛赫所料，世界经济已经占了优势。内在性和悲观主义遭到清算。"生气"，作为企业家精神，解放了自己。

半音阶与不和谐音，作为从前资产阶级音乐从强加的非理性体系中解放的手段，一种侵蚀与改变素材的辩证法的载体，丧失了革命-辩证的力量，正如主题中的异国情调和性倒错，成为世界经济自由放任的赤裸裸的标志；技术上任意关联起来的污渍，任何瞬间都可能被四六和弦健康的乐观主义抹去。某种程度上说，在施特劳斯音乐中最后出现的素材是所有资产阶级音乐的原始素材，即全音阶-调性素材，尽管资产阶级经历了全部结构变化，但事实上却如忠于利润率原则一样忠实地坚持这些素材，在施特劳斯那里，它臣服于国外市场、文学、东方、古董与18世纪之后，带着一些犬儒主义粉墨登场了。施特劳斯言之无物而又旁征博引的"技巧的完美"，即一种从外部设定的、不是素材-内在的，而是偶然的、事实上对装置的非理性"控制"，与一种历史上尚未利用的、无害的、愉悦的音乐实质之间的分歧。这种分歧不但与1900年前后大资产阶级工业企业主意识的经验状态十分相称，它也再次清晰描绘了资产阶级与自己的理性相对立、必须同时增强和抑制的自我分裂。

毕竟，在后瓦格纳的音乐情境中，通过社会发展和瓦格纳作品的内在辩证法，音乐素材与社会异化已经发展得如此遥远，以至于如施特劳斯这种生产力不能轻易忽视素材的要求，并流露出对社会的顺从。在他最优秀的作品《莎乐美》和《埃莱克特拉》中，这种分歧也同样得到铺垫；在施洗者约翰的音乐中，正如《埃莱克特拉》的整个结尾部分一样，陈词滥调还是存在，但是在《莎乐美》的开头，在埃莱克特拉的独白以及克莉塔纳斯特拉的场景中，他的作品素材仿佛获得了独立，而且事与愿违地推进到调性空间的界限。

这个界限同时也是消费的界限：这两部作品无论在音乐上还是题材上都让观众感到窒息，即使不是在所有歌剧院，也在大部分剧目中遭到拒绝。施特劳斯之后，这一切终结了，最后一笔影响了他的全部作品。但是，这是施特劳斯自己绘制的。在所有资产阶级作曲家中，或许他最具阶级意识，他用最成功的作品《玫瑰骑士》，从外部中止了素材的辩证法，扫除了所有危险性酵素的全音阶。出生于上层家庭的年轻男人屋大维，一个女扮男装的角色，娶了新贵的女儿，而同时作为继承人的马莎琳吃了亏，只能在暂时性的抽象意识中得到慰藉。随着知识分子成为消费者意识的牺牲品，施特劳斯的生产力不复存在：继《玫瑰骑士》而来的东西是工艺美术。

生产与消费之间的破裂——施特劳斯作为生产者成为其牺牲品，最初在德国只是呈现出极端形式。在法国，那里工业化进程不太发达，因此资产阶级秩序的二律背反也不太强烈，二者重叠的时间更长。耽于音乐的资产阶级兴趣更为广泛，经过印象主义绘画的熏陶，能够进一步追随这种运动；音乐，通过与社会的争战，自身上既不孤立也不辩证，能够升华其手段而无须对它进行实质性抨击。另外，类似印象主义画家的自治艺术家德彪西，把这种技术移植到音乐中，将可以作为资产阶级烹饪音乐甚至沙龙音乐的声响和优美的音调要素纳入他高度挑剔的艺术方法中。当然，他步施特劳斯后尘，在理论上也是如此：在自然泛音的教条以及由此产生的卢梭的警语中，作为资产阶级原始音乐素材的全部升华的结果——全音阶——呈现出光秃秃的、古典的面貌，而博学的拉威尔，除了以心理学-文学来补偿外别无他法——通过温情的反讽。

但这也是法兰西安抚的终结。后拉威尔一代的作曲家那里显示出法兰西艺术家可能发生的最可疑的缺陷：行业缺陷。长期保存下来传统已经中断；勋伯格意义上的孤立的音乐训练并不是为此而形成的。——严肃的生产和资产阶级消费之间的真空无处不在。这种内在结晶依然难以企及，但是，为消费而准备的结晶在它依从的黯淡中，由于其"非创造"而被大资产阶级自身驳回。因此，他们总是更明确地认识到自己已被抛回到受限制的且不再可补充的"古典的"圈子。向前自由主义的古典音乐退却，甚至对"温和的现代派"的拒绝，足以与经济-政治上向前自由主义的形式退却相对应，正如它辩证地以自由主义自身为前提，假如它不想逐步超越自己的话。

在"音乐生活"之下、在教养和表征之下，延伸着"轻音乐"领域。与工艺美术和吟咏诗、男声合唱文学和有经验的爵士乐一起，它不断地延续着音乐生活，它尽可能从上面选取了它所能接触的东西，向下延伸到远远越出资产阶级"畅销歌曲"的深不可测的下层世界，其中只有偶尔喷出的气泡，如令人惊恐的歌曲"干杯！干杯！弟兄，干杯！"才浮现到意识。轻音乐满足直接需要，不仅满足资产阶级的需要，而且满足整个社会的需要。但是同时，作为纯商品，它与社会最格格不入；它不再表达社会的苦难和社会的矛盾，而是自身中形成社会与它的一个特有的矛盾，通过满足人的本能来伪造他们对现实的认识，将他们从现实中排挤掉，使他们与历史脱节，无论是音乐史还是社会史。只要社会允许轻音乐作为"媚俗艺术"而存在，它虽然不需要美学权利，但是作为一种消遣手段，它就不遭受批判，它以自己的方式补偿了轻音乐既离人最近又离人最远的悖论。正如白日梦般满足人的意识和无意识欲望的作品那样，资本主义及其全部技巧被强加于同样的人，而他们对此没有产生任何影响，没有受到任何追问，是的，他们甚至无法抗拒。

轻音乐受到多重保护，不受认知的审查。一方面，它被视为无害的，被视为人们不应该被剥夺的一种微不足道的快乐；另一方面，它被视为不严肃的、不值得研究的；但是最终，由于满足愿望的机制被轻音乐如此深深沉没于无意识，并如此谨慎地保留在无意识的黑暗中，正是在最突出的情况中——例如，"谁把奶酪滚到车站？"这种形式的"荒唐"的流行歌曲——没有理论几乎就不可能理解，在资产阶级"艺术"解释看来，最精确的解释甚至可能需要最精确的精神分析训练。艺术音乐意义上的技术研究难以说明什么问题，正是它描述了庸俗音乐的特征，即它无从发展出一种自治技巧，以便迅速满足作为商品的消费的需求。庸俗音乐用来精打细算的一种少数、退化保存的以及明显古典-象征类型的说明不得不用来取代技术分析；此外，还应该拟定**退化**的图式，其中只有轻音乐记录了历史并将其嵌入古典的本能机制；最后，尽管轻音乐中的**变化**类型是"非历史性"的，但是广泛而且重要，必须在它的经济结构中加以描述与探究。

组织科学没有掌握所有这一切，甚至也没有提供文献学材料。关于当代和老的庸俗音乐，也就是说流传下来的舞蹈形式、社交歌曲、轻歌剧和德国小歌剧之间的自明关系，以及关于"原动机"的民俗学，令人满意的陈述尚未实现。然而，正是在这里，在不变性被公开之处，对它们进行剖析远不及从功能上对它们进行解释显得重要；应该使轻音乐适应于同样的本能结构，根据社会过程的状况而具有完全不同的意义呈现；比如，同类型的庸俗歌曲，17、18 世纪年轻资产阶级用其亵渎性来揭露与讥讽封建等级制度，今天恰恰充当了对资产阶级合理化世俗世界的美化和辩护，他们的打字机，不顾合理化，听任其转变为"直接性"；还应该在功能转换的关联中研究所有种类轻音乐的形式变化。

如果轻音乐的伪经特征造成它的社会研究困难的话，那么这里，可以通过取消一种生产的自治辩证法而使其变得更加容易，即庸俗音乐的揭幕不需要通过它的内在矛盾的技术说明来中介，因为它服从于社会律令，对社会范畴的抵抗比独立生产和有教养的音乐生活要小得多。但是，轻音乐的晦暗领域仍鲜为人知，我们不应该对它的地形学产生某种偏见，因为少数基本类型连同某些现象激进的意识形态功能，诱使人们在没有用根据事实的严谨来建构他们的"观念"的情况下预构整个领域——这不仅会使社会阐释丧失可靠性，而且会使其丧失生育力。对轻音乐进行审慎概括探讨仍然受制于它，因为它接管了当今的轻音乐，与许多电影一样，喜欢嘲笑自己，只有在无情的、不受笑声影响的沉思中，才能看到浓缩在轻音乐中的欺骗的致命力量。在这种沉思成为可能之前，零碎的暗示就足够了。

艺术音乐和庸俗音乐之间的张力由来已久：只是在高级资本主义那里才变得彻底。在早期，艺术音乐时常能够通过纳入庸俗音乐来扩大它的范围并使它的素材获得再生。在中世纪的复调音乐中可以看到这种情况，它从民歌中获得它的固定曲调。莫扎特也是如此，他将歌剧系列和德国小歌剧联合起来，创造了《魔笛》的西洋镜宇宙学。甚至19世纪的轻歌剧大师们，奥芬巴赫以及约翰·施特劳斯，也足以驾驭两个音乐生产领域之间的分歧。今天，平衡的可能性已经减弱。而融合的尝试，正如爵士时尚时代一些勤勉的艺术作曲家所进行过的那样，依然一无所获。再也没有"大众"，他们的歌声与演奏可以被艺术抓住并获得升华；市场的开辟和资产阶级的合理化过程已经使整个社会从属于资产阶级范畴，而当代庸俗音乐完全从属于资产阶级合理社会的范畴，只是为了保存消费能力，这些范畴被保存在资产阶级社会强加给被压迫阶级的意识界限中，但是同样也强加于它自身。庸俗音乐的素材是艺术音乐的过时或变质的素材。

在约翰·施特劳斯那里，他可能还是通过他的"流派"与同时代的艺术音乐分离开来，但这种分离并不彻底：他的华尔兹为和谐的差异化留下了余地，正如它们在主题上由小的、形成对比的、永不空洞重复的单元组成一样。这种令人惊奇的连接构成了施特劳斯的华尔兹的魅力、"吸引力"，同时使它与维也纳古典主义的传统联系起来，他可能从老施特劳斯、兰勒、舒伯特发展而来。现在，新庸俗音乐史的关键性事实是，最终断裂、与独立生产关联的放弃、轻音乐自身的腐蚀以及陈腐与生产的**工业化**密切吻合。由于竞争异常激烈，轻音乐作家被迫进行大生产，甚至在战前，他们中间的已经发迹者就联合起来，组成作曲托拉斯，这个托拉斯驻扎在奥地利萨尔茨卡默古特，并与编剧和导演有计划地合作，将局外人和新手拒之门外。但是，他们通过将"生产"限制在他们自己的有限数量内，将轻歌剧生产加以规范，尤其是轻歌剧单个"编号"的数量与类型；同时，他们一开始就考虑到自己产品的销路，避免一切可能妨碍记住与跟唱这些旋律的困难，而 1880 年维也纳和巴黎的资产阶级仍然能对付这些困难。

音乐上，生产的工业化信号是旋律内部彻底消除了所有对比而且对顺序——当然，它早已被用作铭记的手段——进行绝对控制；《快乐寡妇》的华尔兹可能为新风格确立了范例；资产阶级为雷哈尔的轻歌剧的喝彩声可以与第一家百货商店的成功相提并论。比如，出身维也纳传统的奥斯卡·施特劳斯，已经具有熟练的手艺并致力于形式更丰富的轻歌剧音乐。但是，他要么必须通过工艺品的方式来培养它，即缺乏约翰·施特劳斯的社会冲击力，要么适应于工业化。雷欧·法尔是最后一位带着少许体面从这种事件中全身而退的人。

但是，所有这一切都通过音乐建筑、人物形象，最后甚至包括闪念的一种统一性或一种——尽管是模仿式的——"总体性"歌剧自身的形式与资产阶级艺术音乐关联起来。轻音乐的工业发展松开了最后的美学纽带，并把轻音乐转变成一种品牌产品。讽刺小歌剧的题材性清除了轻歌剧的主体形式因素，削弱了轻歌剧对听者的吸引力，这不仅通过让姑娘在他们面前出风头，而且通过把他们从精神贯彻的最后强迫中，从对于事件过程及其统一性的思想参与中解放了出来，并将舞台抛弃给自由自在的欲望的游戏。

顺便提及，通过这种方式，奇怪的是，讽刺小歌剧适应了某种独立生产的意向；它最初使维也纳轻歌剧及其匈牙利分支缺乏竞争力。有声电影清除了音乐闪念。而像《华冷西亚》这样一首畅销歌曲，为了征服市场，还是必须通过非对称、"别致的"度量标准来区分次要陈词滥调与其他陈词滥调。有声电影流行歌曲的彻底合理化、资本主义的劳动分工则解除了这种劳神。他们的产品看上去、听起来正如其所愿，它们将获得成功；听众必须跟唱它们，不只是因为最精密的机器无休止地把它锤入他们体内，尤为重要的是，因为有声电影的垄断妨碍了他们与其他音乐商品的接触，而这些商品本是他们可以选择的。

这里，垄断资本主义以纯粹而且极端的方式被普遍接受，在拙劣的作品中，它的全能已经获得政治评估。因此，如果庸俗音乐在其形式与结构上完全挣脱了资产阶级社会的教养范畴，而后者对这种范畴的持续存在感兴趣，那么，就其形式与结构而言，它就把教养的题材看作拜物。轻音乐的工业化及其对资产阶级教养财富的剥蚀是等价物。在轻音乐本身的生产的最后机会缩水的同时，轻歌剧通过窃取其旋律来颂扬"创造性"时代，这并非巧合：《三女之家》作为广告与意识形态必然属于流行音乐制作的经济基础，工业社会的每一次深入发展都进一步巩固了轻音乐中教养财富的拜物特征。爵士行业寄居于"古典"音乐的加工，这种教养为它提供原始题材，而它作为一种拜物在重逢的享乐中巩固了教养。作为当代庸俗音乐的大资产阶级最初形式，爵士乐的意识形态功能是掩盖其商品特征及其异化的生产方式，把名牌物品作为"精美工艺"提供出来。它应该在轻音乐领域中唤起即兴自由与直接性的幻象；这就是为何它能如此方便地适应艺术音乐中志同道合的努力。

从心理学上说，爵士的手段多年来一直很成功：由于一种合理化机制，其不可避免地开始伪装自身，以保持畅销的必要性的社会结构。客观上说，爵士乐的商品特征是显而易见的。在爵士乐中不能谈及"直接的"生产；"发明者"、校对者、和声演唱者、配器者之间的分工在这里也许比在轻歌剧制作中更进一步。即使热门音乐看似即兴的演奏也是严格被规范化的，可以追溯到极少数的基本类型。在爵士乐中，音乐的内在自由与节奏的丰富也是幻象；节奏上到处是纯粹八小节结构，切分法和伪小节（Scheintaktig）插入仅作为装饰使用，但是，在其和声-曲式关系中，它是毫无疑问的，而节奏的解放仍然受制于低音鼓的持续的四分音符。在爵士乐的华丽外表下是光秃的、一成不变的、明显可拆解的、最原始的和声调式图式，连同它的可分解为半终止和全终止因此同样原始的节拍与形式。

在社会以及音乐上同样富有启发性的是，当危险发展中发生政治变革时，大资产阶级企业主宣布民族自给自足以取代世界市场扩张及其在庸俗音乐中的异国情调以及民俗学关系，并向应用艺术提出要求时，爵士乐队和爵士作曲可以轻车熟路地遵循军队进行曲风气；低音鼓，以前代表着殖民地人民舞蹈中的原始情感，现在调节着土著编队的行进步伐。爵士乐使用的音乐表现主义的要素，全音阶、九和弦、和弦的平行移位都不会改变这一切。这不仅是在艺术音乐的辩证法方面把它们抛得远远的，在它们自身作为刺激价值耗尽之后才出现，正如 19 世纪后半叶的庸俗音乐从以前的浪漫主义音乐中接收半音阶一样。更为本质的是，爵士乐中这些手法被解除了一切形式构成力量。正如那些旧沙龙音乐片段、华尔兹、标题小品和梦幻只是在旋律的无关和声的中间音符形式中插入半音阶，而没有将和声基础自身半音阶化，因此，在爵士乐中印象主义套语只是作为点缀，而没有干扰和声-节奏图式。轻音乐固执地坚持把全音阶当作它的"自然基础"，越是确定这一基础，就越能像爵士乐一样打着这个幌子容忍一种过剩。

如果轻音乐的变质图式是由它在资产阶级艺术音乐的静态原料中的内在性预先确定的——调性；如果轻音乐与艺术音乐之间的关系在社会上也不存在太大难题，为此一种**类型学的难题**就越发巨大。甚至轻音乐的典型的基本事实情况——对句和副歌的分离——也不容易得到接受。如果人们考虑到独唱和合唱歌曲更迭中的历史渊源，如果人们把它与当代畅销歌曲在对句中陈述副歌故事的诀窍进行比较的话，那么这种解释似乎是可能的：在它刻板的形式中，轻音乐试图通过将报道、观看、分离的个体在他开始合唱时融入一个虚构的集体中来克服异化的事实，并通过参与副歌的客观性来加强其有效性。的确，他在对句中把合唱文本的内容作为他自己的内容来经历，于是，他惊奇地识别了这种副歌中的内容，并将其作为一种集体内容而加以提升。因此，畅销歌曲教养的心理机制是自恋；这种机制对应于对畅销歌曲随心所欲的可跟唱性的需要：通过每个听者立即能跟唱被他修改的旋律，他就认同了旋律的原初载体、高尚人格或认同这个吟咏着歌曲的好战的集体，因此忘记了自己的孤独并接受这种幻觉，要么被这个集体拥抱，要么自身也是一种高尚人格。

无论如何，并不是毫无例外地由这种机制占统治地位：虽然大部分畅销歌曲作品都坚持对句和副歌之间的分离，但是战后最成功的一些畅销歌曲——如《舞蹈小手鼓》以及《着色的洋娃娃的婚礼》，恰恰是这些分离的产物：第一首歌曲是三重奏形式舞蹈片段，第二首歌曲是 19 世纪意义上的"标题音乐"。对于其成功并不归因于文本的那些音乐来说，揭开它们的心理机制并非易事；在《着色小手鼓》中有某种旋律可塑性，三重奏尤其如此；在《着色洋娃娃的婚礼》片段中幼稚症环节也参与进来，但是这种确定远不如精神分析那么简明。人们几乎可以推测，每一首畅销歌曲文本都会激起精神分析个体背后的第二个而且是更危险的意义：去掩盖社会意义。

但是，如果在这两首器乐畅销歌曲中，音乐在效果中所占的份额如此显著，那么在文本畅销歌曲中，人们几乎没有权利忽视它们。现在，一种分析音乐心理效应的方法还没有产生。甚至恩斯特·库斯的音乐心理学也没有对这个可能也是目前音乐的社会解释中最重要的问题提出过充分说明。问题是，这里心理学是否充足：社会理论是否不必由社会理论提供。传统意义上畅销歌曲的"心理学"往往通向本能常数。例如，用肛门退化及其虐待狂成分来解释"荒谬"的畅销歌曲类型似乎可能，这在相关的畅销歌曲文本中比比皆是；荒谬呈现为容易补充的审查差距。但是，对这些畅销歌曲所做的肛门-虐待狂结构的规定，对它们目前的社会功能没有做出任何说明，其影响完全可以追溯到自然本能及其与社会的冲突，这同样可能是任何时代所特有的，资本主义的畅销歌曲的起源和功能却是毋庸置疑的。

但是，只要社会辩证法与冲动结构的分析处于分立或仅仅互相"补充"的状态，轻音乐的具体效应就不会被彻底看清，而是留给单个学科来研究。在资产阶级科学体系的意义上，这个学科孤立行事，而且在其相互分隔中预设了资产阶级思想本身最值得怀疑的分裂之一：自然和历史之间的分裂。因此，对轻音乐以及对所有音乐进行社会解释，都不能

避免它所面临的核心问题：它应该如何进行而不必在方法上预设自然的
静止(在本能组成部分中)以及历史的动态(在其社会功能中)的二元论。
正如迄今为止所做的那样，如果音乐应该摆脱个体心理学图式，如果它
的最基本的效用已经预设、表达、倾向于指明一种具体社会状态，如果
音乐自身与其历史形象相比并没有显得有什么不同，那么，音乐的素材
特征就可能提供一些迹象：例如，虽然辩证唯物主义可能无法解决自然
和历史关系"问题"，但是也许它可能在理论和实践中取消这个问题。

（译自《阿多诺全集》第 18 卷，729—777 页）

论音乐的拜物特征与听的退化

[德]阿多诺

对音乐鉴赏力衰落的抱怨并不比人类在历史时代开端所产生的矛盾经验更年轻：音乐既描述了冲动的直接显示又描述了使它们平静下来的情状（Instenz）。它激发起女祭司们纵情狂舞，潘的迷人笛声四处回荡，但同样也从俄耳普斯的竖琴中传来声音，在它周围，催促的人影聚拢在一起，安静了下来。每当他们的宁静似乎被狂饮的冲动打扰，就会有人谈论鉴赏力的衰落。但是，如果自希腊意向行为学以来，音乐的规训功能作为崇高的善而被传下来的话，那么，今天所有人都肯定比以往任何时候更加能够像其他地方一样以音乐方式进行回避。然而，正由于几乎不能把当代大众的音乐意识称为狄奥尼索斯的，所以它最近的变化与鉴赏力了无瓜葛。鉴赏力概念自身已经过时。

　　负责任的艺术以追随认识的标准为导向：和谐与不和谐、正确与错误。但是除此之外，别无选择，不再有问题提出，而且无人要求对惯例进行主体的辩护：无论如何，这可能表明，在对立的一极，正如经验上无人再行使一种选择的自由权一样，可以检验这种鉴赏力主体自身的实存同样遭到质疑。如果有人试图发现谁"喜欢"一首畅销歌曲的话，那么，人们就不禁会怀疑这一点，喜欢或不喜欢与事实不符，无论受访者反应如何。畅销歌曲的知名度取代了它的价值，喜欢它与识别它几乎是同一回事。对于那些发现自己被标准化的音乐商品所包围的人来说，判断行为已是虚构。他既不能从优势中逃脱出来，也不能在所呈现之物之间做出判定，在那里，一切都如此完美，以至于喜好仅仅附着于传记细节或人们在倾听中的情境。

　　对于当前的音乐接受来说，自治意向的艺术范畴已经不再有效：很大程度上对严肃音乐也是无效的，这类音乐在古典音乐的野蛮名称下变得容易接受，以便人们能够舒适地对其敬而远之。如果有人反对说，特定的轻音乐以及用于消费的音乐从未根据那些范畴来经验，这当然可以被承认。尽管如此，它还是受这种事实中变化的影响：恰恰在于它提供了它所承诺、保证的消遣、刺激、快感，只不过同时又拒绝了它。阿道斯·赫胥黎在一篇文章中提出了在娱乐场所到底是谁真正得到了娱乐这个问题。人们同样可以理直气壮地问：谁还在以娱乐音乐为乐。确切地说，它似乎与人的沉寂、作为表达的语言的枯萎、人们无法再进行最佳交流相辅相成。它栖息在被恐惧、劳作和不加反驳的顺从所扭曲的人群之间的沉寂的缝隙中。它到处而且悄然无声地接管在无声电影时代和特殊情境下扮演的死亡悲悼角色。它只作为背景而被统觉。如果无人能再真正言说，那么当然无人能再聆听。一位喜欢使用音乐媒介从事无线电广告的美国专家对这种广告的价值表示怀疑，因为人们已经习惯于充耳不闻。就音乐的广告价值而言，他的怀疑值得商榷，但就音乐本身的见解而言，其趋向却是正确的。

在传统的关于鉴赏力衰落的抱怨中，某些主题不断反复出现。其中当然不乏被认为是"衰退"迹象之一的当今音乐大众状况的退化与多愁善感的沉思。这些最顽固不化的主题是会使人变得娇弱而且不适于英雄的举止的感官刺激主题。这一点在柏拉图的《国家篇》第三卷中已经存在。在该章中，"忧伤的"以及"柔和的""适合饮酒"的调子同属禁忌之列，但至今，我们并不清楚为何这位哲学家把这些特征归类为混合利底亚调、利底亚调、副利底亚调、伊奥尼亚调。在柏拉图的《国家篇》中，后来西方音乐的大调，凡是与伊奥尼亚调相当的调子，都作为退化而被列为禁忌。笛和"多弦弹拨乐器"也归于取缔之列。剩下的唯一曲调类型是"可以适当地模仿勇敢的人，模仿他们沉着应战，奋不顾身，经风雨，冒万难，履险如夷，视死如归"。柏拉图的《国家篇》并不是一种官方哲学史所记载的乌托邦。它为了它的存在甚至为了音乐的存在，在即使柏拉图时代也不过是极度过时的巫术残余的一刚一柔的音调之间进行区分，从而规训它的公民。柏拉图的讽刺在阿波罗嘲弄笛手马叙阿斯时心甘情愿而且恶意地表现出来。柏拉图的伦理音乐纲领带有一种斯巴达风格的阿提卡的净化特征。

嘉布遣会音乐讲道的其他持续不断的特征属于同一层面。其中最突出的是对肤浅以及"人格崇拜"的指责。所有这些受到的指控首先属于进步：社会的进步几乎也是特殊审美的进步。在被禁止的刺激中，感官杂色与区分意识交叠在一起。凌驾于音乐中集体强制之上的个人优先性表明，晚期阶段中渗透着个体自由环节，而把它从它的神秘忧郁中释放出来的亵渎则表现为肤浅。因此，令人惋惜的环节进入伟大的西方音乐：感官刺激成为进入和谐和最终色彩维度的入侵关口；放荡不羁者成为表现和音乐自身人格化的负载者；在海顿对"彬彬有礼"的判决意义上而不是博学意义上，"肤浅"成为一种对无声的形式客观性的批判。

确实，这是海顿的判决而不是拥有金嗓子的歌唱家或曼妙音色的器乐家的粗心大意。因为那些环节已经进入了伟大音乐，而且在其中被扬弃了，但是，伟大的音乐并没有融入它们。它的伟大作为趋于综合的力在刺激和表现的多样性中得到检验。这种音乐的综合不但保存了幻象的统一性，而且防止它们瓦解为弥漫的甘美瞬间。但是，在这种统一性中，在特殊环节与一种生产整体的关系中，一幅社会状况的景象也被捕捉到了，其中那种幸运的特殊要素才不仅仅是幻象。直到史前史末期，在局部刺激和总体性之间、在表现和综合之间、在外表和基础之间，音乐的平衡仍然和资本主义经济中供求之间的平衡瞬间一样摇摆不定。《魔笛》，其中解放的乌托邦和轻歌剧喜剧歌曲的娱乐正好重合，就是这个瞬间本身。《魔笛》以后，严肃音乐和轻音乐就再也无法被强制关联起来了。

但是，从形式法则中解放出来的不再是反抗传统的生产性冲动。刺激、主体性和亵渎，这些实在的异化的宿敌，恰恰成为它的牺牲品。在资本主义时代，音乐中流传下来的反神学酵素密谋反对自由，作为它们曾一度遭到放逐的亲和力。反对极权主义图式的捍卫者成为市场调节成功的权威的见证人。瞬间乐趣和华丽的外表成为让听众从整体思想中解脱出来的托辞，它的主张被包含在正确的听之中。沿着最低限度的抵抗路线，听者被转变为接收的购买者。局部环节不再对预设的整体进行批判，相反，它们悬置了成功的美学总体性对这个脆弱社会的批判。综合的统一性成为它们的牺牲品；它们不再生产自己的统一性以取代物化的统一性，而是表现出对它的顺从。孤立的刺激环节表明自身与艺术作品的内在构成格格不入，而且成为它们的牺牲品，其中，艺术作品总是超越有约束力的认识。它们本身并不是坏的，而是因为淡化了其本身的功能才变坏的。为成功服务，它们放弃了它们所特有的不顺从特征。为早已不再孤立的个体所提供的一切事物，它们图谋与那种孤立瞬间达成一致。

在孤立中，刺激变得迟钝，并且充当了模式。那些为它们献身的人，正如希腊意向学家反对东方感官刺激一样充满恶意。这种刺激的诱惑力只幸存于拒绝力量最强大之处：在拒绝相信现存和谐错觉的不和谐中。音乐中的禁欲概念自身是辩证的。过去，禁欲主义是对美学权威反动的挫败，那么今天它就成为先进艺术的标记：当然，不是通过一种在匮乏和贫穷中被美化的拟古化贫乏，而是通过严格排斥因为自己的缘故而直接被消费的一切享受美味似的喜悦。仿佛艺术中，感觉并不是一种精神的载体，精神只是在整体中而不是在孤立的题材环节中显示出来。

艺术仅仅否定地记录了快乐的可能性，而这正是今天对快乐的部分积极的期望所有害地反对的。所有"轻"音乐以及令人愉悦的艺术都是幻象并成为欺骗。在享乐范畴中，美学上出现的东西可能不再成为享受，而艺术作为那种曾经被人们规定为幸福的许诺，除了把面具从伪快乐脸上撕下来之外，无处可寻。享受仍然仅仅在无中介的亲身在场中占有一席之地。在它需要美学幻象之处，根据美学标准它是幻象而且同样欺骗了自己周围的享受者。只有在幻象缺失之处，它的可能性才得到忠实保持。

大众音乐意识的新阶段是由享受中的享受敌意来界定的。它类似于人们对体育和广告做出的反应。艺术享受这个词听起来古怪：如果没有其他任何地方，那么勋伯格的音乐与畅销音乐颇为相似，因为它无法被"享受"。那些仍然尽情享受舒伯特的一首弦乐四重奏的美妙乐章，或甚至尽情享受亨德尔大协奏曲的健康刺激的筵宴的人，都被列入蝴蝶收藏家名义之下的臆想的文化保护人。让这样的人去求教于鉴赏家或许并不"新鲜"。

自资本主义早期以来，流行小调、朗朗上口的曲调以及所有蜂拥而至的平庸的形式的暴力，就曾引起过人们的注意。以前，它攻击统治阶层的教养特权。但是今天，这种平庸的力量蔓延并凌驾于社会整体之上，它的功能也随之发生了变化。这种功能转变涉及所有音乐，而不仅仅是轻音乐，在这个领域中，就传播的机械手段而言，它很容易被轻描淡写为"渐进的"。必须将彼此裂开的音乐领域关联起来思考。它们的静态分离，正如某些文化守护者刻意追求的那样(这个任务摊派给了极权主义的无线电：一方面，提供讨人喜欢的娱乐和消遣；另一方面，培育所谓的文化商品，仿佛其中讨人喜欢的消遣仍然存在，仿佛文化商品并没有由于它们的培养才变成坏的)音乐的社会力场的一刀切是虚幻的。

正如自莫扎特以来，严肃音乐有着逃脱平庸的历史，并对作为轻音乐轮廓的否定进行过反思一样，今天，在它决定性的表征中，它仍然为在轻音乐的毫无防备的无害中被表明的忧郁经历进行辩解。反之，掩盖这两个领域的断裂，并假定一种能为商业爵士和畅销歌曲安全地护送文化商品的连续性，也是轻而易举的事。玩世不恭的野蛮并不比文化谎言更好。更高层面的幻灭所实现的东西，通过原始性以及自然亲密的意识形态得到弥补偿还，通过那种意识形态，它美化了音乐的下层世界，这个下层世界早已不再有助于表达那些被排除在教养之外的人的矛盾，现在只是寄生于从上面流传给它的东西。

轻音乐的社会特权高于严肃音乐的社会特权的幻觉，是以使轻音乐的消费与消费者的客观兴趣产生矛盾的大众的被动性为基础的。有人认为：他们确实喜欢轻音乐，只是出于社会威望的缘故才注意到高级音乐，而对一首流行歌曲歌词的认识就足以暴露出这种坦诚赞许所可能发挥的作用。因此，音乐的这两个领域的统一是悬而未决的矛盾的统一。它们不是以这种方式产生关联的：低级一类构成了高级一类的大众化的入门，或高级一类可以从低级一类那里借鉴失去的集体力量。整体不是由两个分裂的部分相加而成的，而是出现在每一个部分，无论从哪个角度看，整体的变化，只能在矛盾中运动着。如果逃离平庸变得确定，如果严肃生产在追求其客观要求的过程中销路缩减为零，那么，在较低层面上，成功的标准化就意味着这种效果：旧风格的成功根本不再出现，而仅仅是参与。在不可理解和不可逃避之间没有第三条路：这种状态已经极化到端点，实际上，两极相通。它们之间没有为"个体"留下余地，在它们出发之处，这个要求是似幻象的，即对标准的模仿。对个体的肃清是新的音乐状态的真实标志。

如果音乐的两个领域在它们的矛盾统一中发生变化的话，那么，它们之间的界线就发生了变化。高级生产已经放弃消费。严肃音乐的其余部分以其工资的代价被让渡了给它。它成为商品-听（Waren-Hören）的牺牲品。官方"古典"音乐和轻音乐在接受方面的差异毫无任何现实意义。它们依然受到操纵完全是由于其适销性：畅销音乐发烧友也同样必须得到保证，对他来说他的偶像不至于被抬得太高，正如爱乐乐团的观众的水准获得认可一样。这个行业越有意在音乐诸领域之间设立铁丝网，这种怀疑就越大，如果没有这些铁丝网，居民们大可轻松地听懂。

托斯卡尼尼，像二流娱乐乐队队长，被称为大师，这近乎讽刺。而一首流行歌曲《大师，请来点音乐！》，在托斯卡尼尼借助无线电被晋升为空中元帅后立即风靡一时。从欧文·柏林以及瓦尔特·唐纳德森——"世界上最优秀的作曲家"——途经格什温、西贝柳斯和柴可夫斯基一直到舒伯特的被称为"未完成交响曲"的 B 小调交响曲，那个平和地延展出来的行业的生活领域是一个拜物领域。明星原则成为极权主义。听众的反应似乎和音乐的演奏毫不相关，直接涉及积累的成功，就此而言，这种成功不能通过听众的自发性而异化来理解，而是应该追溯到出版商、有声电影巨头以及无线电大人的指令。明星不只是著名人物的名字。许多作品开始发挥类似的作用。一座畅销品的万神殿搭建了起来。节目缩减，这种缩减过程淘汰了平庸作品，而且公认的经典作品本身也经受了和质毫无关系的选择：在美国，贝多芬的第四交响曲实属罕见。

这种选择以一种恶性循环的方式再生产着：最著名的作品就是最成功的作品，因此被反复演奏而被人熟知。标准作品自身的选择取决于它们的"功效"。贝多芬第七交响曲的高潮部分和柴可夫斯基第五交响曲的慢板乐章无法言说的圆号旋律被置于同一层面。旋律指的是八小节对称的高声部旋律。作为作曲家的"闪念"被记载下来，人们认为它是像财产那样可以带回家的，正如像不动产一样属于作曲家。很大程度上说，闪念概念远不适用于已经被确立为古典的音乐。其主题素材，通常的分解三和弦，绝不像一首浪漫歌曲中的特殊方式那样属于作者。贝多芬的伟大之处在于，他的偶然-私人旋律因素彻底服从于作为形式的整体。这并不妨碍所有音乐，甚至借用了《十二平均律钢琴》的一些最重要主题的巴赫——在闪念的范畴下得到理解，也不妨碍以财产信仰的全部热情去追捕音乐盗窃案，以至于音乐评论家最终能够将他的成功与旋律侦探的名头联系起来。

他们的感官魔力是传统的，正如成功与拥有赋予"素材"天赋的人之间的关系一样。但是今天，人们忘记了它是素材。凭借着其极度狂热，音乐拜物教占领了人们对嗓音的大众评价。对音乐庸俗唯物主义而言，有副嗓子与成为一个歌唱家是同义表达。早期，成为歌星、阉人歌手和女主角，至少需要精湛技艺。而在今天，这种材料被誉为没有任何功能的素材。甚至人们不再需要追问有关音乐表演的能力。甚至对手法的机械使用也不是人们所期待的。嗓音只需要特别浑厚或尤其高亢就可以使其所有者的名誉合法化。然而，无论是谁，如果胆敢即便在交谈中质疑嗓音的至关重要性，并认为用普通嗓音演唱优美音乐就像是能在中档钢琴上演奏优美音乐一样，他就会立即发现自己处于腹背受敌的局面，这个局面在情感上要远远超出这个诱因。嗓音是一种类似于国家商标的神圣财产。仿佛嗓音试图为此进行报复，它们开始丧失以它们的名义进行交易的感官魔力。大多数情况下，它听起来像是对成名者的模仿，甚至对它们自己成名的模仿。

所有这一切在对小提琴大师的顶礼膜拜中变得荒谬至极。人们不假思索地为斯特拉迪瓦里和阿玛蒂的优质琴声欣喜若狂，只有行家的耳朵才能把它与一把上好的现代小提琴加以区别，而忘记了去听作品与演奏，从中发现一些东西。现代小提琴制作技巧越进步，老乐器就越发显得珍贵。如果闪念、声音、乐器的感官刺激因素都被拜物教化，并从一切可以赋予它们意义的功能中移除的话，那么，正如无关的东西进入与音乐的关系一样，那么盲目和非理性的情感对它们的反应是同等孤立的，同样远离整体的意义，同样由成功决定。但是，这种关系与畅销歌曲和畅销歌曲消费者之间存在的关系是相同的。离他们近的只有完全陌生，而陌生的东西仿佛用一层厚厚的面纱隔绝了大众的意识试图为沉寂所言说的东西，在他们的反应中，无论已是贝多芬的第七交响曲还是泳裤，都已经没有什么不同。

音乐拜物教概念不是以心理学方式推导出来的。"价值"被消费并产生影响，而它们特殊的质并没有获得消费者意识的注意，这是它们的商品特征的晚期表现。因为全部音乐生活都被商品形式控制，最后的前资本主义残余已经被全部掏空了。音乐以它全部被慷慨授予的超凡脱俗的、崇高的属性，在美国充当了人们听音乐必须购买的广告。如果广告功能在严肃音乐领域中被淡化，在轻音乐中则无处不在。整个爵士乐行业，免费向乐队配发乐谱，是为了确保真实演奏来推销钢琴谱和留声机唱片。无数流行歌曲歌词夸耀流行歌曲本身，以大写字母重复标题。在如此众多字母中，像偶像一样被期待的东西是其中娱乐的量可能已经消失不见的交换价值。马克思把商品的拜物特征规定为自造物的崇拜，这种物作为交换价值，同时使生产者以及消费者——"人"——都被异化。

"因此商品是神秘的物，只是因为在商品中，作为人的劳动的社会性质，对他们而言，似乎是劳动产品的客观属性；因为生产者和他们的劳动产品之间的关系表现为他们的社会关系，不是作为他们之间的关系存在，而是表现为他们劳动产品之间的关系。"这个秘诀是真正成功的秘诀。它仅仅是人们在市场中支付产品的反映。事实上，消费者祈祷的是他自己为托斯卡尼尼的音乐会门票所花的钱。乍看起来，他"获得"了他的物化并且将其作为客观标准而接受下来，却没有在其中认出自己的成功。但是，他并不是因为喜欢音乐会而"获得"成功，而是以购买门票的方式获得的。当然，在文化商品领域，交换价值是以特殊方式建立起来的。因为在商品世界，这个领域表面上看来不受交换权力的影响，与商品处于一种直接关系之中，反之，文化商品的交换价值仅仅归功于这种幻象。然而，与此同时，它们彻底坠落到商品世界，为市场而生产，以市场为目的并以市场为导向。

这种直接性幻象和冷酷无情的交换价值的强制一样严实。社会默许调和了这种矛盾。直接性幻象占据了中介了的交换价值本身。如果商品总是兼有交换价值和价值，那么纯粹使用价值，彻底的资本主义社会中文化商品必须保护的假象，就被纯粹交换价值所取代，即在这种能力中，交换价值恰恰迷惑人地承担了使用价值的功能。作为回报，特有的音乐拜物特征就此形成了：对交换价值产生的影响酿成了直接的幻象，与对象毫不相关，同时也否定了它。它是建立在交换价值的抽象性基础之上的。所有后来"心理的"方面、所有替代性满足都取决于这种社会替代物。

这种音乐功能中的变化涉及艺术和社会之间关系的基本持存。交换价值原则越无情地剥夺人的使用价值，也就越严密地把自己伪装成享受对象。曾有人问及是什么黏合剂把商品社会黏结在一起，商品的使用价值到交换价值的转化可能有助于解释为何最终每一种从交换价值解放出来的享受都呈现出颠覆性特征。商品的交换价值现象呈现出一种特殊的黏合功能。有钱购买商品的女人陶醉于购买行为。用美国传统说法，玩得愉快意味着正在享受它物，反过来，这仅仅意味着在场。汽车宗教让所有在神圣时刻异口同声地说"这是劳斯莱斯"的男人结为兄弟；而在亲密情境中，女人迷恋发型和化妆的保留，而不是决定发型和化妆的情境。这种不相关的关系在顺从中呈现出它的社会本质。司机夫妇为了打发时间而辨认他们遇到的每一辆车，并乐于认识飞驰而过的商标；这个女人和她丈夫只从"看上去很舒适"这一事实中获得满足；爵士发烧友的鉴定书，通过在任何情况下都少不了的知识使自己合法化——所有这一切都根据相同的命令行事。在商品神学般的反复无常面前，消费者变成了神殿的奴隶。无处献出自我的人可以在这里牺牲自己，在这里他们被彻底欺骗了。

在新风格的商品拜物者中，在"施虐-受虐狂特征"中，在当今大众艺术的接受中，同样的事物在不同侧面呈现出来。受虐的大众文化是万能的生产自身的必然现象。交换价值的情感所担任的不是神秘的圣餐变体。这与一无所有而喜好囚室的囚犯行为相仿。放弃符合成功规律的个体性；做每个人应做的事情，这基于一个事实——在广大领域，消费品的标准化生产为每个人提供了同样的东西。但是，遮蔽这种同等性的市场调节必然导致操纵的鉴赏力，以及必然导致与对个人主义进行的清洗而成比例增加的官方文化的个体幻象。甚至在上层建筑领域，幻象不仅遮蔽了本质，而且强制性地从本质的自身产生。所有人必须接受供应的千篇一律，这掩盖了普遍强制风格背后的严酷，供求关系的虚构永远存在于个体的细微差别中。如果有人对在场情境下鉴赏力的效用提出质疑的话，那么，这种情境中鉴赏力是由什么构成的就一清二楚了。自我嵌入（Sicheinfügen）被合理化为管教，对任意与无政府状态充满敌意；今天，和音乐魅力一样，音乐意向行为学已经彻底荒芜，并沦为对单调乏味的拍子计算的拙劣模仿。这属于在出价的精确框架严格限制中的偶然差异化。但是，如果被清洗的个体真正使传统的、完美的彻底外在性狂热变成他的特有之物，那么鉴赏力的黄金时代也就在鉴赏力不再给予的同一瞬间出现了。

因此，作为拜物化的基础并成为文化商品的作品经历了消耗性的变化。它们退化了。不相干的消费瓦解了它们。不仅如此，少数作品被反复演奏而耗损殆尽，正如卧室里的西斯廷圣母画像一样遭到磨损，物化夺取了它们的内在结构。它们被转变为一种靠堆积与重复来给听众留下印象，而整体组织却没有对其做任何事情的闪念的混杂物。由于堆积与重复而产生的支离破碎的可记忆性，在伟大音乐自身中，在晚期浪漫主义的技巧中，尤其在瓦格纳那里，就有其前身。音乐越是物化，对异化的耳朵来说听起来越浪漫。正是因为这样，它才成为"产权"。一部贝多芬交响乐作为一个整体来演奏，从来不允许被挪用。地铁里得意洋洋地高声用口哨吹着勃拉姆斯第一交响乐最后乐章主题的人只知音乐皮毛。但是，由于拜物的瓦解危及它们自身，使它们近似于流行歌曲，它们就产生了一种相反趋势以保护它们的拜物特征。如果单个的浪漫化吞噬了整体之躯体，那么这种濒危的东西就会被电镀成铜质。对具体化部分强调的积累呈现出一种神奇的礼仪特征，其中从作品自身逃脱出来的所有人格的神秘性、内在性，以及再生产的灵魂与自发性，又被用魔法招徕。正是因为瓦解的作品放弃了它的自发性环节，这——和闪念一样陈规老套——是从外部注入它的。尽管人们都在谈论新客体性，但循规蹈矩演奏的本质功能不再是"纯粹"作品的描述，而是用一种强调但无力的争取，将退化保持在一定距离，以此来展示退化的作品。

退化和魔化，这对充满敌意的姐妹，在对音乐进行大规模的改编时共存。改编的实践向极为不同的方向延伸。有时它使时间就范。它断章取义地抽取一些零碎片段进而把它们拼凑成大杂烩。它打破了整部作品的多层面统一性，展示的仅仅是孤零零的讨人喜欢的乐章：莫扎特的降E大调小步舞曲，如果不和其他乐章一起演奏，就失去了其交响乐的约束力，在演奏者的手中变成了一种更类似于斯蒂芬尼·加沃特的工艺品的类型片段，而不与它所夸耀的那种典范相关。但是，改编也已成为色彩主义的原则。只要大名鼎鼎的解释者不加禁止，他们便会改编能搞到的任何作品。如果在轻音乐领域，改编者是绝对训练有素的音乐家，他们便觉得有责任更加不偏不倚地处理文化商品。他们为器乐曲的改编找出了各种理由：就大型管弦乐作品而论，改编会降低演奏成本，或指责作曲家配器技巧不够完善，诸如此类。这些理由都是蹩脚的托辞。

在美学上以自我为导向的廉价，实际上是通过最热衷于经营改编实践的权威人士所拥有的极度奢华的管弦乐队手法来处理的，而事实经常是，如在器乐钢琴曲的改编中，改编后的形式实际上比按原谱形式演奏更为昂贵。最终，认为旧音乐需要色彩翻新的信念预设了色彩和轮廓之间关系的偶然性，这只能被认为是对维也纳古典主义以及舒伯特改编作品粗鲁无知的结果。然而色彩维度的真正发现只能追溯到柏辽兹和瓦格纳时代，海顿或贝多芬对色彩的极度节俭与结构原则，与旋律的优先性、明亮的色彩的动态统一性有着极深的关联。正是在这种极度节俭中，在序曲开始时，巴松三度音或第五交响第一乐章的再现部双簧管华彩乐段，获得了一种可能在多色彩响度中无可挽回地丧失的力。因此，人们必须假设这种改编实践动机自成一格。

总之，改编试图使所有公开与私人方面极其疏远的声音同化过来。疲惫不堪的商人可以拍拍被改编的经典作品，爱抚着他们的缪斯孩子。它是一种如同邀请无线电宠儿们以叔叔阿姨的身份介入听众的家庭事务，并摆出一种人性的亲近的相似冲动。彻底的物化产生了它自己的直接性与亲密性的遮蔽物。相反，这种亲密恰恰由于过于贫瘠而被改编得夸张与着色。因为它们最初只被规定为整体的瞬间，从分解的统一体中产生感官愉悦的瞬间太弱，无法产生为满足其广告作用而要求的感官刺激。对个体的修饰和放大抹去了反抗特征：这些特征着眼于个体对自己的限制，而不是对工作制度的限制，正如在大规模的亲密化中，对总体性的洞见——借助于它，坏的个体的直接性在伟大音乐中找到了其界限——消失了。取而代之的是，出现了一种虚假的平衡，由于它与素材的矛盾，每一步都泄露它的虚假性。舒伯特的《小夜曲》，在弦乐器和钢琴组合的隆隆声中，加上模仿的中间小节的幼稚可笑的过度明晰，就像在《三女之家》中那样不合情理。但是，当即兴赞歌仅仅由弦乐队演奏时听起来更不严肃。在单色中，它客观地失去了使它在瓦格纳总谱中变得生动的表达。但是同时，对听众来说它却变得相当生动，它不再需要用不同的音色创作歌曲的主体，而是有把握地沉溺于一个不间断的高声部旋律。这里，对听众的敌意是显而易见的。这些作品今天被装扮得近似古典。但是，改编中最隐晦的秘密，即人们可能怀疑一种并非对任何事情听之任之，而是去触摸妨碍自己的东西的强制；这种强制越强大，触及现存的基础就越少。彻底的社会方式通过对落入其机制的东西打上印记，从而确认了它的权力与支配。但是，这种确认同样是毁灭性的。最重要的是，当代听者也许想不断摧毁他们盲目敬重的东西，而且他们的伪活性在生产方面被当作蓝本与托付。

乐曲改编的做法来自沙龙音乐。它是一种借用了文化商品标准，但把这些东西改编成畅销歌曲一类题材的高档娱乐。这种娱乐，以前是为人们哼唱伴奏而留用的，今天已经蔓延到基本上不再被任何人看重，而是在文化流言中不断退却，成为整个音乐生活的背景。人们选择，要么努力参与配合工作，哪怕只是在星期六下午的扩音器前偷偷摸摸地做，要么阴险地而且不屈不挠地承认，其为所谓或实际的大众需要而提供的垃圾。高级娱乐对象的无约束性和似幻象性支配了听者的精神涣散。

就有人为听众提供一流商品而言，他心地善良，而对于那些东西已经是滞销品的异议，人们准备回应说，这正是他们所要的东西；一种与其说通过听众状态的诊断，毋宁说通过对在一种非恶魔般的和谐中，把生产者和消费者彼此协调起来的整体过程进行洞察来反驳的异议。但是拜物教抓住了所谓的严肃的音乐训练，它动用距离的悲怆去反对高级娱乐。事实证明，用来阐述作品为这种事情效力的纯粹性，结果常常如退化和改编一样对它们充满敌意。

由于托斯卡尼尼的杰出成就而享誉全球的官方演奏观念，有助于对一种完美的野蛮状况的认可。当然，这里名作之名不再被拜物化，尽管节目中未涉及的作品使得限制少量库存作品似乎是可取的。当然，在这里，闪念并没有蔓延开来或因为迷恋的原因而被尽情享受。存在着铁律。却恰恰是讽刺。

这种新的拜物正在发挥着完美无缺的功能，金属光泽的装置，其中所有齿轮都啮合得如此完美，以至于没为整体意义留下丝毫间隙。在最新风格中，出色的、完美的演奏，以它明确的物化的代价保存了作品。它将以从第一个音符开始就已经结束的方式向前推进：这种演奏听起来像他自己的留声机唱片。这种势头被如此预定，以至于根本不存在任何张力。在发出响声的瞬间，声音素材的阻力被如此冷酷无情地清除掉，以至于它从来没达到综合、达到作品的自我生产，而这正是贝多芬每一首交响乐的意义。如果可以自我证明的力的素材被碾得粉碎，交响乐的努力目的何在？作品的保护性固定导致它的毁灭：因为它的统一性正是在为这种固定而牺牲的自发性中实现的。抓住事情自身的最后的拜物教，扼杀了它。现象对作品的绝对适应性否认这一点，并使它无动于衷地消失在这种装置背后，正如施工队揭开某些沼泽排水沟，仅仅是为了工作，而不是为了工作的有用性。

老牌指挥家的统治使人联想到极权主义元首，这并非毫无道理。和后者一样，他把光轮和组织还原成一个公分母。他是真正现代型的精湛演奏家，作为乐队指挥又作为爱乐乐团成员。他已经走得这么远，因此不需事必躬亲；甚至研究乐谱也由助理指挥人员来处理。他一下子完成了规范化和个体化：这种规范化等同于他的人格，他所做的个人特技给出了通用的格言。指挥的拜物特征是最明显也是最隐蔽的：即使没有指挥，标准作品也可以由当代的管弦乐队的名家演奏得同样完美，而对指挥喝彩的观众无法注意到，在管弦乐队掩盖下，助理已取代了这个感冒了的英雄。

广大听众的意识适于拜物化的音乐。他们合乎规则地听,当然,如果出现阻力,总而言之,如果听众有能力提出超出所供给物限制的要求,退化自身是不可能的。但是,如果任何人试图通过访谈与问卷,通过听众反应来"验证"音乐的拜物特征,他都可能会遭遇意想不到的取笑。在音乐中和别处一样,本质和现象之间的紧张已经发展到如此程度,以至于没有任何现象适合于作为本质的例证。听众的无意识反应被遮掩得如此严实,他们的意识解释完全以控制的拜物范畴为导向,因此收到的每一份答案都预先符合那些"验证"所适用的理论攻击的音乐行业。当听众面对有关喜欢还是不喜欢之类的原始问题时,整个机制也会有效地运转起来,人们以为可以将其还原到这个问题,来使整个机制变得透明并被消除。

但是,如果有人考虑到听众对这个机制的真正依赖性,并以此来取代基本的调查前提的话,那么,这种调查模式的每一次复杂化不仅意味着结果的可解释性产生了阻碍,而且还增加了被调查者的阻力,并使他们更深陷于自以为不会受到暴露的危险的因循守旧的行为方式中。在畅销歌曲的孤立"印象"与对听众的心理产生的作用之间,根本不能对因果关系进行无懈可击的剖析。实际上,如果今天个体确实身不由己,这也就同样意味着他们可能不再"受影响"。在某一特定时刻,生产和消费的相对极总是严格地互相关联的,而不是孤立地彼此依赖。无论如何,它们的中介自身绝不会逃脱理论假设。想一下这些就足够了:那些没有过多思考的人可以免去多少痛苦,那些肯定现实正确的人,事实上表现得多么"忠于现实",又有多少对这种机制的支配权力落在那些毫无怨言地顺从这种机制的人身上，因此，听众的意识与拜物教化的音乐之间的对应关系尚可理解，即使前者并不能清晰地还原为后者。

音乐拜物教的相对极是一种听的退化。这并不意味着个别听向自己发育的早期阶段的倒退，也不意味着集体的总体水准的下降，由于成千上万人第一次通过大众传播接触音乐，这是昔日的听无法比拟的。确切些，当代的听是退化的、被拘禁在幼稚阶段的听。有了选择与责任的自由，听的主体不仅丧失了被限制在一个狭小群体中有意识地认知音乐的能力，而且一开始就顽固地否定这种认知的可能性。他们在广泛遗忘与突然、立刻再次消失的识别之间摇摆不定。他们原子式地听，而且将所听到的东西离解，但正是在这种离解中发展出在传统美学的概念中并不比在足球赛和驾车中更容易理解的某种能力。

可以说他们并不幼稚，如将新类型的听与以前无关音乐的阶层纳入音乐生活的观点联系起来所期望的那样。但是也可以说他们幼稚，他们的原始性并非发育不良的原始性，而是被强行压抑的原始性。无论什么时候，他们都会流露出真正感觉到他者，但为了宁静地生活而排斥他者的狭隘仇恨，因此他们想铲除这种告诫的可能性。实际上，正是这种在场的可能性，或者更具体点，一种不同的并且与音乐对立的可能性变得退化了。但是，退化也是当代大众音乐在其受害者的心理预设中所扮演的角色。它们不仅被拒于更重要的音乐之外，而且在神经质的愚蠢中得到证实，完全无视他们的音乐能力与早期社会阶段的特殊的音乐文化如何相关。赞同流行歌曲与贬低文化商品属于同样的症结关联，就像人们不再知道是电影从现实中偷走了他们还是现实从电影偷走了他们，他们张开无形大口，露出雪亮的牙齿，面带贪婪的微笑，而疲惫沮丧的眼神却茫然不知所措。

借助体育与电影，大众音乐和新的听助长了人们无法逃离幼稚的整体状态。这种疾病具有保存意义。甚至当代大众的听的习惯也并不是什么新鲜事，人们可能不愿意承认，战前畅销歌曲《玩具小娃娃》和合成爵士儿歌的接受程度并没有什么两样。但这首儿歌中出现的构型，对自己早已失去的快乐希望的受虐式嘲弄，或通过回不去的童年见证难以企及的乐趣以及渴望快乐的妥协——这是新的听的特殊成果，打动耳朵的东西无一能幸免于这种征用的图式。当然，社会差异是存在的，但是新的听蔓延得如此深远，正如被压迫者的愚笨影响了压迫者自身，以至于自以为可以决定车轮进程的人，在车轮滚滚向前的强大力量面前成为牺牲品。

通过传播机制的生产与退化的听显然产生了关联——这恰恰是通过广告实现的。一旦广告反转为恐怖，退化的听就出现了：意识在广告题材的优势力量面前只有投降而别无选择，并且把强加的商品完全变成自己的东西以购买精神安宁。在退化的听中，广告呈现出强制特征。一段时间以来，一家英国酿酒厂一直使用海报进行宣传，这一海报误导地类似于伦敦贫民窟和北方工业城市到处都常见的白墙。这个海报做得很巧妙，和真墙真假难辨。在上面，用白色粉笔，以一种对拙劣笔迹的精心模仿写道：我们所要的东西就是瓦特尼的东西。这个啤酒商标被做得像政治口号。这个海报想让我们对时下宣传的特性有了深入了解，将口号作为商品来出售，正如这里将商品装扮成口号一样；海报所暗示的行为方式——大众把推荐给他们的商品作为他们自己的行为对象，事实上也是轻音乐的接受图式。他们需要而且热望硬塞给他们的东西。他们通过对避不开的产品的认同来克服悄悄袭来的无力感。通过这种方式，他们消除了那些既远离又危险地亲近他们的音乐商标的陌生感，另外，还获得了参与处处妨碍着他们的一无所知先生事业的愉悦。这解释了为何个体偏好的——当然，也包括厌恶的——表达意见，在一个主体和客体使这种反作用同样值得怀疑的领域里不断出现。音乐的拜物特征通过听者对拜物的认同产生了它自己的遮蔽。正是这种认同赋予畅销歌曲凌驾于受害者之上的暴力。它发生在遗忘与记忆的次序中。正如一切广告都是由屡见不鲜和别具一格所组成的一样，畅销歌曲在它半昏暗的熟悉中被令人舒适地遗忘了。但在瞬间通过回忆变得格外清晰，仿佛置于聚光灯之下。人们几乎想把这段回忆起来的瞬间，与受害者突然想起他的畅销歌曲标题或一段分节歌开始的瞬间相提并论：也许他通过认同它来认同他自己，并因此纳入他的所有物。这种强制很可能总是迫使他回想起这首畅销歌曲的标题。但是，使这种认同成为可能的音符图像之下的笔迹不是别的，而是畅销歌曲的商标。

大众音乐的遗忘和突然识别准备的感性行为方式是去集中（Dekonzentration）。如果标准化的东西，除了吸引眼球的标题部分之外彼此极其雷同，不让听者在无法忍受的情况下专心地听，那么听者就不再专心地听。他们无法承受高度关注所带来的紧张，而是逆来顺受，只有当他们大而化之地听时，才能与之达成妥协。本雅明提及在娱乐状态中电影院的统觉同样适用于轻音乐。例如，流行的商业爵士之所以发挥它的功能，是因为它不是以关注的模式来理解的，而是在交谈时尤其是作为伴舞来理解的。人们一再遇到这种判断：它适合于舞蹈，但听起来很糟糕。但是，如果电影作为一个整体迁就去集中化的思考方式的话，那么，去集中化的听就不可能获得一种整体理解。所有这一切只有在聚光灯之下才能成为现实：引人入胜的旋律音程、令人头晕的转调、有意无意的失误，通过旋律与歌词的某种特殊亲密融合而压缩进一个公式。同样在这一点上，听者和作品也达成共识：他们不能领会的结构甚至并没有提供。如果在高级音乐中原子化的听意味着逐步分解，那么在低级音乐中就没有什么可分解的东西了；除了小节数与精确的时值外，畅销歌曲的形式被如此严格标准化，以至于特殊形式根本不会出现在单个片段中。这些部分从它们的关联中解放出来，从所有超越他们的直接在场的关联中解放出来，开辟了音乐旨趣向特殊感官刺激的转变。听者不仅对特殊器乐的杂技技巧表现出同情，而且同样也对单个色彩乐器表现出同情。美国畅销音乐的实践再次促进了这种同情，因为每一种变奏或"合唱"都倾向于用一种特殊的色彩乐器，如单簧管、钢琴，或准协助性的长号来布置。这种方法经常做得过火，因此听者似乎更介意处理和"风格"，而不在乎本来冷漠的素材：只是这种处理仅仅在特殊的刺激效果中经受了考验。除了对色彩的偏爱之外，还有对工具的敬仰以及追随与参与游戏的冲动；但也可能是儿童对鲜艳色彩表现出的巨大喜悦，这在当代音乐经验的压迫下返回了。

把旨趣转移到色彩刺激和个别诀窍，远离整体，实际上也远离"旋律"，可以被乐观地解释为对于规训功能的重新突破。但是，这种解释是错误的。一旦感官刺激毫无抵抗地残存于僵化的图式，任何献身于这些刺激的人最终都会奋起反抗。但是，他们自身就是最受限制的一类。他们都将一种以印象派方式软化的调性作为中心。毫无疑问，人们对孤立音色或孤立声响的旨趣唤醒了对新音色和新声响的感受力。确切地说，原子式听众是最初指责这些声响为"理智性的"或完全不谐和的人。他们享用的刺激必须是被认可的一类。当然，在爵士乐实践中，可能出现了不谐和音，甚至有意误奏的技巧已经发展出来。但是所有这些习惯都伴随着无害的证明：一切奢侈声响必须是这样产生的，即听者可能把它看作"正常"声响的替代物。虽然他为不谐和音让位给它所倡导的谐和音的滥用而感到高兴，但虚拟的谐和音同时也就保证了人们仍然在这个圈子里。在关于畅销歌曲接受的测试中，人们发现测试者会问，当一首歌曲同时使他们愉悦和不悦时，他们应如何对待。那么，完全可以设想，他们呈报的也是那些未曾对这个问题予以说明的人身上的经验。对孤立刺激的反应是自相矛盾的。当人们感觉到一种愉悦感觉在某种程度上只会为欺骗消费者效力，它就会变成厌恶。这里的欺骗在于总是提供相同的东西。即使最迟钝的歌迷也不能抵抗贪吃的儿童在蛋糕店里的那种感觉。如果刺激变得迟钝并趋向于它的对立面的话——大多数畅销歌曲的朝生暮死属于同一经验圈——那么，披着上层音乐企业外衣的文化意识形态完全导致了下层音乐企业愧疚地从属于上层企业。没有人完全相信如此被命令的娱乐。尽管存在着种种不信任与矛盾心理，但是，只要它肯定了这种状态，听就仍然是退化的。将感觉转移到交换价值所造成的影响是，音乐不再提出任何要求。替代物之所以能圆满地实现它们的目的，是因为它们所衡量的欲望本身已经被替换了。但是，那些只能听别人要求他们听的东西，那些记录抽象刺激而不是将刺激环节综合起来的耳朵是劣质耳朵：即使在"孤立"的现象中，它们也会错过关键特征，即正是通过这些特征他们超越了自己的孤立。在听中确实有一种愚蠢的神经机制：傲慢无知地拒绝一切不寻常的东西是它确定无疑的标志。退化的听者行为举止类似于儿童。他们一次又一次，坚持不懈地要求给他们上曾经吃过的一道菜。

已经为他们准备了一种音乐儿童语言，它与真实语言的不同之处在于，它的语汇是专门由音乐艺术语言的碎片和歪曲构成的。在畅销歌曲的钢琴谱中可以找到古怪的示意图。它们涉及吉他、夏威夷四弦琴、班卓琴，同样还有手风琴，相比于钢琴而言，这都是些幼稚的乐器，它们都是专为不会读谱的演奏者准备的。它们以图形标明拨弦乐器的琴弦指法。理性理解的音符文本由视觉指令取代，某种程度上由音乐交通信号取代。当然，这种符号仅限于大三和弦，而且不包括一切有意义的和声。它们配得上受管制的音乐交通。它们不能和大街上的信号灯相比。乐汇与和声错误比比皆是。这些都是些横向的错误——三度重复、五度和八度行进，以及所有种类的不合逻辑的声部处理，尤其是在低音部分。

人们想把责任归咎于畅销歌曲的大多数爱好者，然而实际的音乐工作则是由改编者完成的。但是，正如出版商很少让一封不合正字法的信件流传于世一样，难以置信的是，他们在专家的建议下，不加控制地出版业余版本。这些错误要么是专家有意炮制的，要么是考虑到听者而刻意保留的。人们可能指责出版商和专家有意迎合听众的愿望，正如半吊子根据听觉大声弹钢琴一样随随便便、满不在乎地写曲子。这些计谋与众多广告铭文中错误的正字法一脉相承，尽管心理学上计算有所不同。但是，即便人们因为其过于牵强而拒绝接受它们，铅版印刷错误还是可以理解的。一方面，幼稚的听需要感官上华美、丰满的声响，如以丰满的三度音程来表征，正是由于这种需要，其中幼稚的音乐语言与儿歌产生了最残酷的矛盾。另一方面，这种幼稚的听总是需要最舒适、最常见的解决办法。通过正确的声部处理而产生的"丰富"声响与标准化的和声关系相去甚远，因此听者不得不把它们当作"非自然的"而加以拒绝。于是，错误是消除幼稚的听者意识对抗的突然袭击。对于退化的音乐语言来说，同样的特征是引用。其使用范围甚广，从民歌和儿歌的刻意引用，经模糊而且半偶然的映射到完全潜在的相似性和借鉴。在古典库存或歌剧保留曲目被改编的全部片段中，这种趋势都获得了胜利。引用的实践反映了幼稚的听者意识的矛盾心理。这种引用既是独裁式的又是拙劣模仿，儿童就是这样模仿教师的。

退化听者的矛盾心理在这种事情中得到最极端的表达，即尚未彻底物化的个体一再想摆脱被引渡给音乐的物化机制，但是，他们对拜物教的反抗只会使他们深陷其中。每当他们试图摆脱强制消费者的被动状态并激活自己时，他们就会成为伪活性的牺牲品。从退化的人群中脱颖而出的是那些通过伪活动区分自己，但更有力地揭露退化的人。比如这些乐迷，他们给无线电台和小乐队写信，并在经营良好的爵士音乐节上展示自己的热情，作为他们消费的商品的广告。他们称自己为抖动虫，仿佛他们想同样肯定而且嘲弄他们个性的丧失，变形为着了迷的嗡嗡叫的甲壳虫。他们唯一的托辞，即抖动虫这个词，正如电影和爵士乐中虚构的建筑式样的全部术语，是被企业家钉入他们身体的，并使他们自己身处幕后。他们的狂喜毫无内容。它出现了，音乐被听到了，这取代了内容本身。狂喜的对象是它自己的强制特征。它是对敲击战鼓的风格化，正如野蛮人操练的那样。它的痉挛特征，使人想起舞蹈病（Veitstanz）或伤残动物的反射。激情本身似乎是由缺陷产生的。

　　但是，狂喜的仪式通过模仿环节将自己表现为伪活性。他们不是"出自感官性"而舞蹈或听，当然感官性也不会通过听得到满足，而是感官姿态被模仿了。一个类似的情况是电影中特殊情感的表现，其中有对恐惧、渴望、色情光彩的相面术图式；保持微笑，与退化的音乐的原子主义的表情。对商品模式的模仿挪用与民间的仿效习俗交织在一起。在爵士乐中，这些表情与模仿的个体自身的关系是完全松散的，其介质是讽刺画。舞蹈和音乐对性刺激的阶段性模仿只是为了嘲弄它们。正如乐趣本身的替代品立即对它心怀嫉恨：被压迫者的"现实"行为战胜了他的快乐之梦，同时自身融入后者。正如要证实一切狂喜的幻象与变节，脚不能去做耳朵要做的事。同样的抖动虫，行为举止仿佛被切分音电击了一样，几乎只和着舒适的小节部分舞动。虚弱的肉体惩罚了心甘情愿的精神谎言，幼稚听者的姿态狂喜败给了狂喜姿态。

　　与此形成鲜明对比的是，从企业退休，在宁静的卧室中"享用"音乐的热心者。他腼腆而且拘谨，可能没有艳遇，无论如何总守着自己的小天地。他作为一位业余爱好者对此进行探索。二十岁时，他还停留在作为积木斗牛士而出风头，或做线锯细工来取悦他的父母的孩提阶段。这位爱好者在无线电行业中获得高度敬重。他耐心地设计装置，其中最主要的部件必须购买现成的，并探索空中的短波秘密，尽管那里一无所有。作为一位印度故事和旅游书籍的读者，他一度热衷于发现未知大陆并开辟穿过原始森林的小道。作为一个业余爱好者，恰恰出于兴趣他才成为那些工业产品的发现者。他什么也不带回家，除非送货上门。伪活性的冒险家已经成群结队地组织起来了：无线电业余爱好者有预先打印的验证卡，由他们发现的短波站发送给他们，并筹办竞赛，其中，拥有最多验证卡的人就是赢家。

所有这一切都是从上面精心维护的。在拜物的听者中，业余爱好者可能是最完美的。他听什么，甚至怎样听则无关紧要，他感兴趣的只是：他听到了，而且将私人装置成功地接入公共机制，而对之没有产生丝毫影响。同样，不计其数的无线电听众摆弄着后耦合器或调音纽，无须自己去捣鼓。其他人更为内行，至少更有进取心。这些都是聪明家伙，他们无处不在而且无所不能：每一次集会上，乐于以机器般准确的方式为舞蹈和娱乐演奏爵士乐的高年级学生；在加油的同时机灵地哼着切分音的加油站小伙计；能鉴别出每一个乐队而且沉迷于爵士历史仿佛它是救世史的听的专家。他最接近运动员：如果他不像足球运动员本人，那就是控制了看台的夸夸其谈的助手。

粗野的即兴演奏能力使他光芒四射，即使他必须偷偷地练上几个小时才能把难以驾驭的节奏关联起来。他吹着口哨，装扮得特立独行。但是他吹的是它们的旋律，而且他的技巧并非一时发明，而是在与所追求的技术之事打交道中积累的经验。他的即兴演奏总是灵活地顺从于设备对他的要求。司机是这种聪明的听类型的原型。他对一切统治的默许走得如此遥远，以至于最初就不再产生更多抵触，但是，出于可信赖的行使职责的原因，他已经完成一切要求他所做的事。他自欺欺人地把自己受制于物化机制的安排说成是对物化机制的控制。因此，爵士乐爱好者的主权例行公事，只不过是适应模式以免走入歧途的消极能力。他是真正的爵士主体：他的即兴演奏来源于图式，他驾驭着这种图式，嘴里叼着烟，如此满不在乎，仿佛这正是他自己的发明。

退化的听者与那些因无处发泄其攻击性而必须打发时间的人、与临时工有着关键性的共同之处。为了训练成爵士乐专家或由于整天离不开无线电，他必须有大量自由时间和一些行动自由。而处理切分音和处理基本节奏一样，是自动车修理工擅长的技能，他也能修理扬声器和电灯。新听者类似于机械师，不仅专业娴熟，而且能在超出他们专业知识范围之外的意想不到之处大显身手。但是去专业化似乎仅仅有助于他们从体制走出来。他们在满足日常需求方面越灵活，就越呆板地受制于那个体制。研究发现，在无线电听众中，轻音乐爱好者流露出自己的去政治化倾向，这并非偶然。个体庇护可能性正如始终可疑的安全性一样妨碍了人们对打算栖身于其中的状态的变化的洞察。肤浅的经验与此矛盾。"年青一代"——这个概念本身只是一种意识形态的封面图片——似乎正是通过新的听的方式与他们的父母及其文化产生矛盾。在美国，人们可以在轻流行音乐的辩护者中发现所谓的自由主义者和进步分子，鉴于影响力的广度而将其归入民主主义。但是，如果与"个人主义"类型相比，退化的听更高级的话，那么至少在辩证意义上，它比后者更适合于高级的粗暴。所有可能的霉味已经被卑劣一扫而空，而且是对早已从个体中夺取的一种个体性审美的残余进行合法化的批判。但是从流行音乐领域来看，这种批判可能更缺乏说服力，因为正是这个领域将浪漫个人主义的退化和腐朽残余木乃伊化。它的革新和这些残余密不可分。

听的受虐狂不只是通过对权力的认同，在自我背弃与替代性喜悦中得到规定的。基于这种经验，统治环境庇护下的安全只是一种权宜之计，它只是一个喘息，一切终将破裂。甚至自我放弃在他看来并不见得好；在享受中他认为他同时出卖了这种可能但又被现有出卖了。退化的听随时准备着转变为狂怒。如果人们知道他基本上是在原地踏步，那么，狂怒就会针对一切可能否认以及与时俱进的现代性的东西，而实际上发生了微不足道的变化。从摄影和电影中人们获悉，过时的现代所产生的影响，一种原本被超现实主义用来制造震惊的影响，后来沉沦为附着于其拜物教抽象在场的廉价娱乐。对退化的听者而言，这种影响再一次大幅度减弱地卷土重来。他们试图嘲笑并摧毁他们昔日为之陶醉的东西，好像他们想在事后为陶醉并不如其所愿这个事实进行报复。这种影响已经给这个行为起了自己的名字，并再次在出版机构和无线电中加以宣传。但是，并不像人们所认为的那样，老生常谈指的不是前爵士乐年代及其遗迹中节奏更简单的轻音乐，而是指所有切分音乐，这些音乐并不是完全由获得认可的节奏规则所组成。当爵士乐专家听到一段令人舒适的带有一个八分附点音符的十六分音符的乐段时，他可能捧腹大笑，虽然这种节奏更大胆，但就其本身特点而言，绝不比后来所有反重音的切分音连接和放弃更为偏狭。实际上，退化的听者具有破坏性。平庸的谩骂有它的讽刺理由：具有讽刺意味的是，因为退化的听者的破坏倾向针对的实际上与老式听者所憎恨的是同一个东西，针对不顺从，诸如此类，除非它被集体不法行为的可容忍的自发性所掩盖。比代际之间的貌似对立更为透明的地方莫过于愤怒。那些写给广播公司的感伤-施虐狂信件中惋惜圣物被爵士化的伪君子与喜欢展览的年轻人志同道合。只要情境合适，就可以使他们结成统一阵线。

这就确立了一种在退化的听中"新可能性"的批判。如果艺术作品的"灵韵"特征、它的幻象要素让位于游戏元素，人们可能试图去拯救它。无论电影情况如何，今天的大众音乐在祛魅中几乎没有显示出任何进步。没有什么比幻象更坚定地幸存于其中的东西了，没有比它的事实性更虚幻的东西了。这种幼稚游戏和儿童的生产游戏除了名称之外毫无共同之处。资产阶级体育试图与游戏严格区分开来并不是没有原因的。残酷的严肃性在于，人们并不是在远离中忠于自由之梦，而是把游戏行为作为一种责任，从而消除他的自由的痕迹。这对当代大众音乐来说越发适用。游戏只不过是预设模式的重复，在这个过程中得到实现的责任不仅没有预示摆脱责任印记的康复状态，而且也不把责任推诿到人们作为自己的责任所遵循的模式上。这种游戏只是游戏的幻象；因此，这种幻象必然是占统治地位的音乐体育所固有的。以牺牲一种为纯粹功能化自身确定了规则的腐朽的魔力为代价，来促进当今大众音乐的技巧-合理性环节——或与这些环节相应的退化听者的特殊能力，是幻觉。

但是，根本就不存在大众音乐的技术革新，这对和声和旋律构成来说是不言而喻的。新的舞蹈音乐的真正的色彩成就，不同音色的处理彼此接近，以至于一种乐器可以不露痕迹地加入另一种乐器或装扮成另一种乐器，这对瓦格纳以及后瓦格纳的管弦乐技巧来说，正如铜管乐的消音效果一样熟悉；但是，甚至在切分艺术中，没有一个不是勃拉姆斯的初级现有的，而且不会被勋伯格与斯特拉文斯基超越。当代流行音乐的实践既没有发展这些技巧，也没有循规蹈矩地钝化它们。

老练地赞叹这些艺术的听者绝不会因此受到技巧训练，而一旦这些技巧在有着自己意义的关联中被引荐给他们时，他们立刻表示抵触与厌恶。一种技巧是否进步或"合理"，取决于这种意义，取决于它在社会整体以及单个作品组织中的位置。一旦技术将自己确立为一种拜物，而且通过它的完美来代表被耽搁的社会任务已经完成时，它就可能服务于粗鲁的反作用。这就是为何所有基于现实的改善大众音乐以及退化的听的努力，均以失败告终。

可消费的技术音乐必须为其坚固性付出代价。它所包含的错误不是"艺术的"错误，而是在一切误构或过时的和弦中都表达了人们适应其要求的滞后性。但是从技术上说，具有一致性、连贯性的大众音乐，在清除了一切坏的幻象因素后就会变成艺术音乐，并立即丧失其大众基础。无论深信市场的艺术家还是深信集体的艺术教育家，其所有调解的努力都是徒劳。他们所生产的只不过是些手工艺品、必须附有产品说明的社会文本的产品，以便人们能及时获悉它们的深层背景。

新大众音乐和退化的听在肯定方面备受称赞：活力和技术进步，集体的广度和与未规定的实践的关系，知识分子的观念已经进入了知识分子的自我谴责，他们最终可以结束与群众的社会疏离，以便在政治上与当代群众意识相协调——这种肯定是否定的：一个社会灾难阶段渗入音乐，这种肯定完全取决于其否定性。拜物化的大众音乐威胁着拜物化的文化商品。这两个音乐领域之间的张力如此增长，以至于官方音乐难以坚持自己的立场。然而，它与标准化的大众的听的技术标准关系不大，如果人们把爵士乐专家的专业知识和托斯卡尼尼的崇拜者的专业知识作一比较的话，前者一定远占上风。

但是，一个无情的敌人不仅成长为博物馆文化商品，而且也成长为音乐作为冲动的驯化情状的古老而神圣的功能。并非没有处罚，因此也并非肆无忌惮，音乐文化的退化被委托给音乐文化的无礼的游戏和虐待狂的幽默。面对退化的听，音乐作为一种整体开始呈现出其滑稽的一面。人们只要听一下外面合唱彩排大无畏的声响就可以了。马克斯兄弟在一部电影中有力地捕捉了这种经验。他们拆毁一部歌剧的布景，仿佛用隐喻方式来表达对歌剧形式衰亡的历史哲学的洞见，或是在一种令人肃然起敬的高雅娱乐场合砸碎一架三角钢琴，用琴弦的边框去制作真正的未来竖琴，并在上面演奏前奏曲。当前，音乐变得滑稽首先是由于这种原因，即以严肃劳动的所有可视迹象来从事某些如此彻底无用的东西。音乐与干练的陌生人把他们置于赤裸裸的彼此异化中，这种陌生意识在笑声中发泄出来。在音乐中——类似于在抒情诗中——谴责它们滑稽的社会变得滑稽。但是，部分笑声是神圣调解精神的衰落。今天，全部音乐听起来都像是《帕西法尔》之于尼采的耳朵。它令人回想起史前时代的难解仪式和幸存下来的面具，还有挑起争端的废话。既使音乐钝化，同时又让音乐过度曝光的无线电，对此贡献有加。这种瓦解可能对一些令人出乎意料的事情起着推波助澜作用。有时，那些出色的人也会有更好的时刻，这就要求用事物的临时变动规定好的材料做出及时切换，而不是用在坚定的世界的保护下引起的激进手段。当自由成为规训的内容时，甚至规训也可能采用自由一致性的表达。退化的听只是自由意识中进步的一个症候，但如果艺术在与艺术的统一性中背离了始终相同的道路，它也可能与自由分道扬镳。

　　不是流行音乐而是艺术音乐为这种可能性酝酿出一种模式。马勒为所有资产阶级音乐美学造成了不快，这一点并非徒然。他们称马勒缺乏创造性，因为马勒悬置了他们的创造概念。他从事的一切都已经在那里了。他在它的退化形式下采用它；他的音乐主题是被没收的财产。然而没有什么东西听起来习以为常：仿佛一切都被一块磁石吸走了。用旧的东西顺从于即兴之手；用旧的部分作为变奏获得了它的第二次生命。正如司机对他旧二手车的了解能使他如期、不知不觉地开车到约定地点一样，所以，在高音区降 E 调单簧管和双簧管的张力下，一个扩展的旋律能安全地到达所选择的音乐语言到达之处。这种音乐向整体开火，它把退化的碎片结合起来，真正形成新东西，然而它从退化的听中选择了它的题材。当然，人们几乎可以认为，在马勒音乐中，这种经验在它渗透社会之前的四十年就已经被测震仪记录下来了。但是如果马勒反音乐进步的概念而行之，那些看似矛盾的方式引用他的新的激进音乐，最先进的代表也不能再被长期归入进步的概念之下。它陈述了有意识地抵制退化的听的经验。今天，和过去一样，勋伯格和韦伯恩所传播的恐怖，不是在于其音乐的不可理解性，而是在于它们被理解得太正确了。他们的音乐同时塑造了其他人只能通过退化来规避的灾难状态中的那种焦虑、那种恐怖、那种洞见。他们被称为个人主义者，然而他们的作品只不过是与摧毁个体性的力量——这些力量的"无形影子"以一种巨大的方式侵入他们的音乐——的一次独特对话。在音乐中，集体力量正在清洗不可补救的个体性，但是与它们正相反对的是，只有个体才能去认识、替代集体性的请求。

（译自《阿多诺全集》第 14 卷，14—50 页）

参考文献

一、西文著作

1. Adorno. *Musikalische Schriften*. I-III. Frankfurt am Main：Suhrkamp，2003.

2. Adorno. *Musikalische Schriften*. IV. Frankfurt am Main：Suhrkamp，2003.

3. Adorno. *Musikalische Schriften*. V. Frankfurt am Main：Suhrkamp，2003.

4. Adorno. *Musikalische Schriften*. VI. Frankfurt am Main：Suhrkamp，2003.

5. Adorno. *Die musikalischen Monographien*. Frankfurt am Main：Suhrkamp，2003.

6. Adorno. *Philosophie der neuen Musik*. Frankfurt am Main：Suhrkamp，1997.

7. Adorno. *Die musikalischen Monographien Versuch über Wagner Mahler. Eine musikalische Physiognomik Berg. Der Meister des*

kleinsten Übergangs. Frankfurt am Main: Suhrkamp, 2003.

8. Adorno. *Dissonanzen Einleitung in die Musiksoziologie*. Frankfurt am Main: Suhrkamp, 2003.

9. Adorno. *Introduction to the Sociology of Music*. trans., E. B. Ashton. Seabury Press, 1976.

10. Adorno & Hanns Eisler. *Composing for the Films*. with a new Introduction by Graham McCann. London; Atlantic Highlands, NJ: Athlone Press, 1994.

11. Adorno und Hanns Eisler. *Komposition für den Film*. Frankfurt am Main: Suhrkamp, 2003.

12. Adorno. *Dissonanzen; Einleitung in die Musiksoziologie*. Frankfurt am Main: Suhrkamp, 1997,

13. Adorno. *Essays on Music*. selected, with introduction, commentary, and notes by Richard Leppert. new trans, Susan H. Gillespie. Berkeley, 2002.

14. Adorno. *Alban Berg, Master of the Smallest Link*. Translated with introduction and annotation by Juliane Brand and Christopher Hay. Cambridge [England]; New York: Cambridge University Press, 1991.

15. Adorno, *Mahler: A Musical Physiognomy*. trans. Edmund Jephcott. Chicago, 1992.

16. Adorno. *Prisms*. trans. Samuel and Shierry Weber. MIT Press 1981.

17. Adorno. *Quasi una Fantasia: Essays on Modern Music*. trans. R.

Livingstone. London, 1992.

18. Adorno. *Sound Figures*. trans. Rodney Livingstone. Stanford, 1999.

19. Adorno. *Philosophy of Modern Music*. trans. Anne G. Mitchell and Wesley. V. Blomster, 1973.

20. Adorno. *Philosophy of New Music*. University of Minnesota Press. 2019.

21. Adorno. *Beethoven: The Philosophy of Music: Fragments and Texts*. Edited by Rolf Tiedemann. Cambridge: Polity Press, 1998.

22. Max Horkheimer und Adorno. *Dialektik der Aufklärung Philosophische Fragmente*. Frankfurt am Main: Suhrkamp, 2003.

23. Adorno. *Negative Dialektik; Jargon der Eigentlichkeit*. Frankfurt am Main: Suhrkamp, 2003.

24. Adorno. *The Stars down to Earth and Other Essays on the Irrational in Culture*. edited with an introduction by Stephen Crook. London; New York: Routledge, 1994.

25. Adorno. *Ästhetische Theorie*. Frankfurt am Main: Suhrkamp, 2003.

26. Adorno. *Noten zur Literatur*. Frankfurt am Main: Suhrkamp, 2003.

27. Adorno. *Critical Models: Interventions and Catchwords*. Translated and prefaced by Henry W. Pickford. New York: Columbia University Press, 1998.

28. Adorno. *The Positivist Dispute in German sociology*. Translated by Glyn Adey and David Frisby. New York: Harper & Row, 1976.

29. Adorno. *Hegel: Three Studies*, trans. Shierry Weber Nicholsen,

MIT Press，1993.

30. Adorno，*Drei Studien zu Hegel*. Frankfurt am Main：Suhrkamp，1966.

31. Adorno. *Metaphysics：Concept and Problems*，edited by Rolf Tiede-mann，trans. Edmund Jephcott. Stanford University Press，2001.

32. Adorno. *Kierkegaard：Construction of the Aesthetic*. Translated，edited，prefaced by Robert Hullot-Kentor. Minneapolis：University of Minnesota Press，1989.

33. Adorno，*Kants Critique of Pure Reason*，Edited by Rolf Tiede-mann；trans. by Rodney Livingstone. Cambridge：Polity，2001.

34. Adorno. *Problems of Moral Philosophy*. Stanford，CA：Stanford University Press，2001.

35. Adorno. *The Psychological Technique of Martin Luther Thomas' Radio Addresses*，Stanford，2000.

36. Adorno and Walter Benjamin. *The Complete Correspondence*，*1928-1940*. Edited by Henri Lonitz，trans. Nicholas Walker，Harvard University Press，1999.

37. Walter Benjamin. *Walter Benjamin Selected Wrtings*，Vol. 1，2，1913-1926，1927-1934，ed. Marcus Bullock，Harvard，1999.

38. Walter Benjamin. *Illuminations*，trans. Harry Zohn，Fontana Press，1992.

39. J. M. Bernstein. *The Fate of Art：Aesthetic Alienation from Kant to Derrida and Adorno*，Pennsylvania State University Press，1992.

40. L. Bernstein. *The Unanswered Question*，Harvard university Press，

1976.

41. Ernst Bloch. *The Spirit of Utopia*, trans. Anthony Nassar, Stanford University Press, 2000.

42. Ernst Bloch. *Aesthetics and Politics*. Afterword by Fredric Jameson. trans. Ronald Taylor. London: NLB, 1977.

43. Hauke Brunkhorst. *Adorno and Critical Theory*. University of Wales Press, 1999.

44. Brian O'Connor. *Adorno's Negative Dialectic: Philosophy and the Possibility of Critical Rationality*. MIT Press, 2004.

45. Deborah Cook. *Adorno, Habermas, and the Search for a Rational Society*. London: Routledge, 2004.

46. Carl Dahlhaus. *Foundations of Music History*, trans, J. B. Robinson, Cambridge, 1983.

47. Eugene Lunn. *Marxism and Modernism: An Historical Study of Lukacs, Brecht, Benjamin, and Adorno*. Berkeley: University of California Press, 1982.

48. George Lichtheim. *From Marx to Hegel*. New York, 1971.

49. Fredric Jameson. *Late Marxism: Adorno, or, the Persistence of the Dialectic*. London, 1996.

50. David Roberts. *Art and Enlightenment: Aesthetic Theory after Adorno*. University of Nebraska Press, 1991.

51. Martin Jay. *Adorno*, Harvard University Press, 1984.

52. Roman Jakobson. *Language in Literture*, Harvard, 1987.

53. Kairin Bauer. *Adorno Nietzchean Narratives*, State University of New York，1999.

54. R. Sharma Bhesham. *Music and Culture in the Age of Mechanical Reproduction.* New York：Peter Lang，2000.

55. Susan Buck-Morss. *The Origin of Negative Dialectics，Theodor W. Adorno，Walter Benjamin，and the Frankfurt Institute.* The Free Press，1977.

56. Gillian Rose. *The Melancholy Science：An Introduction of Theodor W. Adorno.* The Macmillan Press，1978.

57. Rose Rosengard Subotnik. *Developing Variations.* University of Minnesota Press，1990.

58. Schoenberg. *Theory of Harmony.* trans. Roy E. Carter. Berkeley，1978.

59. E. W. Said. *Reflections on Exile and other Essays.* Harvard，2000.

60. R. Wiggershaus. *The Frankfurt School：Its History，Theories，and Political Significance.* trans，M. Robertson，The MIT Press，1994.

61. Max Weber. *The Rational and Social Foundation of Music.* American Book-Stratford Press，1952.

62. Lambert Zuidervaart. *Adorno's Aesthetic Theory：the Redemption of Illusion.* MIT Press，1991.

二、西文论文

1. Anthony Barone，Theodor W. Adorno，"On the Score of 'Parsi-

fal'", in *Music & Letters*, (Feb. , 1996).

2. Lee B. Brown, "Adorno's Critique of Popular Culture: The Case of Jazz Music", in *Journal of Aesthetic Education*, Vol. 26, No. 1 (Spring, 1992).

3. Evelyn Cobley, "Avant-Garde Aesthetics and Fascist Politics: Thomas Mann's Doctor Faustus and Theodor W. Adorno's 'Philosophy of Modern Music'", in *New German Critique*, No. 86 (Spring, 2002).

4. Harry Cooper, "On 'Über Jazz': Replaying Adorno with the Grain", in *October*, Vol. 75 (Winter, 1996).

5. Célestin Deliège, Michaël Lamb, Stravinsky, "Ideology ↔ Language", in *Perspectives of New Music*, Vol. 26, No. 1 (Winter, 1988).

6. Carl Dahlhaus, "Soziologische Dechiffrierung von Musik zu Theodor W. Adornos Wagnerkritik", in *International Review of Music Aesthetics and Sociology*, Vol. 1, No. 2 (Dec. , 1970).

7. Andrew Edgar, "Adorno and Musical Analysis", in *The Journal of Aesthetics and Art Criticism*, Vol. 57, No. 4 (Autumn, 1999).

8. Ferenc Feher, Zoltan Feher, "Negative Philosophy of Music. Positive Results", in *New German Critique*, No. 4 (Winter, 1975).

9. Ivan Focht, "Adornos gnoseologistische Einstellung zur Musik", in *International Review of the Aesthetics and Sociology of Music*, Vol. 5, No. 2 (Dec. , 1974).

10. Susan Gillespie, "Translating Adorno: Language, Music, and Performance", in *The Musical Quarterly*, Vol. 79, No. 1 (Spring, 1995).

11. Theodore A. Gracyk, "Adorno, Jazz, and the Aesthetics of Popular Music", in *The Musical Quarterly*, Vol. 76, No. 4 (Winter, 1992).

12. Miriam B. Hansen, "Introduction to Adorno, 'Transparencies on Film' (1966)", in *New German Critique*, No. 24/25, Special Double Issue on New German Cinema (Autumn, 1981).

13. James M. Harding, "Adorno, Ellison, and the Critique of Jazz", in *Cultural Critique*, No. 31, The Politics of Systems and Environments, Part II (Autumn, 1995).

14. James Martin Harding, "Integrating Atomization: Adorno Reading Berg Reading Büchner", in *Theatre Journal*, Vol. 44, No. 1 (March, 1992).

15. Peter U. Hohendahl, "Art Work and Modernity: The Legacy of Georg Lukács", in *New German Critique*, No. 42 (Autumn, 1987).

16. Martin Jay, "Adorno in America", in *New German Critique*, No. 31, West German Culture and Politics (Winter, 1984).

17. Branden W. Joseph, "John Cage and the Architecture of Silence", in *October*, Vol. 81 (Summer, 1997).

18. Donald B. Kuspit, "Critical Notes on Adorno's Sociology of Music

and Art", in *The Journal of Aesthetics and Art Criticism*, Vol. 33, No. 3 (Spring, 1975).

19. Thomas Y. Levin, Michael von der Linn, "Elements of a Radio Theory: Adorno and the Princeton Radio Research Project", in *The Musical Quarterly*, Vol. 78, No. 2 (Summer, 1994).

20. Thomas Y. Levin, "For the Record: Adorno on Music in the Age of Its Technological Reproducibility", in *October*, Vol. 55 (Winter, 1990).

21. Alan Lessem, "Schönberg and the Crisis of Expressionism", in *Music & Letters*, Vol. 55, No. 4 (Oct. , 1974).

22. James L. Marsh, "Adorno's Critique of Stravinsky", in *New German Critique*, No. 28 (Winter, 1983).

23. James Martin Harding, "Integrating Atomization: Adorno Reading Berg Reading Büchner", in *Theatre Journal*, Vol. 44, No. 1 (Mar. , 1992).

24. Milan Ranković, "On the Unpopularity of New Music", in *International Review of the Aesthetics and Sociology of Music*, Vol. 10, No. 2 (Dec. , 1979).

25. Stephen Miles, "Critical Musicology and the Problem of Mediation", in *Notes*, 2nd Ser. , Vol. 53, No. 3 (Mar. , 1997).

26. Shierry Weber Nicholsen, "Toward a More Adequate Reception of Adorno's 'Aesthetic Theory': Configurational Form in Adorno's Aesthetic Writings", in *Cultural Critique*, No. 18 (Spring, 1991).

27. Max Paddison, "The Language-Character of Music: Some Motifs in Adorno", in *Journal of the Royal Musical Association*, Vol. 116, No. 2 (1991).

28. Vincent P. Pecora, "Nietzsche, Genealogy, Critical Theory", in *New German Critique*, No. 53 (Spring, 1991).

29. John Pizer, "Jameson's Adorno, or, the Persistence of the Uto-pian", in *New German Critique*, No. 58 (Winter, 1993).

30. J. Bradford Robinson, "The Jazz Essays of Theodor Adorno: Some Thoughts on Jazz Reception in Weimar Germany", in *Popular Music*, Vol. 13, No. 1 (Jan. , 1994).

31. Michael P. Steinberg, "The Musical Absolute", in *New German Critique*, No. 56, Special Issue on Theodor W. Adorno (Spring, 1992).

32. R. R. Subotnik, "The Historical Structure: Adorno's 'French' Model for the Criticism of Nineteenth-Century Music", in *19 th-Century Music*, Vol. 2, No. 1 (Jul. , 1978).

33. R. R. Subotnik, "Adorno's Diagnosis of Beethoven's Late Style: Early Symptom of a Fatal Condition", in *Journal of the American Musicological Society*, Vol. 29, No. 2 (Summer, 1976).

34. Calvin Thomas, "A Knowledge that would not be Power: Adorno, Nostalgia, and the Historicity of the Musical Subject", in *New German Critique*, No. 48 (Autumn, 1989).

35. Alan C. Turley, "Max Weber and the Sociology of Music", in *Sociological Forum*, Vol. 16, No. 4 (Dec. , 2001).

36. Joel Whitebook，"From Schoenberg to Odysseus：Aesthetic，Psychic，and Social Synthesis in Adorno and Wellmer"，in *New German Critique*，No. 58（Winter，1993）.

37. Ronald Weitzman，"An Introduction to Adorno's Music and Social Criticism"，in *Music & Letters*，Vol. 52，No. 3（Jul. ，1971）.

38. Alastair Williams，"Technology of the Archaic：Wish Images and Phantasmagoria in Wagner"，in *Cambridge Opera Journal*，Vol. 9，No. 1（Mar. ，1997）.

39. Robert W. Witkin，"Why did Adorno 'Hate' Jazz?"，in *Sociological Theory*，Vol. 18，No. 1（Mar. ，2000）.

40. Richard Wolin，"Utopia，Mimesis，and Reconciliation：A Redemptive Critique of Adorno's Aesthetic Theory"，in *Representations*，No. 32（Autumn，1990 ）.

41. Lambert Zuidervaart，"The Social Significance of Autonomous Art：Adorno and Bürger"，in *The Journal of Aesthetics and Art Criticism*，Vol. 48，No. 1（Winter，1990）.

三、中文著作

1.《马克思恩格斯选集》(第 1—4 卷)，人民出版社 1995 年版。

2. 马克思、恩格斯：《费尔巴哈——唯物主义观点和唯心主义观点的对立》，人民出版社 1988 年版。

3.《马克思恩格斯全集》第 46 卷，(上、下)，人民出版社 1979、1980 年版。

4.［德］康德：《纯粹理性批判》，邓晓芒译，人民出版社 2017 年版。

5.［德］康德：《实践理性批判》，邓晓芒译，人民出版社 2016 年版。

6.［德］康德：《判断力批判》，邓晓芒译，人民出版社 2002 年版。

7.［德］黑格尔：《精神现象学》(上、下卷)，贺麟、王玖兴译，商务印书馆 1979 年版。

8.［德］黑格尔：《逻辑学》(上卷)，杨一之译，商务印书馆 1966 年版。

9.［德］黑格尔：《小逻辑》，贺麟译，商务印书馆 1980 年版。

10.［德］黑格尔：《美学》(第 1—3 卷)，朱光潜译，商务印书馆 1979 年版。

11.［德］马克斯·韦伯：《经济与社会》(上、下卷)，林容远译，商务印书馆 1998 年版。

12.［德］马克斯·韦伯：《新教伦理与资本主义精神》，于晓、陈维纲译，生活·读书·新知三联书店 1987 年版。

13.［德］马克斯·韦伯：《社会科学方法论》，韩水法、莫茜译，中央编译出版社 1999 年版。

14.［匈］卢卡奇：《卢卡奇早期文选》，张亮、吴勇立译，南京大学出版社 2004 年版。

15.［匈］卢卡奇：《历史与阶级意识》，杜章智等译，商务印书馆 1992 年版。

16.［德］本雅明：《经验与贫乏》，王炳钧、杨劲译，百花文艺出版社 1999 年版。

17.［德］本雅明：《本雅明文选》，陈永国、马海良译，中国社会科学出版社 1999 年版。

18. [德]霍克海默：《批判理论》，李小兵等译，重庆出版社 1989 年版。

19. [美]马尔库塞：《单面人》，左晓思等译，湖南人民出版社 1988 年版。

20. [德]弗罗姆：《逃避自由》，刘林海译，国际文化出版社 2002 年版。

21. [德]海德格尔：《存在与时间》，陈嘉映、王庆节译，生活·读书·新知三联书店 1987 年版。

22. [德]雅斯贝尔斯：《时代的精神状况》，王德峰译，上海译文出版社 2005 年版。

23. 张一兵：《回到马克思》，江苏人民出版社 2005 年版。

24. 张一兵：《无调式的辩证想象》，三联书店 2001 年版。

25. [美]马丁·杰伊：《法兰克福学派史》，单世联译，广东人民出版社 1996 年版。

26. 邓晓芒：《思辨的张力》，湖南教育出版社 1992 年版。

27. [意]恩里科·福比尼：《西方音乐美学史》，修子建译，湖南文艺出版社 2005 年版。

28. [德]卡尔·达尔豪斯：《古典和浪漫时期的音乐美学》，尹耀勤译，湖南文艺出版社 2006 年版。

29. [美]保罗·亨利·朗：《西方文明中的音乐》，顾连理等译，贵州人民出版社 2001 年版。

30. [德]彼得·比格尔：《先锋派理论》，高建平译，商务印书馆 2002 年版。

31. [美]彼得·盖伊：《魏玛文化：一则短暂而璀璨的文化传奇》，刘森尧译，安徽教育出版社 2005 年版。

32. ［奥］汉斯立克：《论音乐的美》，杨业治译，人民音乐出版社 1980 年版。

33. ［英］迈克·费瑟斯通：《消费文化与后现代主义》，刘精明译，译林出版社 2000 年版。

34. ［美］约翰·斯道雷：《文化理论与通俗文化导论》，杨竹山等译，南京大学出版社 2001 版。

35. ［苏］索哈尔：《音乐社会学》，杨洸译，中国文联出版公司 1985 版。

36. ［德］克奈夫等：《西方音乐社会学现状》，金经言译，人民音乐出版社 2002 版。

37. ［美］詹姆逊：《语言的牢笼——马克思主义与形式》，钱佼汝、李自修译，百花洲文艺出版社 1995 年版。

38. ［日］三岛宪一：《本雅明——破坏·收集·记忆》，贾倞译，河北教育出版社 2001 年版。

39. ［日］细见和之：《阿多诺——非同一性哲学》，谢海静、李浩原译，河北教育出版社 2001 年版。

40. ［日］初见基：《卢卡奇——物象化》，范景武译，河北教育出版社 2001 年版。

41. ［德］哈贝马斯：《交往与社会进化》，张博树译，重庆出版社 1989 年版。

42. ［法］杰木乃兹：《阿多诺：艺术、意识形态与美学理论》，栾栋、关宝艳译，中山大学出版社 2018 年版。

43. ［德］克劳斯·艾达姆：《巴赫传——真实的一生》，王泰智译，商务印书馆 2000 年版。

44. [法]瓦莱里：《文艺杂谈》，段映虹译，百花文艺出版社 2002 年版。

45. [德]沃尔夫冈·多姆灵：《斯特拉文斯基》，俞人豪译，人民音乐出版社 2003 年版。

46. [俄]德鲁斯金：《斯特拉文斯基传：性格·创作·观点》，焦东健、董茉莉译，东方出版社 2002 版。

47. [美]罗伯特·克拉夫特：《斯特拉文斯基访谈录》，李毓榛、白光宣译，东方出版社 2004 年版。

48. [德]施路赫特：《理性化与官僚化——对韦伯之研究与诠释》，顾忠华译，广西师范大学出版社 2004 年版。

49. [俄]康定斯基：《文论与作品》，查自立译，中国社会科学出版社 2003 年版。

50. [德]沃纳·霍夫曼：《现代艺术的激变》，薛华译，广西师范大学出版社 2003 年版。

51. [德]卡尔·洛维特：《从黑格尔到尼采》，李秋零译，生活·读书·新知三联书店 2006 年版。

52. [法]古斯塔夫·勒庞：《乌合之众——大众心理研究》，冯克利译，中央编译出版社 2000 年版。

后　记

　　15 年后，我将 2006 年完成的博士论文修改出版，应当作一些文字说明。

　　2002 年，我选定阿多诺的音乐哲学作为博士论文研究方向，并得到业师张异宾先生的首肯。究其原因有二：第一，出自我对音乐的兴趣；第二，借本专题的研究，加强一下自身的逻辑思维训练，以期在一个新的高度观察将来的文化变化，就此而言，本专题研究再也合适不过。

　　一般认为，西方美学发端于鲍姆嘉通，当时作为一种感性学，以区别于专门研究理性的哲学。后来，康德、黑格尔、谢林在自己的哲学基础上发展出他们各自的美学体系。在学术观点上，在了解德国古典美学体系基本命题以后，西方美学的整体逻辑还是非常清晰的。阿多诺则不然，他出身音乐世家，受过专业音乐技巧训练，有着精湛的技巧分析能力；哲学上经历过新康德主义、克尔凯郭尔的存在主义、现象学、黑格尔哲学、马克思主义哲学、弗洛伊德的心理分析、西方文学艺术的洗礼，思想观念错综复杂。经过深入研究发现，阿多诺的音乐哲学、哲学、社会学与美学具有同构性。尽管文本内容与形式各异，但其核心则是反对资本主义社会的同一性，标榜星丛式的非同一性的否定辩证法。但是，要在阿多诺音乐分析中读出这一核心主题来，却实在是一件极为不容易的事！另外，尤为棘手的是所谓阿多诺反体系的书写方式，这种书写方式给任何想进入他的文本语境的人设置了重重障碍。阿多诺常常抱怨他的读者，甚至包括克拉考尔对他的误解："必须读完我的全部作品才能了解我的想法！"这对于任何人来说都非常困难。

回想起当年情景，当我第一次面对阿多诺的音乐哲学文本时，真犹如落入一个无边的黑暗深渊，它远远超出我当时的理解能力。尽管我了解西方音乐发展史，熟悉西方音乐流派及其作品，也有乐队演奏实践，但这些知识并不符合阿多诺音乐哲学宗旨。阿多诺在他所有音乐哲学文本中并没有谈音乐美感，而是教人如何跟着音乐思想，以达到认识社会、批判现实的目的。这是长期沉浸在音乐愉悦感中的读者难以企及的另一种艺术哲学模式。这也是目前国内学术界面对阿多诺音乐哲学文本始终保持沉默的主要原因之一。

实际上，也正如阿多诺本人所言，要了解他的思想必须阅读他的文本，但读者又必须把预设的阅读"方法"搁置起来，只有这样才能进入他的文本语境，别无他法。从我的亲身体验来说，阅读阿多诺的音乐哲学文本，没有丝毫欣赏音乐时的愉悦感，真叫人苦不堪言，但哲学之"思"

真的生成于其中，这正是阿多诺的狡计。展开中的变奏，"自由无调性"的文本形式，但主题鲜明。尽管阿多诺反对方法优先性，但是他的写作还是有其方法。不过，纯粹的音乐技巧分析无法读出阿多诺音乐哲学的任何内容。他通过一定的哲学观念（方法）进入音乐作品，在分析过程中把这种观念与音乐作品一起解构，再重构他的哲学主题。这种写作方式出自勋伯格学派的音乐技法。

本书是国内音乐学院派以外阿多诺音乐哲学研究的第一次尝试。多年来，我试图把阿多诺阐述的问题彻底弄清楚之后再将此书出版，但由于能力所限，只能留待日后再议。尽管如此，所走的道路也留下了自己的一些踪迹。另外，我发现，目前学界的阿多诺研究仅仅局限于其否定辩证法与晚期美学理论，而很少关注作为其哲学与美学理论基础的音乐哲学，某种程度上说，这种研究是只究其果而难追其因。撇开阿多诺的否定的辩证法不说，如果单独把他的美学理论与音乐哲学作一对比的话，毫不夸张地说，他的晚期美学理论只不过是音乐哲学的"体系化"而已。如果目前学界的阿多诺研究仅限于他的哲学与美学，其中诸多关键性问题研究着实难以向纵深处发展。

如今，阿多诺哲学及其时代已成"历史"，但他半个多世纪前所担忧的种种文化现象，在我们这个时代已成为不争的事实，可见他的哲学思想极具前瞻性。固然，在阿多诺的时代互联网权力还没有出现，经过两次世界大战，随后形成东西方两大阵营，政治、经济与文化意识形态长期处于对峙状态。但是他在音乐哲学批判中对文化暴力、政治权力以及其他诸多社会现象的深刻批判，却为我们对当代问题的研究提供了丰富的参照系。我以为，阿多诺的音乐哲学所开辟出来的道路还是一条充满荆棘之路，留待后人去探索。

书末附有阿多诺的三篇论音乐的文本，原备论文写作之用，几年前曾经发表，本次出版修订了其中一些错误，在此抛砖引玉，也希望阿多诺音乐哲学研究能引起国内学界的广泛关注。

本书从收集资料到整个写作、修改过程，业师张异宾先生给予充分指导，并再三催促出版。自 1996 年硕士阶段师从先生以来，先生严谨的治学方法，生活上的关心，对我有着莫大的鼓励。也是他，把一个根本上的哲学门外汉领进了哲学之门。奈何我生性散漫，学术研究进展慢如蚁行，问心有愧。

本书写作与修改过程中，北京师范大学珠海分校管理学院万里鹏，中山大学哲学系方向红，南京大学哲学系王恒、王浩斌，南京大学文学院孙立尧，南京师范大学音乐学院召唤，西南政法大学行政学院朱学平诸兄曾提出诸多宝贵建议，获益良多；南京大学图书馆何小青、陈远焕、汪徽志等老师曾给予大力支持，彭震、马立清、高婕诸友为本书的材料收集曾提供极大帮助。

北京师范大学出版社郭珍、赵雯婧老师对本书的出版付出了艰辛的劳动，没有她们的辛勤劳动，本书不可能问世。

值本书出版之际，对我的老师、朋友们真诚的帮助表示由衷的感谢！

本书献给我的二胡老师李世杰先生。先生在世时和我谈得最多的是音乐。作为老一辈演奏家，他关心的不只是技巧，更注重艺术美学精神，这对我的学术研究以及后来艺术鉴赏力的形成有着莫大启迪。

2019 年夏　桐城

2022 年夏　南京

图书在版编目（CIP）数据

变动不居的星丛：阿多诺音乐哲学批判 / 方德生著. —北京：
北京师范大学出版社，2023.3
（当代国外马克思主义哲学研究）
ISBN 978-7-303-28939-4

Ⅰ.①变… Ⅱ.①方… Ⅲ.①阿多诺（Adorno，Theodor
Wiesengrund 1903-1969）－音乐哲学－哲学思想－研究
Ⅳ.①B516.59 ②J60-02

中国国家版本馆 CIP 数据核字（2023）第 020394 号

营　销　中　心　电　话　010-58805385
北京师范大学出版社
主题出版与重大项目策划部

BIANDONG BUJU DE XINGCONG

出版发行：北京师范大学出版社　www.bnupg.com
　　　　　北京市西城区新街口外大街 12-3 号
　　　　　邮政编码：100088
印　　刷：保定市中画美凯印刷有限公司
经　　销：全国新华书店
开　　本：730 mm×980 mm　1/16
印　　张：22.25
字　　数：290 千字
版　　次：2023 年 3 月第 1 版
印　　次：2023 年 3 月第 1 次印刷
定　　价：89.00 元

策划编辑：郭　珍　　　　　责任编辑：赵雯婧
美术编辑：王齐云　　　　　装帧设计：王齐云
责任校对：段立超　陶　涛　　责任印制：赵　龙